Educación a Distancia y TIC

Daniel Desiderio Borrego Gómez
Noel Ruíz Olivares
Daniel Cantú Cervantes

(Coordinadores)

Para realizar pedidos de este libro, contacte con:
Palibrio
1663 Liberty Drive
Suite 200
Bloomington, IN 47403
Gratis desde EE. UU. al 877.407.5847
Gratis desde México al 01.800.288.2243
Gratis desde España al 900.866.949
Desde otro país al +1.812.671.9757
Fax: 01.812.355.1576
ventas@palibrio.com
766702

Índice

Introducción

En la actualidad, la educación a distancia está sufriendo importantes transformaciones, en parte por la incorporación y la evolución que tienen las Tecnologías de la Información y la Comunicación (TIC); En la presente obra se abordan estudios relacionados con estos grandes temas. A continuación se describe de forma breve cada uno de los capítulos que componen esta obra.

En el documento titulado **Una Aproximación a los Retos de la Universidad Latinoamericana Ante las Tecnologías de la Información y Comunicación** tiene como objetivo analizar algunos retos a los que se enfrenta la Universidad Latinoamericana en su relación con las tecnologías aplicadas en la educación. Dentro del contexto internacional, las Tecnologías de la Información y Comunicación (TIC) han ejercido presión en la Universidad para su incorporación en las funciones sustantivas y adjetivas. Esto representa un esfuerzo para actores de la organización, quienes tienen que realizar sus actividades mediadas por las tecnologías. Se trata de afrontar esta complejidad a partir del gobierno universitario y la gestión institucional. Asimismo, se registra algunos de los problemas críticos de la educación superior y los retos tecnológicos que pueden ser identificados tanto al interior como exterior de la organización y se propone temas de cómo la Universidad Latinoamericana podría afrontar estos retos tecnológicos y mejorar la calidad de sus procesos organizacionales y educativos. En la aportación titulada **Competencias en TIC de los Docentes en Educación Superior** tiene como fin, brindar un panorama del escenario de las competencias en TIC para docentes en educación superior. Las temáticas abordadas enfatizan en la descripción de la normatividad generada por organizaciones mundiales para brindar algunos indicadores significativos para la práctica docente y su inserción en el paradigma tecnológico. Las competencias docentes cobran mayor significancia como pilares de la formación de recursos humanos aptos para enfrentar los devenires a corto y mediano plazo por otra parte la aportación del documento titulado **Educación a Distancia, una Alternativa para**

Combatir la Brecha Digital de la Educación Superior en México nos menciona que cuando estudiamos el impacto social que se deriva del acceso y uso de las tecnologías de información y comunicaciones (TIC), surge la brecha digital. Si los estudiantes y los maestros están separados por la distancia y algunas veces por el tiempo, entonces hablamos de la educación a distancia. El objetivo de este trabajo es el de observar el problema estructural relacionado con la brecha digital de la educación superior en México. Se definen los conceptos: de brecha digital y de educación a distancia. Sobre esta última se muestran sus acepciones, teorías y componentes. Entre los resultados encontramos que la educación a distancia ha llegado a ser ya no sólo un complemento, sino una alternativa en la educación a nivel superior en México. Además, representa un buen instrumento para combatir la brecha digital en la educación superior, y amplía la cultura digital de los objetos del conocimiento en la educación superior. Por otra parte, en el documento titulado **Universidades una Transformación Necesaria: de la Educación Presencial a la Educación Virtual** se menciona que la educación superior ha estado durante mucho tiempo dominada por universidades en donde las clases se imparten en un espacio físico y que han surgido nuevos jugadores en esta área, como las universidades de educación a distancia o educación virtual, que a través de las plataformas LMS (Sistema de Gestión de Aprendizaje por sus siglas en inglés) llevan a cabo sus clases. Algunas universidades que practican esta modalidad en algunos programas educativos, han establecido sus propias normas regulatorias, las cuales intentan complementar la regulación general de la educación superior, por la cual se rigen todas las modalidades educativas, ante la ausencia de un marco regulatorio específico de la educación virtual, la educación a distancia en su modalidad virtual está creciendo en los últimos tiempos este tipo de modalidades en la educación necesita de investigaciones y soluciones cada vez más específicas. Así también en la aportación del documento titulado **El Perfil del Estudiante a Distancia y el Uso de las Redes Sociales en Educación** se menciona que la sociedad se encuentra en constante cambio, uno de ellos es la integración de las tecnologías de la información en las diferentes áreas del conocimiento. El ámbito educativo no ha estado exento de integrar las tecnologías de la información en los procesos de enseñanza-aprendizaje lo cual representa un reto para los actores del proceso educativo. El presente trabajo tiene como objetivo el identificar el perfil del estudiante a distancia y el uso de las redes sociales en educación. Se analiza el potencial de éstas en el proceso educativo, en cuanto a la aportación titulad **Licenciatura en Ciencias de la Educación con Opción en Tecnología Educativa en su Modalidad B-Learning** describe el caso de la Licenciatura en Ciencias de la Educación con opción en Tecnología Educativa que surgió en el 2000 en modalidad presencial pero con base en la demanda en el año 2009 se ofreció a distancia en la modalidad B-Learning se describe el modelo utilizado y como se realizó todo el proceso durante la estadía de los estudiantes, la aportación del proyecto **Digilingua: Web Multimedia para la Práctica y Aprendizaje del Inglés** el autor señala que se tiene que tomar en cuenta las nuevas generaciones ya que estas prefieren practicar con herramientas digitales a realizar tareas en un libro de texto. Digilingua tiene como objetivo compilar el mejor material para la práctica de este idioma, creando para ello un sitio web con el mejor contenido de la red, así como crear contenido original. El grupo de estudiantes en que se probó esta herramienta declaró que su inglés mejoró sobre todo de manera oral, por lo que se concluye que los elementos utilizados en la página hacen la práctica del inglés más divertida y eficiente, recomendando la utilización del sitio web a todos aquellos que quieran contar con un lenguaje más fluido y natural. Por otra parte el documento titulado **Objeto de Aprendizaje con Apoyo de TIC como Estrategia en la Inclusión Digital de Niños de Preescolar con Discapacidad** describe la propuesta de Inclusión Digital dirigida a los alumnos de nivel preescolar con necesidades educativas especiales en el estado de Tamaulipas, México, que se realizó por parte de la Coordinación de Innovación Educativa y Proyectos Estratégicos (CIEPE) en colaboración con el Centro Estatal de Tecnología Educativa (CETE), ambas áreas dependiente de Secretaría de Educación en Tamaulipas (SET), que lleva por nombre "ELLIZE" y consta de cuatro estrategias que de manera conjunta buscan fortalecer la Estrategia Nacional de Inclusión Digital en apoyo al desarrollo del proceso de enseñanza aprendizaje de los niños y niñas que cursan educación básica; haciendo énfasis en la aplicación de una metodología para el diseño y planificación de Objetos de aprendizaje (ODA), así como la producción de los mismos con distintos software multimedia y finalmente su publicación en internet bajo el estándar SCORM. El documento **Alumnos de la UAMCEH UAT: Entre la Lectura en Papel y la Lectura en Electrónico** presenta resultados de preferencia por la lectura de documentos impresos en electrónico y por la lectura de documentos impresos en papel que existe en alumnos de las carreras de educación de la Unidad Académica Multidisciplinaria de Ciencias, Educación y Humanidades de la Universidad Autónoma de Tamaulipas, México. Información obtenida mediante estudio exploratorio descriptivo transversal por encuesta, considerando el supuesto "los alumnos se apropian de información para dar cumplimiento a cada una de las materias, denotando predilección por materiales digitalizados ante materiales impresos en papel". Se confirmó que efectivamente hay preferencia por la lectura de documentos en electrónico vinculada a una visión pragmática en la que importa el ahorro de dinero, facilidad y accesibilidad y a una visión ecológica de no gasto de papel y no consumo de árboles. La aportación titulada **Cloud Computing: la Tecnología de Cómputo en la Nube como una Herramienta de Apoyo para el Aprendizaje Colaborativo** señala que el aprendizaje colaborativo se basa en el planteamiento de actividades que los estudiantes tienen que realizar en equipo, interactuando para conseguir un objetivo común. El objetivo de la investigación fue Identificar las ventajas del uso de la tecnología de cómputo en la nube (Cloud Computing) en el desarrollo de trabajo colaborativo en alumnos y docentes de nivel bachillerato. Se llevó a cabo una investigación mixta con un alcance descriptivo. La población estuvo formada por alumnos y docentes a quienes se les planteó una actividad de trabajo colaborativo a través de Google Drive. Se identificaron las siguientes ventajas con el uso del Cloud Computing: la comunicación entre estudiantes y el docente, seguimiento y retroalimentación inmediata del docente durante el ejercicio, la flexibilidad de horarios de trabajo de los estudiantes, facilidad para compartir los documentos, desarrollo de un liderazgo compartido para lograr los objetivos de la actividad, aportación por igual de los estudiantes y seguimiento a través de coevaluación en línea de los compañeros. También se identificó que es necesaria la preparación del docente en el uso de las TIC y la planeación de la actividad desde su diseño. Se identificó que la mayoría de los alumnos y docentes se mostraron motivados por su uso, asimismo, los alumnos mostraron su intención de apoyarse en las tecnologías de tipo cloud computing para la realización de trabajos colaborativos. Por otra parte, el documento titulado **Intervención para Favorecer las Habilidades Lectoras con TIC Móviles** tiene como fin exponer el desglose general de un programa de intervención de estrategias de comprensión lectora apoyadas por el uso de dispositivos móviles en una escuela primaria en Tamaulipas, México. El apartado inicia con un acercamiento a la noción de comprensión lectora y su importancia para el desarrollo académico. Se presentan algunos proyectos similares que utilizaron dispositivos móviles para favorecer las habilidades lingüísticas entre otros aprendizajes. El programa de intervención se realizó mediante una investigación de corte experimental donde se seleccionaron dos grupos de estudiantes – Control y Experimental– para comparar los resultados después del tratamiento. Los resultados mostraron mejoras significativas en materia de comprensión de textos en el Grupo Experimental. Por último y no menos importante el documento titulado **Smartphones y Educación** tiene como propósito que el lector conozca aquellos aspectos elementales donde las TIC móviles pueden favorecer los aprendizajes en el aula y fuera de ella. El apartado comienza con un acercamiento hacia la tipología de los dispositivos móviles, sus principales recursos y herramientas que brindan y aquellas pautas y dificultades que presentan en torno a su inserción en el escenario educativo. Si bien como se observará, existen desafíos que atender, éstos pueden compensarse gracias a la multiplicidad de recursos y herramientas digitales que ofrecen los dispositivos para facilitar los procesos de enseñanza y aprendizaje.

Daniel Desiderio Borrego Gómez
Noel Ruíz Olivares
Daniel Cantú Cervantes

Una Aproximación a los Retos de la Universidad Latinoamericana Ante las Tecnologías de la Información y Comunicación

Zulma Raquel Zeballos Pinto
Erik Márquez de León

Introducción

Actualmente, en la segunda década del siglo XXI, las universidades en América Latina y el Caribe se encuentran inmersas en un contexto internacional complejo debido a ciertos fenómenos que modifican las formas en que se lleva a cabo la comunicación y las relaciones sociales, generando una transformación de la sociedad cada vez más acelerada.

La Universidad como una entidad del saber, representa históricamente para los países de la región una institución que gestiona el talento humano formándolo profesionalmente en diversos campos del conocimiento, generando conocimiento útil y pertinente y vinculándose socialmente para mejorar las condiciones de vida en su contexto. Durante mucho tiempo ha puesto a disposición de la sociedad, el personal especializado y el conocimiento para emprender acciones encaminadas al desarrollo social y crecimiento económico de las naciones.

La historia latinoamericana está marcada por el trabajo que se realiza en las Universidades, los avances que se han logrado en diferentes sectores han sido en gran medida producto del esfuerzo universitario. Es precisamente en atención al compromiso histórico de la Universidad que es necesario su transformación ante las exigencias del entorno nacional e internacional.

El modelo económico neoliberal ha sido considerado como uno de los principales generadores de la transformación social que vivimos actualmente, entendido como "una teoría de prácticas político-económicas que afirma que la mejor manera de promover el bienestar del ser humano consiste en no restringir el libre desarrollo de sus capacidades y de las libertades empresariales del individuo" (Harvey, 2007, p. 9).

Desde 1970 aproximadamente la economía latinoamericana, en distintos momentos para cada país, fue dando un giro paulatino en cuanto a la forma en que el estado ejercía su papel, pasando de benefactor al abandono de áreas de carácter social, aparece con mayor fuerza la iniciativa privada, dándose la privatización de algunos servicios públicos, entre otros aspectos que debilitan al Estado en cuanto al poder que ejercía en la sociedad y dando mayor apertura y libertad al sector empresarial.

Lo anterior generó que las interacciones económicas y de negocios se dieran con mayor libertad, incluso por encima de la normatividad del Estado o bien cumplía el papel de supervisor. Con el mercado abierto para la oferta y demanda, no sólo con una mirada a nivel local o nacional, sino con una visión de romper fronteras comerciales a nivel internacional, se dio otro fenómeno poderoso, la globalización.

La globalización para el Fondo Monetario Internacional de acuerdo con Viteri (2007), se refiere a "la creciente dependencia económica mutua entre los países del mundo ocasionada por el creciente volumen y variedad de transacciones transfronterizas de bienes y servicios, así como por la de flujos internacionales de capitales, y por la aceleración de la difusión de la tecnología en más lugares del mundo" (p. 3).

Aunque se trata de un fenómeno global de intercambio de bienes y servicios entre los países, y este relacionado directamente con el ámbito económico, este también tiene impacto en lo social, político, ambiental, cultural, educativo y tecnológico. Los evidentes avances tecnológicos, se han realizado gracias al dominio del modelo económico y la globalización. La tecnología es una herramienta que se encuentra al servicio de los procesos económicos y que ha logrado pasar los límites territoriales de los países, además de servir en la parte de la comunicación.

Para Tello (2008), las TIC:

> es un término que contempla toda forma de tecnología usada para crear, almacenar, intercambiar y procesar información en sus varias formas, tales como datos, conversaciones de voz, imágenes fijas o en movimiento, presentaciones multimedia y otras formas, incluyendo aquéllas aún no concebidas. En particular, las TIC están íntimamente relacionadas con computadoras, software y telecomunicaciones. Su objetivo principal es la mejora y el soporte a los procesos de operación y negocios para incrementar la competitividad y productividad de las personas y organizaciones en el tratamiento de cualquier tipo de información. La llegada de las TIC y el subsiguiente proceso de digitalización en los sectores de la sociedad no están exentos de inconvenientes (p. 1).

Las TIC se encuentran vinculadas a las llamadas sociedades de la información y del conocimiento, "el auge de las nuevas tecnologías de la información y la comunicación ha creado nuevas condiciones para la aparición de sociedades del conocimiento" (UNESCO, 2005, p. 29). Las sociedades de la información y del conocimiento representan una nueva etapa en la evolución social del hombre. Lamentablemente, existen impedimentos como la brecha digital y la brecha cognitiva al aprovechamiento compartido de los conocimientos. Aunque existe mayor facilidad de acceso a la información por medio de las TIC estas no llegan a todas las personas y cuando se tiene acceso, se carece de capacidad cognitiva para convertir la información en conocimiento.

Ante este escenario la Universidad se reinventa para atender las nuevas exigencias que demanda el sector social y productivo en cuanto a la formación de profesionales, pero también en la forma de organizarse y asumir el compromiso histórico-social que representa como institución. Parte de su transformación de las Universidades Latinoamericanas se encuentra en las TIC.

Esta investigación parte de la pregunta central ¿Cuáles son los retos tecnológicos que enfrenta la Universidad Latinoamericana? Tiene como objetivo identificar y analizar algunos retos que enfrenta la Universidad Latinoamericana en busca reinventarse a partir de la implementación, uso adecuado y dominio de las tecnologías aplicadas en las funciones sustantivas y adjetivas de la Universidad.

La educación en línea

En la educación superior existen diferentes modalidades para cursar una carrera profesional, presencial, semipresencial o no presencial, este último conocido también en la actualidad, como educación en línea o virtual. La educación en línea es la que ha tenido mayor crecimiento en los últimos años en el contexto de las Universidad Latinoamericanas. Esto se debe principalmente a las ventajas que presenta esta modalidad por encima de la educación presencial, siendo de la preferencia de algunos jóvenes y adultos que buscan formarse profesionalmente sin que esto implique descuidar otros aspectos como por ejemplo sus compromisos laborales o sociales.

Más que una moda, se trata de una tendencia generada por el entorno de una creciente innovación tecnológica, "fue con el desarrollo de internet y los navegadores gráficos a partir de 1993 que la educación en línea se fue conformando con las posibilidades actuales" (McAnally y Organista, 2007, p. 84) esta modalidad aparece de manera reciente en los servicios de la Universidad.

En América Latina existen algunas universidades, sobre todo públicas que han decidido emprender una aventura a la educación en línea, por medio de plataformas digitales especiales,

4

diseñadas exclusivamente para ofrecer programas educativos a través del internet. Procurando atender la demanda que exige una educación en línea de calidad.

Esto ha generado un mercado que ha sido aprovechado por Universidades privadas, que ven en la educación en línea una oportunidad para ofrecer educación a un sector de la población que se encuentra familiarizado con las TIC y que presentan algunas características particulares que los condiciona para no lograr acceder a una educación presencial.

Algunas de las razones por las cuales las personas eligen estudiar en línea son: cuentan con poco tiempo disponible para trasladarse a una institución educativa, dificultad para combinar el trabajo y asistir a la escuela de manera presencial, en su momento no contaron con las condiciones económico o sociales para continuar sus estudios y buscan después de un tiempo una oportunidad de continuar estudiando, entre otras.

Para las instituciones educativas ofrecer educación en línea también es una forma de contribuir de manera directa con el indicador de acceso a la educación superior. Si bien es cierto que la educación es un derecho para todos, la realidad vista de serlo debido a las dificultades por las cuales atraviesa nuestra región en términos sociales y económicos. La Universidad requiere de incursionar a la educación en línea, ofrecer programas educativos en sus distintas modalidades y cuidar la calidad del servicio que se ofrece.

Integración de las TIC en la formación profesional

Uno de los principales objetivos de la Universidad es formar profesionalmente a mujeres y hombres para atender las necesidades del mercado laboral y la sociedad en general. Como parte de las competencias a desarrollar se encuentra el uso de las TIC para resolver problemas que demanda su profesión o para la vida cotidiana. Todas las profesiones requieren de una formación para el manejo de las TIC en sus distintos campos ocupacionales, no hay profesión en el mercado laboral que no requiera del dominio de las tecnologías.

La Universidad debe incorporar las TIC en los planes y programas de estudio de las diferentes carreras profesionales. Las TIC deben ser incorporadas como un eje transversal dentro del currículum universitario y en las distintas áreas de formación de cada uno de los programas educativos. El currículum según la UNESCO en Córica y Dinerstein (2009) "son todas las actividades, experiencias, materiales, métodos de enseñanza, y otros medios empleados por el maestro, consideradas por él con el propósito de alcanzar los fines de la educación" (p. 83). Es importante que el currículum universitario reconozca que el profesorado juega un rol decisivo en las aplicaciones de la tecnología y su impacto en la práctica educativa, así como el cumplimiento de objetivos y desarrollo de competencias de los estudiantes.

Formación y capacitación docente en el uso de las TIC

Parte importante de las funciones sustantivas de la Universidad es la docencia. La manera en que se realiza depende de la institucionalización de un modelo educativo y pedagógico basado en un conjunto de teorías educativas que describe la forma en que se realizará la gestión del aprendizaje en contextos diversos y situaciones específicas.

La práctica docente es un proceso de constante mejora continua en cuanto a la forma en que se hace uso de los recursos didácticos a los cuales tiene acceso el profesorado dentro o fuera del aula para el logro de los aprendizajes esperados. A pesar de las diferencias que pudieran existir en las estrategias didácticas de las distintas disciplinas, las TIC se han incorporado en el aula de manera general para todos los programas, convirtiéndose en parte importante dentro del procesos de enseñanza-aprendizaje.

Se requiere de una constante formación y capacitación de la planta docente en el uso de las herramientas tecnológicas aplicadas a la educación, principalmente en el aula. El profesor como eje central de la Universidad requiere de capacitación, entrenamiento y actualización en la incorporación y uso adecuado de las TIC con un enfoque didáctico en la enseñanza de su disciplina. Al respecto Cabero (2014, p. 113) menciona algunos aspectos sobre la formación y el perfeccionamiento del profesorado en TIC:

1. No es suficiente con llevar a cabo acciones para la formación del profesorado en TIC, sino que la misma debe hacerse con principios diferentes a los que hasta la fecha usualmente se han realizado, es decir, desde una óptica meramente de capacitación instrumental;
2. La capacitación del docente en TIC debe incorporar diferentes tipos de dimensiones como son: instrumental, semiológica/estética, curricular, pragmática, psicológica, productora/diseñadora, seleccionadora/evaluadora, crítica, organizadora, actitudinal e investigadora; y
3. Para su puesta en acción debemos asumir una serie de principios: el valor de la práctica y la reflexión sobre la misma, contemplar problemas reales para los docentes no para los formadores o los técnicos, la participación del profesorado en su construcción y determinación, su diseño como producto no acabado, centrarse en los medios disponibles, situarse dentro de estrategias de formación más amplias que el mero audiovisualismo y el alcance en consecuencia de dimensiones más amplias como la planificación, diseño y evaluación, su desarrollo en contextos naturales de enseñanza, la utilización de la deconstrucción de mensajes mediados como principios para el aprendizaje de su realización, y la coproducción de materiales entre profesores y expertos.

Para que la capacitación y el perfeccionamiento del profesorado en el uso adecuado y aprovechamiento de las TIC puedan tener éxito se requiere de sensibilización y concientización de la planta docente, comprender que la tecnología ocupa un lugar importante en los procesos educativos y en la vida cotidiana. La Universidad asume el reto de superar las TIC y transitar hacia nuevas aplicaciones del conocimiento tecnológico, pedagógico y disciplinar. La incorporación de las Tecnologías del Aprendizaje y el Conocimiento (TAC) y las Tecnologías del Empoderamiento y la Participación (TEP), son parte de estos retos tecnológicos.

Desarrollo de la investigación en la tecnología educativa

Aunque en las últimas décadas se ha generado una importante producción de investigaciones relacionadas con la tecnología educativa, no deja de ser un campo fértil para trabajar y profundizar sobre el impacto que tienen las tecnologías en la educación. Algunas de las líneas de investigación de la tecnología educativa según Valverde-Berrocoso (2016) son la macro-visión del e-learning, que incluye la macro-visión del aprendizaje online y el e-learning en educación superior; así como la aceptación/actitud hacia las tecnologías emergentes que contiene los juegos educativos, aprendizaje basado en tecnología y diferencias individuales; finalmente se menciona los entornos de aprendizaje que integra los temas de comunidad de aprendizaje, diseño instruccional, objeto de aprendizaje, evaluación en entornos basados en tecnología, multimedia, software educativo, aprendizaje interactivo y comunicación y resolución de problemas.

Corresponde a la Universidad fomentar la integración de grupos de investigación especializados en la generación y aplicaciones de la tecnología, impulsar proyectos de investigación orientados a mejorar los procesos organizacionales, la práctica docente y los resultados educativos mediados por la tecnología no solo en el nivel superior sino también profundizar en la educación básica y media superior. En la medida que se invierta en esta área los resultados podrán ser significativos para el desarrollo de este campo.

Las TIC en la gestión y el gobierno institucional

La nueva gestión pública puesta en marcha de manera oficial desde finales del siglo XX por el Consenso Centro Latinoamericano de Administración para el Desarrollo (CLAD) para los gobiernos latinoamericanos como parte de la reforma gerencial del Estado (Del Castillo y Azuma, 2009) debido a la crisis económica y política en que se encontraban desde la década de los ochenta, trajo consigo una transformación en la manera de brindar un servicio público a la ciudadanía, dejando a tras la burocracia tradicional. Como parte de las reformas en la Administración Pública las instituciones han asumido la encomienda de hacer más eficientes los procesos administrativos por medio de las TIC. Lo mismo para el sector educativo y particularmente las Universidades.

La mayoría de las Universidades de la región manejan correos institucionales para facilitar la comunicación organizacional, cuentan con sistemas de gestión escolar para agilizar la consulta y el registro de información, sistemas de gestión de calidad basado en procesos que integra a la Norma ISO para la certificación de sus procesos académico-administrativos, sistemas para cargar información financiera y que esta pueda ser consultada por los usuarios tanto internos como externos, así como redes sociales como Facebook y Twitter que son espacios de comunicación y flujo de información que han adoptado las Universidades para difundir sus actividades.

La Universidad requiere de contar con la capacidad para atender las demandas internas y externas de la institución, la capacidad organizacional de gestión y coordinación, en la que la comunidad universitaria es capaz de establecer objetivos, acciones y estrategias para incorporar las tecnologías en sus distintas áreas. Asume el reto de identificar y atender las necesidades tecnológicas tanto al interior como exterior de la organización, generar acuerdos comunes sobre cómo incorporar y potencializar las TIC, TAC y TEP, e incorporar en la planeación estratégica y los planes operativos el desarrollo tecnológico en todas las áreas de la Universidad.

Infraestructura tecnológica en el aula y espacios de la universidad para la inclusión y la diversidad

La infraestructura tecnológica con la que cuenta la mayoría de las Universidades Latinoamericanas sigue siendo escasa e insuficiente para dar atención a miles de estudiantes que buscan encontrar una educación de calidad en las distintas modalidades educativas. La Universidad requiere de mayor infraestructura tecnológica para el cumplimiento de sus objetivos y metas compromiso, generar espacios con equipamiento tecnológico adecuado para los distintos usuarios, transitar del aula tradicional al aula inteligente, garantizar el desarrollo de las competencias profesionales específicamente las competencias tecnológicas acordes a la disciplina y a las necesidades de cada profesión.

Existen algunas Universidades Latinoamericanas que se encuentran en una transición para trabajar con el modelo de aulas inteligentes, de acuerdo con Sánchez y Campos (2014) este tipo de aulas consiste en:

> Las aulas inteligentes son una solución educativa concebida para transformar la enseñanza y el aprendizaje. Suelen estar estructuradas por dispositivos para cada estudiante –en ese caso tablets- una pizarra interactiva, un centro de control y monitoreo (para el profesorado) y un software que permita la interacción entre todos los dispositivos mencionados. Favorece el desarrollo de capacidades y participación de los estudiantes. Este aprendizaje se extiende más allá del aula, al facilitar el acceso a otros entornos, así como se extiende en el tiempo. A esta extensión en el tiempo y el espacio de aprendizaje la llamaremos u-learning (p. 3).

Este tipo de aulas parece ser el siguiente paso de la forma de trabajar en los salones de clases, evidentemente integra aparatos electrónicos comunes entre la población estudiantil, lo cual facilitaría la gestión del aprendizaje y el conocimiento.

En cuanto al tema de la inclusión y diversidad en la educación superior, no basta con solo permitir el acceso general a quienes demandan formarse profesionalmente, sino que la Universidad debe contar con las condiciones de infraestructura necesarias para brindar una educación de calidad para todos, ello incluye la atención a las personas que cuentan con alguna discapacidad.

La Universidad requiere de habilitar, adaptar y potencializar los espacios universitarios como los auditorios, laboratorios, centros de cómputo, bibliotecas, canchas deportivas, espacios culturales y de recreación, áreas administrativas, entre otros, con la infraestructura física tecnológica adecuada. Capacitar y sensibilizar al profesorado para educar en la inclusión y la diversidad, ello implicará dotar de herramientas tecnológicas apropiadas para atender a la heterogeneidad de las capacidades y condiciones de los estudiantes, los estilos de aprendizaje, inteligencias y gestión del talento humano.

Desarrollo de bibliotecas virtuales

La biblioteca tradicional como la conocemos está en decadencia, lamentablemente son varias las bibliotecas universitarias que se encuentran vacías, carecen de visitas de estudiantes y profesores, el área es utilizada para otras actividades no propias del lugar, los estantes y libros se encuentran con polvo y en malas condiciones, el acervo bibliográfico se actualiza paulatinamente y se carece de condiciones adecuadas para la consulta de los libros.

Esto se debe posiblemente a que las nuevas generaciones de estudiantes y profesores han crecido en la era digital. Ahora las bibliotecas universitarias se encuentran en un proceso de transformación, integrando las TIC, dando paso a un nuevo concepto denominado como bibliotecas virtuales.

Se trata de un "modelo de almacenamiento y difusión de documentos, ya sea a partir de la digitalización de objetos anteriores con diversos formatos (texto, audio, video, imágenes…) o de objetos creados en esta tecnología" (Lucía, 2010, p. 5) contribuyendo a la gestión de la información y el conocimiento entre los miembros de la comunidad universitaria.

Algunas características de la biblioteca virtual de acuerdo con Zamora y Cañedo (2008) son:

- Amplio desarrollo de ofertas de autoservicio de colecciones y procesos.

- Servicios de información remotos, a fin de tener acceso a la información desde los diferentes entornos académicos, sociales y domésticos.
- Variedad de programas de ayuda al usuario, para que él mismo acceda a la información que desee.
- Una oferta variada y plural de información que será impulsada por los desarrollos tecnológicos y limitada por aspectos económicos y políticos.
- Distinción y apoyo prioritario a la especialidad de la demanda y a la individualidad del usuario.
- Elaboración de publicaciones que serán el producto del empaquetamiento de información, y que responderán a las necesidades de los usuarios y no a la vanidad académica del bibliotecólogo o sus intereses personales.
- Innovaciones que permitan crear nuevos productos informativos y nuevas versiones de los ya existentes que faciliten la difusión y el acceso al conocimiento.
- Procesamiento de la información que propicie un valor agregado a la fuente primaria y a la ficha bibliográfica con un tratamiento didáctico que garantice su eficiencia (p. 11-12).

La biblioteca virtual no solamente permite el acceso a la información digitalizada en una plataforma desde cualquier punto en el que se localice el usuario, sino que permite manipular los contenidos, y procesar la información de manera eficiente mediante recursos didácticos tecnológicos de acuerdo con las características y necesidades de búsqueda de información de los usuarios.

Según Zamora y Cañedo (2008, p. 8) el cambio de biblioteca dentro de la Universidad implicará:

- Reconfigurar el esquema clásico de la biblioteca.
- Transformar la dinámica de trabajo en función de la gestión del conocimiento.
- Ampliar los servicios con valor agregado.
- Incluir la biblioteca dentro de la cadena productiva de las universidades.

- Lograr un uso intensivo y perfecto de las redes.
- Desarrollar productos y servicios de información con el uso de las tecnologías de la información.
- Diversificar las colecciones en diferentes formatos y lograr su accesibilidad desde diferentes puntos.
- Extender los recursos de información de la universidad a todas las actividades de formación, superación y aprendizaje continuo.

La intención de este tipo de bibliotecas no es sustituir por completo los libros en físico, pero si contar con un servicio alternativo basado en la digitalización de los libros para ser consultados en algún dispositivo tecnológico. Para que esto funcione se requiere de un esfuerzo institucional que involucra recursos económicos, tecnológicos y humanos para incorporar esta nueva forma de ofrecer servicios bibliotecarios.

Conclusiones

La Universidad Latinoamericana se encuentra en un proceso de transformación complejo al incluir las Tecnologías de la Información y Comunicación en las funciones sustantivas y adjetivas de las Universidad. Esto implica entre otras cosas, la aceptación de la comunidad universitaria a reinventar sus prácticas en función de las herramientas tecnológicas. Se ha identificado y analizado algunos de los retos que enfrentan actualmente las Universidades en nuestra región. Esto no quiere decir que sean los únicos retos tecnológicos en la Universidad, pero si representan una parte de su totalidad.

La Universidad Latinoamericana asume los retos de ofertar una educación de calidad para todos en sus modalidades educativas, fortalecer la educación en línea, desarrollar bibliotecas virtuales, actualizar, capacitar y perfeccionar al profesorado en el uso adecuado de las TIC y las aplicaciones en la práctica pedagógica disciplinaria de las TAC y las TEP, generar y aplicar conocimiento especializado en el campo de la tecnología educativa, contar con infraestructura física y tecnológica adecuada y suficiente para favorecer la inclusión y la diversidad, y finalmente, lograr un equilibrio entre la gestión y el gobierno institucional con impacto en el uso adecuado de las tecnologías en el ámbito organizacional, las prácticas pedagógicas, disciplinarias y tecnológicas, las necesidades de cada profesión y en el mejoramiento permanente de la calidad educativa.

Referencias

Cabero, J. (2007). *Tecnología Educativa. España:* McGraw-Hill.

Cabero, J. (2014). *Formación del profesorado universitario en TIC. Aplicación del método Delphi para la selección de los contenidos formativos.* Educación XX1, Vol. 17, No, 1), pp. 111-131. Recuperado de http://revistas.uned.es/index.php/educacionXX1/article/view/10707/11301

Córica, J. y Dinerstein, P. (2009). *Diseño curricular y nuevas generaciones. Argentina: Virtual.* Recuperado de www.editorialeva.net/libros/DCyNG_Corica_Dinerstein.pdf

Del Castillo, G. y Azuma, A. (2009). *La reforma y las políticas educativas. Impacto en la supervisión escolar.* México: FLACSO.

Harvey, D. (2007). *Breve historia del neoliberalismo.* Madrid: Akal.

McAnally, L. y Organista, J. (2007). *La educación en línea y la capacidad de innovación y cambio de las instituciones de educación.* Apertura, 7(7), pp. 82-94. Recuperado de http://www.redalyc.org/articulo.oa?id=68800707

Megías, L., y Manuel, J. (2010). *De las bibliotecas digitales a las plataformas de conocimiento (notas sobre el futuro del texto en la era digital).* Verba: Anuario Galego de Filoloxía, Vol. 67, pp. 369-401. Recuperado de http://eprints.ucm.es/10767/1/20lucia2.pdf

Sánchez, M. y Campos, L. (2014). *La mejora de los aprendizajes desde "el aula inteligente" experiencia en la IE Coronel José Joaquín Inclán-Piura-Perú. En el Congreso Iberoamericano de Ciencia, Tecnología, Innovación y Educación.* Buenos Aires, Argentina, Recuperado de www.oei.es/historico/congreso2014/memoriactei/799.pdf

Tello, E. (2007). *Las tecnologías de la información y comunicaciones (TIC) y la brecha digital: su impacto en la sociedad de México. Revista de*

Sociedad y Sociedad del Conocimiento, 4(2), pp. 1-8. Recuperado de http://www.redalyc.org/pdf/780/78011231006.pdf

UNESCO (2005) *Hacía las sociedades del conocimiento.* Recuperado de http://unesdoc.unesco.org/images/0014/001419/141908s.pdf

Valverde-Berrocoso, J. (2016). *La investigación en Tecnología Educativa y las nuevas ecologías del aprendizaje: Design-Based Research (DBR) como enfoque metodológico.* RIITE. Revista Interuniversitaria de Investigación en Tecnología Educativa, pp. 60-73. Doi: http://dx.doi.org/10.6018/riite/2016/257931

Viteri, G. (2008). *Notas sobre globalización.* España: EUMEDED. Recuperado de http://www.eumed.net/libros-gratis/2008b/389/index.htm

Zamora, R. y Cañedo, C. (2008). *La Biblioteca Virtual: Reflexiones y consideraciones teóricas.* Biblios, núm. 33, pp. 1-14. Recuperado de http://www.redalyc.org/articulo.oa?id=16118983004

Competencias en TIC de los Docentes en Educación Superior

Juan Enrique Martínez Cantú

Introducción

El presente capítulo tiene como propósito ofrecer un acercamiento socioeducativo al término de las competencias profesionales docentes en la educación superior. Preparando de esta manera, la base del objeto del presente trabajo para la relación entre competencias docentes y las Tecnologías de la Información y Comunicación –*TIC*–.

Cuando se habla de *competencias* existe la idea generalizada de que este término nace en el sector educativo, la realidad no es así, más bien se origina en los ámbitos del sector industrial específicamente con los programas orientados a la capacitación de personal para actividades propias de trabajo o áreas sensiblemente importantes para la cadena de producción.

La literatura especializada ofrece clara muestras que el término competencias es utilizado en diferentes áreas del conocimiento como la administración, medicina, psicología, deporte, educación, lingüística, entre otros; derivándose así términos que son tomados como sinónimos: conocimientos, habilidades, capacidades, talentos, dominios, destrezas, generando con ello, confusiones al lector.

Los sistemas educativos internacionales conscientes del vertiginoso cambio que se vivía a fines del siglo pasado, específicamente las dos últimas décadas, ejecutaron reformas orientadas a la modernización de sus planes curriculares así como los procesos administrativos, y para ello, aplicaron cambios estructurales profundos e incorporaron adelantos tecnológicos aplicados al manejo y procesamiento de las TIC que indudablemente dieron resultados positivos como el desarrollo de carreras profesionales con orientación al uso, y aplicación de las TIC en diferentes áreas del conocimiento y especializaciones, que hoy en día se incrementan dentro de la sociedad globalizada.

Acercamiento conceptual del término *competencias*.

El término competencias profesionales nace durante la década de los años ochenta y es resultado de múltiples razonamientos por encontrar soluciones a la problemática social y económica que padecían las naciones del primer mundo –*Inglaterra, Estados Unidos, Canadá, Alemania, Japón, Francia e Italia*– y las naciones subdesarrolladas del sudeste asiático y Latinoamérica –*encabezada por México, Argentina, Brasil y Chile*–.

Es importante resaltar que el abordaje desarrollado por cada nación fue diferente en razón de necesidades y contextos particulares, dando como resultado, primero: experiencias de avanzada en la estructuración del trabajo industrializado y su mano de obra –*en el caso de Estados Unidos, Canadá y Europa*– y para el resto del mundo, en segundo término, por la modernización educativa basada en la premisa que esta, no puede estar desligada del sector productivo.

De esta manera el término competencia se transforma en el actual paradigma que encuadra las necesidades sociales y formación profesional. El origen etimológico de la palabra *competencia* proviene del vocablo latino referido a la capacidad o habilidad para combatir. En el Diccionario de la lengua española, versión del tricentenario (DRAE, 2014), ofrece una doble definición que permite juzgar al interesado según sea el caso de la naturaleza de investigación: la primera, hace referencia al encono, disputa, discordia o pelea entre individuos por actos de posesión material, y la segunda, tiene más que ver con los actos de obligación o función propios de un cargo.

Se le atribuye a Mclellan (1973), la aplicación moderna del término competencia al ámbito de lo laboral. Sostiene que la comprobación oficial de una titulación y los resultados psicométricos, no eran garantía para la empresa, de que un empleado realizara con éxito su trabajo. Por su parte, Boyatzis (1982), considera que las competencias son parte integral de un sujeto y determinan en buena medida el éxito en la ejecución laboral y sus tareas particulares. Woodruffe (1993) y De Ansorena (1996) siguiendo la misma de línea de estudio, desarrollan los primeros estudios con elementos de corte científico que relacionan las características personales y aspectos conductuales como claves de éxito en el desempeño laboral.

Actualmente existen definiciones desarrolladas por organizaciones y especialistas en los ámbitos laborales y educativos que son aceptados como un referente importante para encuadrar estudios e investigaciones relacionadas con las competencias, por ejemplo, Braslavsky (2005), define las competencias como aquél desarrollo de las capacidades complejas que permiten a los estudiantes pensar y actuar en diversos ámbitos. Consiste en la adquisición de conocimiento a través de la acción, siendo resultado de una cultura de base sólida que puede ponerse en práctica y utilizarse para explicar qué es lo que está sucediendo. Por su parte Vargas (2004), señala que la Organización Internacional del Trabajo, conceptualiza la competencia como la capacidad efectiva para llevar a cabo exitosamente una actividad laboral plenamente identificada. La competencia laboral no es una probabilidad de éxito en la ejecución de un trabajo, es una capacidad real y demostrada. La OCDE (2012), define las competencias como el conjunto de conocimientos, habilidades y destrezas que pueden aprenderse, permiten a los individuos realizar una actividad o tarea de manera adecuada y sistemática, y que pueden adquirirse y ampliarse a través del aprendizaje. Esta definición incluye toda la gama de competencias cognitivas, por ejemplo, la alfabetización y la aritmética, técnicas específicas de un sector u ocupación y socioemocionales, por ejemplo, el trabajo en equipo o la comunicación.

El conjunto de todas las competencias disponibles para la economía en un momento dado, conforma el capital humano de un país. Un referente latinoamericano importante es ofrecido por Miranda (2003), que explica que de un modo genérico se suele entender que la competencia laboral comprende las actitudes, los conocimientos y las destrezas que permiten desarrollar exitosamente un conjunto integrado de funciones y tareas de acuerdo a criterios de desempeño considerados idóneos en el medio laboral. Se identifican en situaciones reales de trabajo y se las describe agrupando las tareas productivas en áreas de competencia –*funciones más o menos permanentes*–, especificando para cada una de las tareas los criterios de realización a través de los cuales se puede evaluar su ejecución como competente. Bajo el modelo constructivista de análisis sobre las competencias, Tobón (2006), indica que estas pueden ser entendidas como habilidades, conocimientos y destrezas para resolver dificultades en los procesos laborales–profesionales, desde el marco organizacional. Por su parte, Jonnaert, Berrtte, Masciotra y Yaya (2008), especifican que las competencias son consideradas como la puesta en marcha de un conjunto diversificado y coordinado de recursos que las personas gestionan en un contexto determinado. Esta puesta en marcha se apoya en la elección, la movilización y organización de recursos y sobre las acciones permanentes que permiten un tratamiento exitoso de esta situación. La competencia no puede definirse sin incluir la experiencia y la actividad de la persona.

Considerando la naturaleza polisémica del término competencias, este es utilizado en áreas tan diferentes que permiten orientar y desarrollar planes y programas estratégicos para el desarrollo institucional, ahora bien, es importante señalar que tanto la aplicación discursiva de quien expone una capacitación, actualización o especialización tendiente a mejorar las funciones de un empleado, no es igual para quien recibe el mensaje, por las siguientes razones: el primero se refiere a los aspectos cualitativos y su aplicación de una actividad con todas sus variantes, en tanto el receptor considerara simplemente la incumbencia o el deber de la acción que corresponde al cargo. Finalmente las competencias son indicativos que expresan la característica final que un individuo aplica al concluir una actividad.

Ha quedado claro el valor e interés existente por el tema de las competencias, pero no se debe perder de vista que las investigaciones siempre estarán comprometidas con la perspectiva, formación y finalidad de quien desarrolla las mismas, por ejemplo los enfoques más comunes son:

- *La visión funcionalista*: se interesa por la definición de responsabilidades atribuibles a cada puesto y resultados definidos.
- *La visión conductista*: pone su atención en las capacidades individuales para actuar en la resolución de contingencias, de una forma creativa, es decir fuera de lo ordinario.
- *La visión constructivista:* considera que los aprendizajes formales son básicos para la solución de problemas, y se interesan particularmente por la forma en que se edifican conocimientos, procesos y soluciones.

Clasificación de las competencias.

Las competencias laborales o profesionales, para su estudio o aplicación estratégica pueden ser clasificadas como:

Básicas: que suelen ser consideradas como ordinarias debido a que son los conocimientos básicos recibidos en una institución escolar, es decir, es lo que se espera que aprendan al término de un ciclo escolar o transito completo de estudio en cualquier nivel, por ejemplo que en educación básica dominio de lectura, expresión oral y escrita y operaciones matemáticas básicas.

Genéricas o transversales: son aquellas que por la variedad de conocimientos integrados pueden ser utilizados en distintos campos profesionales para desarrollar soluciones a eventos cotidianos y extraordinarios, ya sea en forma individual o colegiada.

Específicas: son competencias de carácter técnico, que por su especialización están orientadas a campos particulares del trabajo profesional.

Trasladando las anteriores competencias al plano curricular de un programa académico, las segundas coinciden con los ejes transversales y las terceras son más bien propias de una asignatura determinada (Coll, 2007; Álvarez, 2008; Escamilla (2008).

Breve panorama de las competencias profesionales.

La revisión bibliográfica sobre las competencias profesionales permite comprender que de origen es un término conceptual más complejo, estas trascienden las características personales, experiencias y conocimientos que garantizan la conclusión con éxito de una actividad laboral. Las competencias profesionales muestran de forma integral las características y los conocimientos específicos de una profesión con responsabilidad ético social de un empleado cuando ejerce sus funciones con alta responsabilidad en forma consiente. En el acercamiento conceptual al estudio de las competencias profesionales, Woodruffe (1993), las define como una configuración psicológica compleja que integra en su estructura y funcionamiento formas cognitivas y de recursos personales, que se manifiestan en la calidad de la actuación profesional. De acuerdo con Mulder (2007), son destrezas y actitudes necesarias para ejercer una profesión, lo que permite resolver los problemas profesionales de una forma autónoma y flexible. Se complementa en su concepción, la siguiente clasificación de las profesiones, de la siguiente forma:

- *Competencias profesionales técnicas.*
- *Competencias profesionales metodológicas.*
- *Competencias profesionales sociales.*
- *Competencias profesionales participativas.*

Uno de los especialistas más reconocidos en ámbito de la gestión empresarial y competencias Le Boterf (2000), indica que la actual sociedad asiste al encuentro de una demanda creciente de confianza en todos los planos, principalmente en aquellos de tipo productivo, en ellos se percibe la calidad y confianza, de quienes intervienen en la creación de productos y servicios *–como los educativos–* y quienes los consumen. El autor mencionado cuestiona la realidad que se vive: *¿Cuál es nuestro nivel de confianza y seguridad al consumir una gran variedad de productos y servicios?* La respuesta es evidente a las instituciones públicas y privadas que han implementado programas de calidad que sustentan la seguridad en sus servicios y muestran el nivel de competencia de sus empleados. Mertens (1996), define las competencias profesionales como la capacidad productiva de un individuo que se define y mide en términos de desempeño de un determinado contexto laboral; contempla los conocimientos, habilidades, destrezas y actitudes necesarias para la realización de un trabajo efectivo y calidad. Por otra parte, el Servicio Nacional de Aprendizaje Industrial (SENAI, 2002), considera la competencia profesional como la capacidad de un trabajador para movilizar los conocimientos, habilidades y actitudes necesarias para alcanzar los resultados predeterminados en un determinado contexto profesional, según patrones de calidad y productividad. A fines de los noventas, la OCDE a través del proyecto DeSeCO –*Definition and Selection of Competencies*–, construyó un referente conceptual con la intención de ser utilizado por sus socios y aplicado en los sistema educativos correspondientes, el objetivo final de dicho proyecto fue sentar las bases de una preparación académica útil para los desafíos de un nuevos siglo, uno de sus acciones básicas fue definir las competencias profesionales como la habilidad para satisfacer con éxito exigencias complejas en un contexto determinado, mediante la movilización de prerrequisitos psicosociales que incluyen aspectos tanto cognitivos como no cognitivos (Rychen & Salganik, 2003).

A modo de conclusión del presente apartado, se puede decir que la conceptualización del término competencias profesionales han evolucionado y en su camino la adherencia de visiones empresariales, políticas y académicas, permiten incorporar aspectos de interés relacionados con el desempeño, calidad producción, bienestar y planeación curricular para perfiles de ingreso y egreso profesional. Igualmente se puede señalar que pese a la disimilitud existente entre los modelos de estudio desarrollados y sus enfoques, se percibe un creciente interés por fortalecer las competencias como un apartado básico en los procesos educativos.

Competencias docentes en la educación superior y su relación con las TIC.

Las demandas de carácter social actualmente, son igual de importantes que en tiempos pasados, solo que las presiones existentes del mundo globalizado complican los procesos para ofrecer soluciones integrales, una de las áreas que más presión recibe es la educación superior, de ella se espera que sea la palanca que genere el desarrollo individual y colectivo.

Esta situación ha motivado acciones por parte del sector oficial y la iniciativa privada, quienes han expuestos sus respectivas visiones a fin de establecer puntos de acuerdo que vinculen los planes de estudio de nivel superior a las necesidades del sector productivo, los estudios e investigaciones académicas –*sean incrementado a partir de la primera década del presente siglo*– sobre la educación superior, y se caracterizan por un encauzamiento relacionado con las competencias profesionales como lo evidencian (González y Wagenaar, 2004).

Se considera que los cambios sociales relacionados con la globalización y su dinámica economía, la migración e interculturalidad, el aumento de la matrícula escolar, la diversificación de la oferta educativa y más recientemente la utilización de las TIC. En general podríamos decir que las nuevas tecnologías de la información y comunicación son las que giran en torno de tres medios básicos: *la informática, la microelectrónica y las telecomunicaciones*; pero giran, no solo de forma aislada, sino lo que es más significativo de manera interactiva e interconectadas, lo que permite conseguir nuevas realidades comunicativas (Cabero, 1998), En la educación, se ha modificado la práctica docente y por consiguiente, la misma requiere un replanteamiento de origen y actualización mediante programas de capacitación que ofrezcan al término de los mismos las competencias necesarias para actuar en el actual contexto.

En relación con la anterior descripción, Carrera (1980), señalaba que las funciones docentes de todos los niveles están cambiando como resultado de las demandas sociales, siendo las circunstancias más apremiantes: la explosión del conocimiento, la nueva comprensión del proceso de aprendizaje, el desarrollo de las técnicas de comunicación y las diferentes fuentes de conocimiento disponibles. Al respecto, García e Ibáñez (2006) señalan que las competencias profesionales por su naturaleza pueden ser fomentadas desde los estudios universitarios, elaborar indicadores de habilidades que reflejen aquellas que permitan al graduado tener éxito en el puesto de trabajo bajo distintos contextos laborales y por último, verificar estos indicadores con expertos – *graduados, empleados, empleadores y otros expertos educativos–*.

Ante este contexto, el docente universitario tiene la responsabilidad de mejorar su práctica docente pasando del modelo tradicional con aprendizaje memorístico y proceso improductivo en términos de construcción nuevos conocimientos y transitar, a un modelo actualizado con enfoque de calidad donde las competencias profesionales son la norma principal que actualiza su papel como intermediario entre su función social y la construcción cognitiva apoyada en la utilización de las TIC.

La reconsideración del papel social que la universidad tiene, es un proceso histórico permanente, que significa en términos de García y Maquilón (2010), el reconceptualizar el papel del profesorado, de los estudiantes, de la enseñanza–aprendizaje, de la investigación, del gobierno y la gestión. El significando de este replanteamiento en la función docente se inclina sobre dejar el papel de reproductor de conocimiento e ir hacia un orientador de aprendizajes, ya que también se guía la enseñanza de los estudiantes permitiendo adquirir conocimientos, especialmente saberlos buscar, procesar y aplicar.

Por otra parte, Pavié (2011), indica que existen competencias exclusivas de la esfera docente y señala al respecto, que la diferencia establecida entre competencias genéricas y específicas pareciera la más adecuada en relación con la profesión docente.

Durante los trabajos del Proyecto *ALFA Tunning*, en su capítulo destinado para América Latina y en el marco de los trabajos de la primera Reunión General del Proyecto celebrada en marzo de 2005) en la Ciudad de México, se dio a conocer un acuerdo donde especifican 27 competencias genéricas aplicables al trabajo docente que son las siguientes:

1. *Capacidad de abstracción, análisis y síntesis.*
2. *Capacidad de aplicar los conocimientos en la práctica.*
3. *Capacidad para organizar y planificar el tiempo.*
4. *Conocimientos sobre el área de estudio y la profesión.*
5. *Responsabilidad social y compromiso ciudadano.*
6. *Capacidad de comunicación oral y escrita.*
7. *Capacidad de comunicación en segundo idioma.*
8. *Habilidades en el uso de las tecnologías de la información y comunicación.*
9. *Capacidad de investigación.*
10. *Capacidad de aprender y actualizarse permanentemente.*
11. *Habilidades para buscar, procesar y analizar información procedente de fuentes diversas.*
12. *Capacidad de Crítica y autocrítica.*
13. *Capacidad para actuar en nuevas situaciones.*
14. *Capacidad creativa.*
15. *Capacidad para identificar, planear y resolver problemas.*
16. *Capacidad para tomar decisiones.*
17. *Capacidad de trabajo en equipo.*
18. *Habilidades interpersonales.*
19. *Capacidad de motivar y conducir hacia metas comunes.*
20. *Compromiso con la preservación del medio ambiente.*
21. *Compromiso con su medio socio-cultural.*
22. *Valoración y respeto por la diversidad y multiculturalidad.*
23. *Habilidad para trabajar en contextos internacionales.*
24. *Habilidad para trabajar en forma autónoma.*
25. *Capacidad para formular y gestionar proyectos.*
26. *Compromiso ético.*
27. *Compromiso con la calidad.*

Si bien es cierto que todas competencias son importantes para efectos del desarrollo de este trabajo, se destacan las siguientes de la lista: *2, 4, 6, 8, 9,11, 13, 14, 15 y 24*, en razón de que a partir de uso de las TIC, pueden solucionar el manejo de altos volúmenes de información que actualmente requiere procesar un docente universitario para actualizar sus prácticas profesionales en general.

Para salvar el tamaño compromiso de los docentes universitarios, éstos deberán poseer las competencias profesionales de calidad, que les brindará oportunidad de marcar la diferencia con respecto a su responsabilidad ética y profesional dentro de la actual Sociedad del Conocimiento y ante el manejo necesario para altos volúmenes de información que requiere el uso obligado de tecnologías especializadas, por tal razón, la adecuación metodológica y pedagógica son elementos básicos para el trabajo docente del nivel superior. Al respecto, Castells (2002), señala que la Sociedad del Conocimiento actual, trata de una sociedad en la que "las condiciones de generación de conocimiento y procesamiento de información, han sido sustancialmente alteradas por una revolución tecnológica centrada en el procesamiento de datos", de esta manera, quien se adapte a los cambios tecnológicos, serán colocados en el estándar de calidad requerido. En la búsqueda por definir cuál es papel TIC en la educación y particularmente en la superior, incluidas las acciones complementarias relacionadas con la actualización y capacitación del personal docente, así como su impacto en el aprendizaje, las formas de enseñanza, manejo de información y generación de productos innovadores resultantes del proceso educativo mismo: docentes, investigadores e instituciones públicas y privadas en coordinación con empresas, han generado investigaciones y estudios (Valencia, Serna, Ochoa, Caicedo, Montes y Chávez, 2016).

Dicho contexto aporta valiosos elementos que sirven como referente para un nuevo paradigma de la práctica docente mediante estrategias didácticas innovadoras, basadas en TIC, generando con ello, un binomio cercano a las competencias profesionales docente, que a juicio de organismos internacionales son básicas para establecer el nivel de calidad para la sociedad del conocimiento.

Respecto del anterior planteamiento, Apple Classrroom of Tomorrow –*Aulas Apple del mañana, Siglas*– en un estudio en 1985 desarrollado sobre la utilización de las TIC en el campo educativo, a nivel instrumental y pedagógico, muestra que dicho empleo, ha transitado por cinco etapas progresivas:

* *Acceso*: Aprender el uso básico de la tecnología.
* *Adopción*: Utiliza la tecnología como apoyo a forma tradicional de enseñar
* *Adaptación*: Integra la tecnología en prácticas tradicionales de clase, apoyando una mayor productividad de los estudiantes.
* *Apropiación*: actividades interdisciplinares, colaborativas, basadas en proyectos de aprendizaje. Utilizan la tecnología cuando es necesaria.
* *Invención*: Descubre nuevos usos para la tecnología o combinan varias tecnologías de forma creativa (Ringstaff y Yocam, 1985).

En virtud de especificar las competencias tecnológicas para la actividad docente, se han establecido estándares que especifican los tipos de conocimiento, disposición y talentos que determinan el actuar de un sujeto con el nivel de calidad deseado para el desarrollo de una actividad. Los estándares o niveles de competencia profesional para el área educativa se definen en el documento denominado Estándares de TIC para la formación inicial docente de la UNESCO (2008), que los señala como como el conjunto de criterios para asegurar la calidad de las actividades que se realicen a través del uso de las TIC en el contexto educativo, y deben tener cuatro características básicas: ser un producto del consenso, formalizarse en un documento escrito, ser usado en forma voluntaria y definir con claridad el perfil de usuario al que se dirige.

Sobre el mismo tema y como resultado de un trabajo colaborativo entre la UNESCO, Cisco, Intel, Microsoft, la Sociedad Internacional para la Tecnología en la Educación y el Instituto Politécnico de la Universidad de Virginia, surgió un documento titulado *Normas Unesco sobre Competencias en TIC para Docentes* (NUCTICD, 2008), el cual se encuentra a todos los niveles educativos, haciendo uso de las TIC como elemento básico para mejorar sus procesos profesionales en forma colegiada e innovar su rol social, en consideración a metas y objetivos de desarrollo planteados entre otros programas oficiales de la UNESCO, tales como los Objetivos de Desarrollo del Milenio, Educación para Todos, el Decenio de la Alfabetización de las Naciones Unidas y el Decenio de la Educación para el Desarrollo Sostenible.

La normatividad resultante de dicho trabajo, vinculan el proceso educativo con el crecimiento económico, como una opción real para el crecimiento sostenible, el complemento de las normas educativas tienen que ver más con la esfera económico–empresarial que destaca los enfoques sobre las nociones básicas de TIC relacionadas con la comprensión, promoción e inclusión de las tecnologías en planes programas de estudio, estableciendo su uso como una competencia básica de la formación en cualquier campo. El enfoque relacionado con la Profundización del conocimiento propone acentuar el volumen cognitivo de la población en general, relacionado con la TIC como medio para solventar dilemas teóricos y vivenciales, en tanto que el enfoque Generación de Conocimientos busca intensificar las competencias cognitivas de todos los sectores de la población con la finalidad de elaborar conocimientos de actualidad. Las anteriores implicaciones con su acentuación en el uso de la TIC al articularse de manera particular con los distintos elementos que integran los sistemas educativos, terminan por definir las competencias que un docente debe dominar, a continuación se desglosan cada una de ellas, partiendo del elemento sistémico correspondiente.

Elementos del Sistema Educativo	Enfoque 1	Enfoque 2	Enfoque 3
Política y visión	Nociones básicas de TIC	Profundidad del conocimiento	Generación de Conocimiento
Plan de estudios y evaluación	Conocimientos básicos	Aplicación de conocimientos	Competencias del siglo XXI
Pedagogía	Integración de las TIC	Solución de problemas complejos	Autogestión
TIC	Herramientas básicas	Herramientas complejas	Tecnología generalizada
Organización y administración	Aula de clase estándar	Grupos colaborativos	Organización de aprendizajes
Formación profesional de docentes	Alfabetización en TIC	Gestión y guía	El docente, modelo de educando

Fuente: *Elaboración propia a partir de la normatividad señalada.*

La descripción resultante de los enfoques propuesto por la UNESCO (2008) destacan el uso estratégico de las TIC dentro de las actividades docentes, por lo tanto es indispensable una serie de condiciones como la actualización en términos pedagógicos del uso de las TIC y el trabajo colaborativo entre pares, a fin de desarrollar actividades académicas que vinculen los conocimientos planteados en los programas de estudio con las necesidades sociales para la búsqueda del desarrollo social.

Referencias

Álvarez, J. (2008). *Evaluar el aprendizaje en una enseñanza centrada en competencias*. Madrid: Morata.

Boyatzis, R. (1982). *The Competent Manager*. New York: Wiley & Sons.

Braslavsy, C. (2005). *Teoría y acción en la vida de C. B.* Ginebra: UNESCO.

Cabero, J. (1998). *Impacto de las nuevas tecnologías de la información y la comunicación en las organizaciones educativas*. Granada: Universitario.

Carrera, M. (1980). *El profesor y la tarea docente*. Valencia: Universidad de Valencia.

Castells, M. (2002). *La dimensión cultural de Internet.* Catalunya: Universitat Oberta de Catalunya.

Coll, C. (2007). *Las competencias básicas en educación*. Madrid: Morata.

De Ansorena, C. (1996). *15 Pasos para selección de persona con éxito. Método e instrumentos*. Barcelona: Paidós.

DRAE. (2014). *Diccionario de la Lengua Española*. Madrid: RAE.

Escamilla, A. (2008). *Las competencias básicas*. Barcelona: Graó.

García, I., e Ibáñez, M. (2006). *Competencias para el empleo. Demandas de las empresas y medición de los desajustes*. Revista Internacional de Sociología, Vol. 64. Córdoba: IESA.

García, M., y Maquilón, J. (2010). *El futuro de la formación del profesorado universitario*. Murcia: Universidad de Murcia.

González, J., y Wagenaar, R. (2004). *Proyecto Tuning America Latina*. Bilbao: RIE.

Jonnaert, P., Berrette, J., Masciotra, D., y Yaya, M. (2008). *La competencia como organizadora de los programas de formación: hacia un desempeño competente*. Granada: Universidad de Granada.

Le Boterf, G. (2000). *La gestión de las competencias.* Santa Cruz de Tenerife: IDEA.

McClelland, D. (1973). *Testing for competence rather than for intelligence.* Cambridge: Harvard University Press.

Mertens, L. (1996). *Competencia laboral y surgimiento de modelos,* Montevideo: OIT.

Miranda, M. (2003). *Transformación de la educación media técnico profesional.* Santiago: Universitaria.

Mulder, M. (2007). *Competence – the essence and use of the concept in ICVT.* Wageningen: Wageningen University.

NUCTICD. (2008). *Normas UNESCO sobre Competencias en TIC para Docentes.* Paris: UNESCO.

OCDE. (2012). *Mejores competencias, mejores empleos, mejores vidas. Enfoque estratégico de políticas de competencias.* Paris: OCDE.

Pavié, A. (2011). *Reformación docente: hacia una definición del concepto de competencia profesional docente.* Osorno: Universidad de Lagos.

Ringstaff, C., y Yocam, K. (1985). *Integrating Technology into Classroom Instruction: An Assessment of the Impact of the ACOT Teacher Development Center Project.* Cupertino: Apple.

Rychen, S., y Salganik, L. (2003). *A holistic model of competence. En D.S. Rychen y L.H. Salganik.* Gottingen: Hogrefe & Huber.

SENAI. (20029. *Metodología para la elaboración de perfiles profesionales.* Brasilia. SENAI.

Tobón, S. (2006). *Formación basada en competencias.* Bogotá: ECOE.

UNESCO. (2008). *Estándares TIC para la formación inicial docente: una propuesta en el contexto chileno. Centro de Educación y Tecnología del Ministerio de Educación de Chile.* Santiago: Unesco Chile.

Valencia, T., Serna, A., Ochoa, S., Caicedo, A., Montes, J., y Chávez, J. (2016). *Competencias y estándares TIC desde la dimensión pedagógica: Una perspectiva desde los niveles de apropiación de las TIC en la práctica educativa docente.* Bogotá: Pontificia Universidad Javeriana.

Vargas, F. (2004). *Competencias clave y aprendizaje permanente.* Montevideo: OIT.

Woodruffe, C. (1993). *What´s the meaning by a competency?* New York: MCB.

Educación a Distancia, una Alternativa para Combatir la Brecha Digital de la Educación Superior en México

Anabell Echavarría Sánchez
Guadalupe Agustín González García
Abigail Hernández Rodríguez
José Rafael Baca Pumarejo
José Guadalupe de la Cruz Borrego

Introducción

Los adelantos en las TIC pueden ser vistos como un progreso social, sin embargo, esos adelantos no se distribuyen de manera equitativa a todos por igual, hay sectores que no se ven beneficiados por esos adelantos, a esto es a lo que se le llama brecha digital. Las diferencias entre los que sí están integrados a esas tecnologías y los que no, presentan diferencias en el acceso, uso y beneficios derivados de esas tecnologías.

Si los estudiantes y los maestros están separados por la distancia y algunas veces por el tiempo, entonces hablamos del concepto de educación a distancia. El uso de las tecnologías como la forma primaria de comunicación es la primera y más obvia característica que distingue la educación a distancia de otras formas de educación.

El concepto educación a distancia es una traducción del término alemán *fermunterricht*, del francés *télé-enseignement*, y del inglés *distance education*. Interesantemente, el término distancia fue usado en la temprana historia de la educación por correspondencia norteamericana y antecedió al término estudio independiente.

Haciendo un breve recuento de la evolución de la educación a distancia tenemos que: primeramente, se ofrecieron cursos a través de mensajería, esto es, por correspondencia, cuyo principal medio de comunicación fueron los materiales impresos, con guías de estudio y escritura de ensayos, así como exámenes. La segunda generación de educación a distancia empezó con la aparición de las primeras universidades abiertas a inicios de los 70´s, con programas distribuidos por radio y televisión, los llamados de una sola vía. La tercera generación de la educación a distancia incluyó interacción telefónica, satélite, cable o líneas de servicios digitales integrales de red (ISDN, por sus siglas en inglés). En los 90´s emerge una nueva generación de educación a distancia basada en conferencia vía redes por computadora y estaciones de trabajo vía multimedia por computadora esto es, apareció la videoconferencia, y los cursos de dos vías, o interactivos.

La adopción de la educación a distancia ha sido manejada para explicar el cambio social más que cualquier otro factor. Así, el establecimiento de universidades abiertas en los 70´s a escala mundial, fue una respuesta directa al incremento en la demanda de medidas alternativas para acceder a la educación superior (Saba, 1996).

El objetivo general de este trabajo es el de observar el problema estructural relacionado con la brecha digital de la educación superior en México. Se propone a la educación a distancia como uno de los aspectos que pueden ser considerados con el fin de reducir esa brecha digital. La educación a distancia está transformando los modelos de la educación superior.

Como objetivos específicos en nuestra investigación se cuentan:

- Estudiar las diferentes teorías de educación a distancia que nos ayudarán a explicar los elementos de la educación a distancia que podrán influir en la reducción de la brecha digital en la educación superior.

- Formular respuestas a la problemática de la brecha digital en las universidades, relacionadas con la eficiencia en el acceso y uso de las tecnologías y los medios.
- Identificar los objetos emergentes de investigación en la educación a distancia, para mejorar, transformar e innovar los sistemas, instituciones y entornos formativos en la educación superior.

Para ayudarnos con el desarrollo de nuestra investigación, nos planteamos las siguientes preguntas de investigación ¿Cuáles son los fundamentos teóricos de la educación a distancia? y ¿Cuáles son o deberían ser los objetos emergentes de investigación en la educación a distancia que permitirán mejorar y transformar los procesos de formación profesional en la educación superior?

Se expresa a continuación, el marco teórico que sustenta a la educación a distancia, y el cual constituye esencialmente una revisión bibliográfica del tema. Este estudio se considera como uno de investigación básica. Posteriormente, nos concentramos en la educación a distancia a nivel de educación superior en México.

Marco teórico

El concepto educación a distancia es una traducción del término alemán *fermunterricht*, del francés *télé-enseignement*, y del inglés *distance education*. Interesantemente, el término distancia fue usado en la temprana historia de la educación por correspondencia norteamericana y antecedió al término estudio independiente. A continuación hacemos una revisión de términos relacionados con la educación a distancia.

Aprendizaje a distancia

Kember (1995) usa el término "aprendizaje abierto" al cual considera como una conceptualización más general que incluye el aprendizaje a distancia como una de sus formas.

De acuerdo con Abarashi (2011), el aprendizaje a distancia es sinónimo del aprendizaje en línea y del llamando e-learning y su principio básico es que el aprendizaje a distancia permite a los estudiantes permanecer en casa o en cualquier lugar, en donde ellos se sientan capaces de estudiar, vía computadora e Internet.

Aprendizaje en línea

De acuerdo con Kaveie (2011), el aprendizaje en línea se caracteriza porque no se envían materiales y todo el aprendizaje es en línea. La limitación es que el estudiante debe trabajar en una computadora (ser capaz de buscar sus propios materiales e imprimirlos).

Entre los beneficios y oportunidades que ofrece el aprendizaje en línea, de acuerdo con Abarashi (2011), se cuentan: el entrenamiento de un amplio rango de audiencia, las creencias y experiencias de los estudiantes son diferentes, se conecta con estudiantes de diferentes culturas, entre otros.

e-learning

De acuerdo con Kaveie (2011), bajo esta forma de educación a distancia, los materiales del curso se proporcionan en formato multimedia; esto es, en CD/DVD. Bajo esta forma de estudio, el estudiante puede escoger sus materiales de estudio, los puede llevar con él y aprender en cualquier lugar, si cuenta con una laptop.

El Concord Consortium (2002), una organización educativa sin ánimo de lucro, se enfoca en la aplicación de tecnología de desarrollo del aprendizaje basado en el modelo e-learning. El modelo incluye colaboración asincrónica – en diferentes momentos en el tiempo -, horarios explícitos, expertos facilitadores, pedagogía de investigación, construcción de la comunidad, matrícula limitada, materiales de alta calidad, espacios virtuales útiles. La mayor parte de la investigación realizada por el Concord Consortium es dirigida como enfoques de diseño instruccional que promueven la investigación y la reflexión, donde los aspectos teóricos y prácticos del proceso de aprendizaje convergen (Concord Consortium, 2002). Esto es consistente con muchas de las prácticas de diseño instruccional en la educación a distancia, las cuales se enfocan específicamente sobre la calidad de los elementos de diseño que promueven las habilidades de pensamiento en un alto orden (Smith, 2006).

Fundamentos de la educación a distancia

Dentro de los fundamentos teóricos de la educación a distancia, se habla de la teoría única, de la teoría de las comunicaciones, y de la teoría del aprendizaje de los adultos (*andragogy*). La primera, tiene que ver con el estudio independiente, el cual apareció después del concepto de educación a distancia. La segunda, toma en cuenta las variables significativas en el momento en el que los estudiantes deben estar en comunicación con el instructor. La tercera, toma en cuenta la idea del autoaprendizaje del adulto. Las ideas del aprendizaje de los adultos fueron promovidas por Malcolm Knowles (1984).

Del mismo modo, Moore (1973) intentó bosquejar una teoría general de la pedagogía de la educación a distancia. Por su parte, Peters (1980), siguiendo la línea de la teoría pedagógica, elaboró una teoría organizacional. La perspectiva de Peters sobre la educación a distancia como un sistema mecánico altamente estructurado, con la perspectiva de Wedemeyer (1981) de una, más centrada en el aprendiz, relación interactiva con un tutor, constituyó una teoría global, la cual desde los ochenta ha sido conocida como la teoría de la distancia transaccional. El primer postulado de la teoría transaccional es que la distancia es un fenómeno pedagógico. Los procedimientos para superar esta distancia son el diseño instruccional y el de la interacción. Para enfatizar que esta distancia es pedagógica, y no geográfica, utilizamos el término "distancia transaccional".

El concepto de transacción connota la interacción entre el ambiente, los individuos y los patrones de comportamiento en una situación. La transacción que nosotros llamamos educación a distancia es la interacción entre personas que son maestros y alumnos, en ambientes que tienen las características especiales de estar separados unos de otros, y un conjunto consecuente de comportamientos especiales de enseñanza aprendizaje. Esos comportamientos especiales de enseñanza caen en dos grandes grupos: diálogo y estructura. Habiendo aceptado la importancia de la estructura como elemento clave de la educación a distancia, Moore (1973) creía que en una teoría descriptiva de educación a distancia, se necesitaba una perspectiva balanceada, una que explicara la idiosincrasia e independencia de los estudiantes como un recurso valioso, más que como una desventaja. Fue necesario conceptualizar una dimensión que permitiera una relación más colaborativa entre maestros y alumnos.

Keegan (1986) publicó las definiciones generalmente aceptadas de la educación a distancia (ver apartado b) de la sección II Discusión). Por su parte, Garrison y Baynton (1987), estaban de acuerdo en que la educación a distancia "implicaba alguna forma de interacción y diálogo entre el docente y lo enseñado". Farhad Saba (1988), elaboró la teoría de la distancia transaccional utilizando el modelado simulado por computadora y empleando este enfoque para entender el uso de las telecomunicaciones en la educación a distancia.

La última teoría es la más reciente y quizá la que mejor ilustra cómo la teoría debe afectar la práctica y viceversa. Kember (1995) presenta un modelo para el progreso del estudiante, que se enfoca específicamente en aprendices adultos en cursos de educación a distancia.

Como comentamos en el marco teórico de este documento, Kember usa el término "aprendizaje abierto" al cual considera como una conceptualización más general que incluye el aprendizaje a distancia como una de sus formas.

En resumen, la distancia transaccional ha servido como una herramienta que puede ser usada para describir cursos y programas de educación a distancia y para localizar a cualquiera de ellos en relación con otros en el universo de cada evento. Provee un marco de referencia con el cual los investigadores pueden localizar numerosas variables de estructura, diálogo y autonomía de quien aprende, y después hace preguntas acerca de la relación entre esas variables. La teoría de la distancia transaccional es una teoría pedagógica.

La educación a distancia, es una relación de enseñanza/aprendizaje; esto define a la educación a distancia en términos de las variables del curso, las variables del aprendiz y las variables instruccionales.

Discusión

a) La brecha digital

Los adelantos tecnológicos pueden ser vistos como un progreso social, sin embargo, esos adelantos no se distribuyen de manera equitativa a todos por igual, hay sectores que no se ven beneficiados por esos adelantos. Las diferencias entre los que sí están integrados a esas tecnologías y los que no, son en el acceso, uso y beneficios derivados de esas tecnologías.

La brecha digital es uno de los conceptos que surgen cuando se estudia el impacto social que se deriva del acceso y uso de las tecnologías de información y comunicaciones (TIC). Estas últimas producirán un desarrollo diferenciado entre las poblaciones que cuentan con ellas y las que no.

De acuerdo con Tiene (2002), uno de los problemas mundiales más serios es la amplia brecha entre ricos y pobres. Uno de los aspectos de esta disparidad, es la brecha digital, la enorme diferencia en el acceso a las TIC entre los países. Mientras que los países en el mundo industrializado disfrutan de la comodidad proporcionada por las tecnologías de comunicación moderna, el trabajo en las oficinas se hace más eficiente y efectivo, a través del uso de las nuevas tecnologías y se toma ventaja de nuevas oportunidades educativas proporcionadas por las tecnologías de información y comunicaciones.

En ese sentido, la brecha digital puede ser definida en términos de la diferencia socioeconómica entre las comunidades que cuentan con acceso a Internet y las que no. Sin embargo, las desigualdades también se pueden referir a las nuevas tecnologías de la información y la comunicación, como lo son las computadoras personales, los teléfonos móviles, la banda ancha y otros dispositivos.

Cuadro 1.- *Usuarios de Internet a nivel mundial y estadísticas de población 2017*

Región	POBLACIÓN		USUARIOS DE INTERNET			
	Estimada al 31 de marzo de 2017 (millones)	En el total mundial (%)	Al 31 de marzo de 2017 (millones)	Tasa de usuarios con respecto a la población (%)	Crecimiento 2000-2017 (%)	En el total mundial (%)
África	1,246.5	16.6	353.1	28.3	7,722.1	9.4
Asia	4,148.2	55.2	1,874.1	45.2	1,539.6	50.1
Europa	822.7	10.9	636.9	77.4	506.1	17.0
Oceanía/ Australia	40.5	0.5	27.5	68.1	261.5	0.7
Oriente Medio	250.3	3.3	141.9	56.7	4,220.9	3.8
América del Norte	363.2	4.8	320.0	88.1	196.1	8.6
América Latina y el Caribe	647.6	8.6	385.9	59.6	2,035.8	10.3
México	123.2 */	1.6	73.7	59.8 **/	577.1 ***/	1.7
Total mundial	7,519.0	100.0	3,739.7	49.7	936.0	100.0

*/ Estimaciones del Consejo Nacional de Población (CONAPO), México.

**/ Cifras de la Asociación Mexicana de Internet (AMIPCI), México.

***/ Crecimiento absoluto 2001 – 2014 (%), de los usuarios de Internet.

Fuente: Elaboración propia con cifras de: Internet users world wide, http://www.internetworldstats.com/stats.htm y para México datos de INEGI – ENDUTIH, 2004 y 2015.

Uno de los más desafortunados productos de la brecha digital es el impacto negativo sobre los esfuerzos de educación de los países en desarrollo. Las tecnologías digitales proporcionan mejores y nuevas oportunidades a los estudiantes de los países desarrollados, quienes obtienen grandes cantidades de información sobre cualquier tópico, para comunicar sus pensamientos de una forma dinámica y de diferentes maneras y para trabajar más eficientemente que como se hacía en épocas anteriores. Sin acceso a los beneficios de la tecnología, los estudiantes de los países en desarrollo, se encuentran en desventaja respecto a sus pares en otros países.

La brecha digital entre países condiciona el acceso a la información, y por lo tanto la producción de conocimiento. Las causas de la brecha digital entre los países se pueden clasificar en siete apartados: culturales, de lenguaje, de pobreza, de infraestructura, de burocracia, de corrupción y de proteccionismo, siendo el de mayor peso el de la infraestructura (Tiene, 2002).

En la llamada sociedad de la información, la brecha digital genera una brecha cognitiva que refleja los efectos de las brechas del conocimiento, el acceso a la información y la educación, entre otras. Por lo tanto, la brecha digital puede ser definida en términos de la desigualdad de posibilidades que existen para acceder a la información, al conocimiento y a la educación mediante las nuevas tecnologías. O también como la distancia entre quienes pueden hacer uso efectivo de las TIC y los que no pueden.

En los Estados Unidos, de acuerdo con el censo de población del 2000, el 51% de todas las casas contaban con una o más computadoras y el 41% tenía acceso a Internet. Del mismo modo, el Departamento de Educación de los Estados Unidos (2003) reportó que durante el año académico 2000-2001, el 56% de todas las instituciones educativas de nivel superior de dos y de cuatro años ofrecieron cursos de educación a distancia.

De acuerdo con el Cuadro 1, de una población mundial estimada de 7,519 millones de personas para el año de 2017, la población de América del Norte representaba el 4.8%, mientras que la de América Latina y el Caribe representaba el 8.6 por ciento. Del total de población, 3,739.7 millones de personas son usuarios de internet, lo que representa el 49.7 por ciento. Los usuarios de Internet en América del Norte ascendieron al 88.1% de la población de la región, mientras que los usuarios en América Latina y el Caribe representaron sólo a 59.6% del total de la región.

Las cifras reportadas en el Cuadro 1 para México son las siguientes. Para el año de 2017 se estima una población de 123.2 millones de personas, de acuerdo con el Consejo Nacional de Población (CONAPO), por lo que dicha población en el total mundial representa el 1.6 por ciento. De acuerdo con la Asociación Mexicana de Internet (AMIPCI), los usuarios de Internet fueron 73.7 millones, lo que representa el 59.8% de la población total. Del reporte del Instituto Nacional de Estadística y Geografía (INEGI), a través de la Encuesta Nacional sobre Disponibilidad y Uso de Tecnologías de la Información en los Hogares (ENDUTIH), se obtuvo un dato de crecimiento absoluto en los usuarios de Internet entre 2001 y 2014 de 577.1 por ciento, por lo tanto, la tasa de crecimiento anual en ese periodo se calcula de 44.3 por ciento. Cabe señalar que sí existe información de usuarios de Internet para el año de 2015, pero las cifras ya no son comparables con la serie anterior, dado el cambio de metodología para el cálculo del número de usuarios.

De acuerdo con el reporte de la AMIPCI titulado "Estudio de Hábitos de los Usuarios de Internet en México", la penetración de Internet en México alcanza el 59.8% de la población, lo que equivale a 73.7 millones de internautas. El estudio busca identificar las características de los usuarios de la Red en el país, conocer la demanda del mercado que requieren los servicios de Internet, saber las actividades que los mexicanos realizan en la Red, y generar información para que las empresas puedan identificar sus mercados. Para ello, se realizó una encuesta online a 1662 personas de 13 años o más y también a 154 niños de seis a 12 años, todo esto a nivel nacional.

Dentro de los hallazgos del estudio de la AMIPCI se cuentan:

- De los 73.7 millones de usuarios de Internet en el país, el 37% son personas entre 19 y 34 años de edad.
- 27% de los usuarios de Internet habitan el Centro del país, el Noroeste aloja a un 15% y en las demás regiones la población internauta se distribuye en porcentajes de entre el 11 y el 13 por ciento, siendo el sureste el de menor participación.
- Tener acceso a Internet está cambiando los hábitos de tres de cada cuatro internautas: se utiliza la vía online sobre todo para escuchar música, ver películas, la formación y la gestión de las finanzas (en este último caso, tan solo un 9% la realizan de forma más presencial que online).
- En cuanto al uso profesional de Internet destacan las gestiones con el Gobierno (37%), la formación (31%) y la búsqueda de empleo en línea (30%).
- El uso promedio de las redes sociales en México es de cinco horas y 15 minutos.
- Antes, el principal motivo para conectarse a Internet era la búsqueda de información, hoy la actividad más popular es el acceso a las redes sociales (cerca de 80%).
- Las principales barreras para lograr un mayor acceso a Internet son: conexión lenta (30%), problemas técnicos con la compañía (26%) y costos elevados (25%).

La brecha digital y la educación superior

En el contexto educativo, a nivel universitario, podemos hablar de la brecha digital entre las instituciones, entre los profesores, entre los estudiantes y entre los profesores y los estudiantes.

Existe una brecha digital entre universidades, cuando hablamos de las que están bien dotadas de infraestructura y las que no, por ejemplo las universidades del sector privado en México, cuentan con mejores equipos y espacios para la educación que las del sector público.

Existen varias brechas digitales entre los profesores, cuando hablamos, por ejemplo, que algunos se preocupan por la entrega de materiales didácticos y por las estrategias tecnológicas a seguir en el lugar de clases, mientras que otros no están preocupados por ello. Los primeros diseñan sus asignaturas pensando en el aprovechamiento de la infraestructura tecnológica. Aquí estaríamos hablando de una brecha digital en el proceso de enseñanza. Otro ejemplo proviene de la divergencia en la capacidad de uso de los docentes de la tecnología y de los medios de comunicación.

Pueden existir diferencias de acceso a las TIC entre los alumnos, y aquí hablaríamos de una brecha digital en el proceso de aprendizaje (e-learning, aprendizaje electrónico).

Podemos decir que existe una brecha digital en el uso de Internet, dado que las ideas de los docentes y sus objetivos son muy diferentes a los de los alumnos. Además, existen diferentes niveles de aprovechamiento de la infraestructura tecnológica y del potencial de Internet, para uso personal o para el proceso de enseñanza -aprendizaje.

Por lo anterior, la brecha digital también se puede concebir como las diferencias entre grupos, según su capacidad de acceso a la información o según su capacidad de uso de las TIC. Esta última deberá proveer la oportunidad de mejorar el proceso de enseñanza - aprendizaje.

En la llamada sociedad del conocimiento, se habla de la brecha cognitiva, por un lado están los que tienen acceso al conocimiento y por otro lado los que no.

La UNESCO (2005) señala que una sociedad del conocimiento ha de poder integrar a cada uno de sus miembros y promover nuevas formas de solidaridad con las generaciones presentes y futuras. No deberían existir marginados en las sociedades del conocimiento, ya que éste es un bien público que ha de estar a disposición de todos.

En el periodo 2000 – 2017, en México, sin duda ha habido un continuo aumento en la proporción de estudiantes que usan el Internet y el correo electrónico con propósitos de estudio. Sin embargo, aún hay estudiantes que aún no usan Internet. Cuando se agote la brecha digital, la brecha cognitiva no desaparecerá.

b) La educación a distancia

Keegan (1980, 1996, 2002) sintetiza las definiciones existentes de la educación a distancia e identifica los elementos que la distinguen:

i) Separación del profesor y del estudiante a lo largo del proceso de aprendizaje

ii) Influencia de la organización educativa en la planeación y preparación de materiales de aprendizaje y en la provisión de servicios de soporte para los estudiantes.

iii) El uso de medios técnicos – impresión, audio, video o computadora – para unir al docente y al estudiante y llevar a cabo el contenido del curso.

iv) La provisión de dos formas de comunicación, así que el estudiante se podría beneficiar de e incluso iniciar el diálogo.

v) La ausencia cuasi permanente del grupo de aprendizaje a lo largo del proceso de aprendizaje. La gente está pensada como individuos en lugar de grupos, con excepción de las reuniones ocasionales. Las reuniones podrían ser cara a cara o por medios electrónicos y son para procesos didácticos y para socialización.

Del mismo modo, Keegan (1980, 1996, 2002) comenta que la educación a distancia cuenta con dos elementos importantes: la enseñanza a distancia y el aprendizaje a distancia. Mantiene que la enseñanza a distancia se enfoca en la entrega de instrucción para el aprendizaje, mientras que el aprendizaje a distancia se enfoca sobre la maximización del conocimiento de quien aprende. También distingue entre capacitación en la web, cursos en línea y distribución de la educación, pues comenta que estos últimos se enfocan en los medios por los cuales se entrega la instrucción, en lugar de centrarse en el aprendizaje.

El concepto de educación a distancia es simple: los estudiantes y los maestros están separados por la distancia y algunas veces por el tiempo. El uso de la tecnología como la forma primaria de comunicación es la primera y más obvia característica que distingue la educación a distancia de otras formas de educación.

Muchas personas usan el término "aprendizaje a distancia" como un sinónimo de educación a distancia. Educación a distancia es mucho más que simplemente el uso de la tecnología en el aula convencional. Michael Mark (1990), distingue tres niveles de aprendizaje a distancia: Programas, unidad de aprendizaje e institución.

Los tipos de programas que ofrecen las escuelas de educación a distancia pueden ser dos, de acuerdo con Kaveie (2011), sincrónico o asincrónico. Bajo el primero, los estudiantes deben entrar al sitio web de la escuela en un determinado horario. Bajo el segundo, los estudiantes de educación a distancia deben completar su trabajo del curso en su horario disponible, que puede ser diferente al de la escuela o al de su instructor. Educación a distancia significa que los estudiantes pueden tener acceso a más y mejores recursos de aprendizaje que en el pasado. Los roles de los instructores y administradores son diferentes en un enfoque de educación a distancia comparados con la instrucción del aula tradicional. Asimismo, la educación que se le ofrece al capacitado ya no es presencial; se aprovechan los avances tecnológicos que se ha tenido en lo que se refiere a hardware y software, y; se ahorran recursos humanos, materiales y financieros. Una institución de educación a distancia, unidad, programa, consorcio, o un curso individual pueden ser analizados o descritos como un sistema.

c) La educación a distancia y la educación superior a distancia

Habiendo definido la educación a distancia, en la sección anterior, definamos ahora a la educación superior a distancia. Entenderemos por educación superior a distancia, el ciclo de educación formal que tiene su antecedente académico en el bachillerato –o su equivalente– que para el caso del nivel licenciatura, se dirige a formar profesionales con conocimientos, actitudes y destrezas altamente calificados para la práctica profesional de un campo de conocimientos específico (educación, filosofía, derecho, etcétera). En el caso del postgrado, persigue formar cuadros científico- disciplinarios altamente especializados y actualizados. En ambos niveles, los procesos de enseñanza-aprendizaje y organizacionales no se realizan totalmente en una modalidad físicamente presencial, sino en la utilización de medios tecnológicos de difusión de la información, que permiten la comunicación diferida o simultánea entre los alumnos por un lado, y los profesores y administradores del programa o sistema respectivo, por otro.

Si nos remontamos hacia atrás en el tiempo, descubrimos que primero se ofrecieron cursos a través de mensajería, esto es, por correspondencia, cuyo principal medio de comunicación fueron los materiales impresos, con guías de estudio y escritura de ensayos, así como exámenes. La segunda generación de educación a distancia empezó con la aparición de las primeras universidades abiertas a inicios de los 70´s, con programas distribuidos por radio y televisión, los llamados de una sola vía. La tercera generación de la educación a distancia incluyó interacción telefónica, satélite, cable o líneas de servicios digitales integrales de red (ISDN, por sus siglas en inglés). En los 90´s emerge una nueva generación de educación a distancia basada en conferencia vía redes por computadora y estaciones de trabajo vía multimedia por computadora esto es, apareció la videoconferencia, y los cursos de dos vías, o interactivos.

La virtualización en la educación superior

De acuerdo con Quéau (1993), la virtualización es un proceso y resultado del tratamiento de los datos, de la información y del conocimiento en la comunicación mediante computadora. Consiste en representar electrónicamente y en forma numérica digital, objetos y procesos que encontramos en el mundo real.

Dependiendo del contexto, los conceptos de educación abierta y a distancia algunas veces se toman como sinónimos y otras veces se confunden. En el contexto de la educación superior, la virtualización puede comprender la representación de procesos y objetos asociados a actividades de enseñanza y aprendizaje, de investigación y gestión, así como objetos cuya manipulación permite al usuario realizar diversas operaciones a través de Internet, tales como aprender mediante la interacción con cursos electrónicos, inscribirse en un curso, consultar documentos en una biblioteca electrónica, comunicarse con estudiantes y profesores y otras actividades.

Educación abierta

En ciertos lugares "abierto" se refiere al acceso no restringido a las instituciones educativas, en donde no se requiere demostrar estudios previos, en México el concepto se refiere al hecho de que los procesos escolares tradicionales se hacen más flexibles; por ejemplo la atención a clases, el calendario escolar, los periodos de exámenes para certificar el aprendizaje. La documentación de estudios previos, sin embargo, es aún un prerrequisito.

Educación a distancia

Se refiere más a menudo a las estrategias metodológicas y tecnológicas que hacen posible entregar el contenido educativo y proveer la comunicación entre los participantes en un proceso educativo, aunque ellos no coincidan en el espacio y en el tiempo.

Desde el punto de vista social, la educación a distancia debería ser concebida como una forma de superar la distancia en el espacio y en el tiempo, para lo cual se dispone de recursos metodológicos y tecnológicos. El mayor cambio deberá ser el de superar las distancias sociales, culturales y económicas que se reflejan en un acceso desigual a los servicios educativos.

Los supuestos que acompañan a la educación a distancia son: una cobertura mayor y más equitativa, autoconfianza y aprendizaje independiente, flexibilidad para adaptar al participante a las condiciones de vida.

Desde esta perspectiva, hay muchos enfoques para revisar los cambios que se han dado a través del tiempo en la educación a distancia, tales como las políticas educativas, la orientación social, los modelos de educación a distancia que han sido implementados y los enfoques más típicos, el soporte tecnológico en el que se ha basado.

Entre los factores que han tenido impacto en el origen y desarrollo de la educación a distancia se cuentan: a) el desarrollo de la educación tradicional en el salón de clases, el cual se limita por el tiempo, el lugar y los modos de aprendizaje, y así conduce inexorablemente a nuevos modos para aquellos que podrían no ir a la escuela; b) el desarrollo de diferentes modos y medios de comunicación para el contacto entre la gente de diferentes locales quienes participan en el mismo proceso educativo; c) las políticas educativas que se implementaron en cada etapa de la historia y el papel jugado por la educación a distancia.

El proceso de educación a distancia de acuerdo con Kaveie (2011), incluye los siguientes factores clave: los estudiantes, los profesores, la comunicación, el personal de soporte y la administración. Independientemente del contenido educativo, los estudiantes son el elemento principal del proceso de aprendizaje. El éxito de la educación a distancia depende de diferentes actividades educativas, así como de las habilidades y conocimientos de los profesores. Las comunicaciones son el puente que facilita el intercambio entre los estudiantes y los profesores, se requiere de las comunicaciones para crear. El personal de soporte operativo es esencial por ejemplo, en el registro de los estudiantes, en la distribución de recursos y además son los responsables de los reportes. Los administradores son los constructores y los jueces, que establecen la correcta relación en la formación.

Cuando hablamos en este documento sobre los saberes emergentes, nos estamos refiriendo a los aspectos de la gestión del conocimiento, la cultura digital y las competencias. Respecto al primer saber, éste lo podemos clasificar en circulación, consumo o ampliación del conocimiento. Respecto a las competencias, podemos hablar de las de los docentes y de las de los estudiantes. Un ejemplo de estas últimas son las competencias de análisis y de síntesis.

Dentro de los procederes emergentes, consideramos a los modelos emergentes de educación a distancia, la formación del profesorado y el aprendizaje de los alumnos. Este último incluye las habilidades de los alumnos, tales como las de lectura, escritura, comunicación e investigación.

Antes de la sociedad del conocimiento, la educación a distancia se perfilaba sólo a nivel nacional, con la sociedad del conocimiento, las fronteras de la educación a distancia se han ampliado a nivel internacional. Los aspectos que han estado ligados a la sociedad del conocimiento son la globalización y el avance tecnológico, los cuales se suman al impacto mundial que puede tener en la actualidad la educación a distancia.

Los recursos utilizados por la educación a distancia son: Internet, clase interactiva, e-mail, foros de discusión, aprendizaje autónomo, clase virtual, video conferencia, audio conferencia, medios audiovisuales y comunidades virtuales, entre otros.

La educación a distancia representa ya no solo un complemento, sino una alternativa en la educación a nivel superior. Dadas las brechas digitales en la educación superior presencial, la educación a distancia adquiere el papel de suplente de la educación presencial. La educación a distancia aprovecha los avances en las tecnologías de información y comunicación y es una estrategia relevante para ofrecer una mayor gama de servicios educativos a docentes y estudiantes con rezagos en el acceso, uso y beneficios de las tecnologías de información y comunicaciones.

Este tipo de modalidad educativa es muy importante, porque le brinda la oportunidad de seguir estudiando a las personas interesadas, muchas veces sin desplazarse de su lugar de origen a un centro educativo, y esto trae como consecuencia, un ahorro monetario para la persona.

De acuerdo con Moreno (2005), en México, la educación a distancia surgió desde el momento en el que el acceso a la educación presencial se volvió más restrictivo y selectivo. La educación a distancia ha llegado a ser una modalidad válida para la entrega de instrucción en las instituciones de educación superior mexicanas, en donde una buena parte de la población se caracteriza por ser joven.

En México, existen proyectos que han contribuido a darle impulso a la educación a distancia: el Sistema Nacional de Educación a Distancia (SINED), encabezado por la Asociación Nacional de Universidades e Instituciones de Educación Superior (ANUIES) y por la Secretaría de Educación Pública (SEP); el Programa de Educación Superior Abierta y a Distancia (ESAD) de la SEP, la cual evolucionó y actualmente es la Universidad Abierta y a Distancia de México (UnADM).

En el ciclo escolar 2013-14, la SEP (2014) reportó una matrícula de educación superior de 3.4 millones de estudiantes, en 4,294 instituciones, 2.3 millones en escuelas públicas (67.6%) y 1.1 millones en escuelas privadas (32.4%). Si la población en edad de 20 a 24 años es de 9.8 millones y 3.4 millones de jóvenes están estudiando la educación superior, esto significa que el 65.3% de la población en edad para cursar estudios de educación superior no participa en este nivel educativo.

De acuerdo con la ANUIES-SINED (2015), la SEP reporta a partir del ciclo escolar 1997 – 1998 la matrícula de la educación superior en la modalidad no escolarizada (educación abierta, mixta y a distancia). Desde ese ciclo escolar y hasta el ciclo 2014-2015, la matrícula en el nivel de técnico superior universitario (TSU) y licenciatura pasó de 120,589 a 440,584 alumnos, mientras que la matrícula a nivel posgrado pasó de 4,560 a 79, 904 alumnos en ese periodo.

La educación a distancia está fuertemente relacionada con la difusión creciente de la tecnología en la sociedad. La educación a distancia es una buena opción para el decreciente número de docentes y para el creciente número de estudiantes. Por todo lo anterior, se considera a la educación a distancia como un buen instrumento para combatir la brecha digital en el nivel de la educación superior.

Consideraciones finales

Con la educación a distancia, no se necesita acudir a un plantel educativo de manera presencial, hay un mayor acceso a las tecnologías de la información. Ya existen Centros de Acceso y Apoyo Universitario (CAAU), ubicados en toda la República Mexicana, la persona interesada en estudiar en su lugar de origen no necesita migrar hacia otra localidad, derivado de lo anterior, se presenta un ahorro económico.

La educación a distancia representa una alternativa, ya no sólo un complemento, en la educación a nivel superior en México. Dadas las brechas digitales en la educación superior presencial, la educación a distancia adquiere el papel de suplente de la educación presencial. La educación a distancia aprovecha los avances en las tecnologías de información y comunicación y es una estrategia relevante para ofrecer una mayor gama de servicios educativos a docentes y estudiantes con rezagos en el acceso, uso y beneficios de las tecnologías de información y comunicaciones. Bajo el escenario que planteamos en este documento, se considera que la educación a distancia representa un buen instrumento para combatir la brecha digital en la educación superior y esperaríamos que la educación a distancia amplíe la cultura digital de los objetos del conocimiento en la educación superior, entendiendo por estos a la formación del profesorado, la de los alumnos y sus competencias. En ese sentido, los objetos emergentes de investigación en la educación a distancia son los saberes y los procederes que tienen que ver con los modelos emergentes de educación a distancia, así como con el diseño de ambientes de aprendizaje en la educación superior. Esperamos que esto permita responder a la urgencia de desarrollo de modelos que impulsen la mejora del sistema de educación superior en México.

Los educadores a distancia deberán promover los programas destinados a los adultos y los gobiernos deberán apoyar a las universidades en la creación de capacidad real para disminuir la brecha digital. Aún queda mucho por hacer respecto a los estudios de detección de necesidades que identifiquen las brechas de enseñanza - aprendizaje y las del acceso, uso y beneficios de las tecnologías y comunicaciones de los participantes. Los cursos deberán ser diseñados a partir del conocimiento de las necesidades de la población meta. Se deberá involucrar a los participantes potenciales en la definición de las competencias y saberes que requieren en el desempeño de sus actividades cotidianas.

La tecnología seguirá jugando un papel clave en la entrega de contenidos de la educación a distancia.

Referencias

Abarashi, M. (2011). *Improving education through distance education and online learning.* Nature and Science, 2011; 9 (8): 55-58. Disponible en: http://www.sciencepub.net/nature

AMIPCI (2016). *"Estudio de Hábitos de los Usuarios de Internet en México".* Asociación Mexicana de Internet (AMIPCI). Consultado el 05 de julio de 2017 en: http://imco.org.mx/banner_es/estudio-de-habitos-de-los-usuarios-de-internet-en-mexico-via-amipci/

ANUIES-SINED (2015). *Diagnóstico de la Educación a Distancia.* Asociación Nacional de Universidades e Instituciones de Educación Superior (ANUIES) y Sistema Nacional de Educación a Distancia (SINED), México.

Concord Consortium. (2002). *The Concord Consortium e-Learning Model for Online Courses.* Consultado en http://concord.org/sites/default/files/pdf/e-learning-model.pdf

INEGI (2004). *Encuesta Nacional sobre Disponibilidad y Uso de las Tecnologías de la Información en los Hogares 2004.* Consultada el

06 de julio de 2017 en: http://internet.contenidos.inegi.org.mx/ contenidos/Productos/prod_serv/contenidos/espanol/bvinegi/ productos/encuestas/especiales/endutih/endutih2004.pdf

———— (2016). *Encuesta Nacional sobre Disponibilidad y Uso de las Tecnologías de la Información en los Hogares* 2016.

Internet users world wide, consultado el 20 de junio de 2017 en: http://www.internetworldstats.com/stats.htm.

Garrison, D. R. y Baynton M. (1987). "Beyond independence in distance education: the concept of control", *The American Journal of Distance Education*, 1 (3), 3 -15.

Kaveie, Z. (2011). Application of ITC in distance education. *Nature and Science*, 2011; 9 (8): 50-54. Disponible en: http://www. sciencepub.net/nature

Keegan, D. J. (1980). On defining distance education. *Distance Education* 1 (1): 13–36.

— — —. 1986. *Foundations of Distance Education*. London. Croom Helm.

— — —. 1996. *Foundations of Distance Education*. New York, NY: Routledge.

— — —. 2002. Definition of distance education. In Distance Education: *Teaching and Learning in Higher Education*, edited by L. Foster, B. Bower, and L. Watson. Boston, MA: Pearson Custom Publishing.

Kember, D. (1995). *Open Learning Courses for adults: A model of student progress*. Englewood Cliffs, NJ: Educational Technology Publications.

Knowles, M. (1984). Andragogy in action. San Francisco: Jossey-Bass.

Moreno C., M. (2005). A history of distance education in Mexico. *The Quarterly Review of Distance Education*, Volume 6(3), 2005, pp. 227–232.

Moore M.G. (1973). "*Toward a Theory of Independent Learning and Teaching*" *Journal of Higher Education*, Vol. XLIV, Núm. 12, December, 1973.

Moore M.G. y Kearsley G. (1996). "*Educación a distancia. Una visión sistémica*". Wadsworth Publishing Company. Traducido por los alumnos de la primera generación de la Maestría en Tecnología Educativa, para la materia de Fundamentos de Educación a Distancia. Centro de Excelencia de la Universidad Autónoma de Tamaulipas. 2000.

Peters, O. (1980). *En Theoretical Principles of Distance Education*. By Desmond Keegan 1993, Chapter tree; *Distance Education in a Post Industrial Society*. 39-60.

Quéau, P. (1993). *Le virtuel*. Editions Champ Vallon et INA, Paris.

Saba, F. (1988). En *Handbook of Distance Education*, edited by Michael Moore, Third edition, Routledge, 2013, Consultado en Internet el 20 de julio de 2017 en: https://books.google.com.mx/books?id=WFH3FBE6aioC&pg=PA74&lpg=PA74&dq=Farhad+Saba+1988&source=bl&ots=1mTqzOnd9R&sig=9jEqGwm98kWTLiFD8Fe1rjMlYy8&hl=es-419&sa=X&ved=0ahUKEwj-oq7D_KfVAhWJ7IMKHQdXDzMQ6AEIKTAA#v=onepage&q=Farhad%20Saba%201988&f=false

-------(1996). *"Introduction to distance education"*, The Distance Educator, San Diego, CA, Saba y Associates, Vol. 2, No. 3, Fall.

SEP (2014). *Sistema Educativo de los Estados Unidos Mexicanos, Principales cifras 2013 – 2014*. Secretaría de Educación Pública. México.

Smith, L. M. (2006). Best practices in distance education. *Distance Learning*, 3(3), 59-66.

Tiene, D. (2002). Addressing the global digital divide and its impact on educational opportunity. *Education Media International*. 39: 3/4, Consultado en línea en: http//www.tandf.co.uk/journals

Unesco (2005). *Hacia las sociedades del conocimiento*. Paris: Organización de las Naciones Unidas para la Educación, la Ciencia y la Cultura.

US Deparment of Education (2003). *Distance Education at Degree-Granting Postsecondary Institutions: 2000-2001*. National Center for Education Statistics (NCES). July 2003.

Wedemeyer, C. (1981). *Learning at the backdoor: Reflections on non-traditional learning in the lifespan*. Madison, WI: University of Wisconsin Press.

Universidades una Transformación Necesaria: De la Educación Presencial a la Educación Virtual.

Daniel Desiderio Borrego Gómez
Noel Ruíz Olivares
Daniel Cantú Cervantes

Introducción

La educación superior ha estado durante mucho tiempo dominada por universidades en donde las clases se imparten en un espacio físico, pero han surgido nuevas variables en esta área, como las universidades de educación a distancia o educación virtual, que a través de las plataformas LMS (Sistema de Gestión de Aprendizaje) llevan a cabo sus clases.

Estas nuevas variables han causado que las universidades cambien e introduzcan estos modelos de educación a su estructura para atender a una gran cantidad de estudiantes que se desarrollan y demandan en ese tipo de educación, ya que las exigencias y formas en que la sociedad demanda el conocimientos y educación están cambiando en este mundo cada vez más globalizado y donde cada vez es más competitivo.

Mena (2004) nos indica que en la década del 70 el mundo asistió al fenómeno más impresionante de crecimiento de la Educación a Distancia y a una de las revoluciones más notorias de la educación superior como fue la creación de la Open University del Reino Unido y el surgimiento posterior de instituciones similares en casi todo el mundo. Este modelo, no se desarrolló sin embargo del mismo modo en nuestros países de América del Sur. Argentina, Bolivia, Brasil, Chile, Paraguay, Ecuador, Uruguay y Perú no se sumaron a esta tendencia mundial, no cumplieron la predicción, además Mena (2004) afirma que la explicación a tal fenómeno es sencilla y dolorosa para nuestros países: cuando en el mundo se desarrollaban con fuerza estos modelos, el Cono Sur estaba bajo regímenes militares que no priorizaron la educación en el momento, con más razón no alentaron este tipo de instituciones cuyo objetivo declarado es democratizar el acceso a la educación superior.

Mena (2004) en su trabajo *La Educación a Distancia en América Latina* nos dice que cuando se habla de educación a distancia casi siempre surgen espontáneamente en el imaginario de los interlocutores ciertos estereotipos referidos al aislamiento, a la imposibilidad de mantener una comunicación "cara a cara" y a la utilización exclusiva de un medio unidireccional, así también Mena menciona que diversos autores se refieren a la educación a distancia de manera muy diferente: unos acentúan sus rasgos mediatizadores, otros su posibilidad de remediar la inevitable ausencia y otros exaltan su potencial innovador.

El Banco Mundial señala que para la educación terciaria es de vital importancia contar con Tecnologías de la Información y la Comunicación (TIC) adecuadas y que funcionen correctamente, ya que tienen el potencial de:

i) Agilizar y reducir las tareas administrativas y, en general, hacer más eficaz y eficiente el manejo de las instituciones y los sistemas educativos;
ii) Ampliar el acceso y mejorar la calidad de la instrucción y la enseñanza en todos los niveles; y
iii) Ampliar significativamente el acceso a la información y las bases de datos ya sea entre la misma sede universitaria o en la esfera global.

La aparición y rápida evolución de las TIC han generado dos grandes desafíos para la educación:

El primero es lograr la integración adecuada de estas tecnologías dentro de los sistemas globales de educación y las instituciones.

El segundo es garantizar que las nuevas tecnologías propicien el acceso y la equidad, así como mayores oportunidades educativas para el mayor número de población posible y no solo para los más privilegiados desde el punto de vista tecnológico.

Hasta ahora, la investigación de las TIC así como de la educación a distancia ha sido dominada por la investigación que compara la eficacia de la educación a distancia contra la instrucción en el salón de clases, educación presencial, o educación tradicional así de cómo se comportan las personas mediante el uso de las TIC.

La UNESCO en su documento La Educación Superior Virtual en América Latina y el Caribe menciona que en casi la totalidad de los países no existe aún un marco legal regulatorio específico para la educación superior Virtual o a Distancia. En algunos países, Brasil y México por ejemplo, se han establecido normas regulatorias para la educación a distancia que se ha venido realizando con el apoyo de medios tradicionales, impresos y audiovisuales de comunicación, pero no con medios informáticos y telemáticos basados en la comunicación mediante computadora. Esta modalidad educativa es aún muy reciente y su desarrollo ha sido más el producto de la espontaneidad y de iniciativas relativamente aisladas de innovadores en este campo que de una planificación sistemática.

Algunas universidades que practican esta modalidad en algunos programas educativos, han establecido sus propias normas regulatorias, las cuales intentan complementar la regulación general de la educación superior, por la cual se rigen todas las modalidades educativas, ante la ausencia de un marco regulatorio específico de la educación virtual.

Otro aspecto a considerar en la Educación a Distancia es sin duda, su relación con la tecnología ya que desde sus comienzos la modalidad ha estado asociada a la tecnología y en la medida en que cambiaban las tecnologías evolucionaban también el concepto.

La búsqueda e investigación de nuevos modelos es un desafío permanente para todos los que trabajamos profesionalmente en el campo educativo.

Otro campo de investigación seria el que también señala la UNESCO en relación con los instrumentos de evaluación y acreditación de la educación superior virtual, puede decirse lo mismo que el marco legal regulatorio: no existen normas precisas y específicas.

Otro fenómeno que se ha señalado la UNESCO como importante es la tendencia hacia la globalización e internacionalización del conocimiento en la educación superior, en la cual la educación virtual y a distancia juega un papel protagónico. Si bien se reconocen los riesgos y amenazas de la globalización y la internacionalización, se tiene conciencia de la necesidad de transformar esa supuesta amenaza en una oportunidad y en este campo, los países en vías de desarrollo puedan definir investigaciones al respecto.

En la educación a distancia pero más en la educación virtual las plataformas educativas tienden a ser muy utilizadas, pues ofrecen un ambiente integrado, que incluye todas las funciones típicas de un proceso de enseñanza y aprendizaje, y los servicios de información y comunicación sincrónica y asincrónica necesarios para su realización y soporte para los usuarios.

Saba (2000) señala que en los últimos años, los investigadores han ido más allá de los estudios comparativos y experimentales, han introducido nuevos métodos, tales como el análisis del discurso y la entrevista en profundidad de los alumnos. Estos nuevos métodos superar muchas limitaciones metodológicas y teóricas de la educación a distancia.

Estos estudios también han puesto de manifiesto la complejidad de la educación a distancia, indicando la diversidad de variables implicadas en el concepto.

Cookson (2002) indica que la esencia de la educación a distancia y también de la educación abierta es que brinden las oportunidades de aprendizaje a toda persona que carece de facilidades y credenciales de educación, sin importar su falta de educación previa o estatus económico o social, o la ubicación de su residencia. Uno de los retos de este tipo de educación ha sido el convencer a las demás instituciones de la sociedad que su calidad es equivalente a la educación impartida por instituciones tradicionales que proporcionan la educación en ambientes presenciales.

La ANUIES en el Plan Maestro de Educación Superior Abierta y a Distancia nos dice que el reto fundamental hoy día es repensar la educación superior, reflexionar colectivamente en torno a los grandes desafíos que el desarrollo acelerado pero desigual impone, ya no a una sociedad, sino a la sociedad mexicana en un contexto de apertura y globalización, como un elemento más de un todo en constante movimiento y transformación.

Modalidades de formación con la utilización de distintos grados de virtualización

Mena (2004) en su trabajo *La Educación a Distancia en América Latina. Modelos, Tecnologías y Realidades* plantea que algunas universidades están probando diferentes modalidades de formación con la utilización de distintos grados de vitalización como los siguientes:

En primer lugar la instancia más primitiva es la situación en que una universidad presencial introduce elementos de virtualidad en su dinámica educativa. Así se crean páginas web que los docentes utilizan para comunicarse con sus alumnos o se crean listas de discusión.

Una segunda instancia la constituyen las instituciones que habiendo ya comprobado la utilidad de internarse en el uso de la tecnología deciden diseñar un entorno virtual para albergar algunos cursos de extensión o educación continua. No comprometen aun académicamente a toda la institución pero pueden de este modo evaluar sus ventajas sin la presión de tener que involucrar las ofertas académicas.

En estos casos suele suceder que los entornos desarrollados tienen mayor capacidad que la utilizada y es propicia la ocasión para extender sus beneficios compartiéndolos con otras instituciones. De este modo distintas universidades ofrecen sus cursos virtuales utilizando una misma plataforma tecnológica.

Esta situación se mantiene hasta agotar la capacidad de dicha plataforma o hasta que alguna de las instituciones del grupo decide que ya se encuentra en condiciones de ofrecer una oferta virtual a través de su propio equipamiento.

En algunos casos el impulso adquirido es de tal magnitud que la institución adosa a su estructura una universidad virtual con gestión independiente pero compartiendo los recursos.

Por último Mena (2004) dice que sería la creación de la universidad virtual como organización virtual y con autonomía y que esta instancia es aún difícil de imaginar entre nuestras instituciones.

La transformación necesaria

Gastélum (2007) en su libro *La estrategia de las Latinas*, habla sobre la importancia de la internacionalización que es una estrategia primordial y el desafío estratégico de mayor importancia para las empresas latinoamericanas en los últimos 20 años y que las empresas han tenido que virar hacia el exterior en busca de nuevas oportunidades de crecimiento y de desarrollo.

El Informe del Banco Mundial 2003 menciona que la migración de personas representa el capital humano de sus países de origen a otros en los que, tanto sus habilidades como los beneficios de la inversión que han realizado en su formación académica, reciben una retribución más elevada. Cerca de 120 millones de personas (el equivalente al 2% de la población mundial) reside en países diferentes al de su origen (la mayoría de estos inmigrantes son trabajadores poco calificados). La principal justificación económica para la migración la representan los mayores salarios y las mejores oportunidades laborales. La migración, que resulta costosa en términos de tiempo y gastos varios, constituye una forma de capital humano. Igualmente, es un poderoso medio para incrementar el ingreso y fomentar la divulgación del conocimiento

El Banco Mundial señala también que "las empresas invierten cada vez más recursos en capacitación, con el fin de volverse competitivas en la economía mundial del conocimiento" (Informe Banco Mundial 2003, p.19) tomando en cuenta lo anterior creo que las universidades a distancia o de educación virtual tanto pública como privada son una opción de capacitación para estas empresas.

Soto & Suaquet (2006) menciona que las organizaciones, las crisis internas y externas tiene sumergidos a los administradores en una situación de incertidumbre permanente, en otros tiempos se podía buscar respuesta en los en los gurús de la administración frente a decisiones difíciles y complicados.

Por otra parte Gastélum (2007) dice que todas las organizaciones son vulnerables a los cambios de su entorno, sobre todo a los siclos y transiciones de las economías, las crisis de los mercados, la evolución tecnológica, la especulación financiera de grandes conglomerados. Y debido a que las empresas no pueden modificar sus componentes y estructuras lo suficiente mente rápido como para adaptarse a las demandas inciertas de mercado inestables o a los cambios de las reglas de competencia económica, desaparecen continuamente y otras mejor adaptadas a las exigencias de nuevo entorno toman su lugar.

Si tomamos esto y lo trasladamos a las instituciones de educación superior es muy posible que por ser organizaciones son vulnerables a los cambios de su entorno, ya que las universidades de educación presencial se enfrentan a la competencia de educación a distancia y virtual siendo necesario que estas universidades integren a su estructura este tipo de educación, posiblemente las universidades que no integren estos modelos no desaparezcan pero tendrán que realizar estrategias y cambiar para atraer a los estudiantes que requieren de esa forma de educación, además de obtener otras fuentes de financiamiento por la pérdida de recursos económicos que no obtengan por los alumnos que no ingresen a las instituciones tradicionales al escoger la modalidad a distancia o virtual que demandan.

Globalización y educación a distancia

Blacker (1995) menciona que estamos viviendo en una época donde lo más importante es el conocimiento, el que tiene conocimiento tiene su recursos a su alcance, el conocimiento es más importante que el trabajo, o el capital, el conocimiento reside en la persona y no puede ser comprado, el que tiene el conocimiento tiene poder.

Lo que menciona Blacker, es muy importante que las universidades lo tomen en cuenta ya que deben estar informadas de los cambios en el contexto en donde se desarrollan y cuáles son las estrategias de las universidades que comparten en su región así como las que están entrando en la educación a distancia y virtual además de conocerlas y estudiarlas para realizar estrategias y disminuir el riesgo de que su matrícula sea menos y posiblemente puedan desaparecer o solamente estén sobreviviendo en el nuevo contexto de la educación.

Conclusiones

Lo que hoy hacen las universidades de introducir los modelos de educación a distancia y modelos virtuales a través de los sistemas de gestión de aprendizaje es ya una transformación estratégica de la educación superior y más creciente en las universidades privadas ya que al no entrar a este proceso corren el riesgo de perder matricula en un nicho de alumnos que cada vez más exigen una educación emergente de acuerdo a su necesidades de tiempo espacio y lugar de procedencia, el papel de las Tecnologías de Información y Comunicación en la transformación de las estructuras de aprendizaje de las universidades han sido fundamental para llegar a estudiantes que cada vez más demandan este tipo de educación.

El traslado a ese camino de la educación a distancia y virtualización de la educación puede ser lento ya que las universidades deben adquirir personal e infraestructura adecuada para realizar este cambio, pero si no lo realizan están expuestas a ser desplazadas por las universidades con este tipo de educación que continúa emergiendo.

La educación a distancia en su modalidad virtual está creciendo en los últimos tiempos este tipo de modalidades en la educación necesita de investigaciones y soluciones cada vez más específicas, así también como investigación en el desarrollo de tecnología y sus múltiples aplicaciones en la educación, es necesario crear centros de investigación dedicados a la creación de herramientas tecnológicas acorde a contexto de la educación a distancia, virtual y asistido por computadora con fundamentos teóricos y pedagógicos.

Referencias

ANUIES (2004). *La educación superior virtual en América Latina y el Caribe*. México, DF.

ANUIES (2001). Plan Maestro de Educación Superior abierta y a distancia. México, DF: Autor.

Banco Mundial (2003). *Aprendizaje permanente en la economía global del conocimiento: Desafíos para los países en desarrollo*. Banco Mundial en coedición con Alfaomega Colombiana S. A.

Blackler, F. (1995). *Knowledge, knowledge work and organizations: An overview and interpretation*. Organization studies, 16/6, 1021 – 1046

COOKSON, Peter (2002*). Acceso y equidad en la educación a distancia: investigación, desarrollo y criterios de calidad*. Revista Electrónica de Investigación Educativa. Vol. 4, n.o 2. Consultado el 19 de septiembre de 2017 en http://redie.uabc.mx/redie/article/view/66/118

De la Cerda, G.J. (2007). *LA ESTRATEGIA DE LAS LATINAS: La transformación de las empresas latinoamericanas para superar crisis económicas y ser globalmente competitivas, LID, México D.F.*

Doti, J. L. (2004). *Is higher education becoming a commodity?* Journal of Higher Education Policy and Management, 26 (3), 363-369.

Havas, Attila, (2009). *Universities and the Emerging New Players: Building Futures for Higher Education.* Technology Analysis & Strategic Management, Vol. 21, No. 3, pp. 425-443, 2009

Mena, M (2004). *La Educación a Distancia en América Latina. Modelos Tecnologías y Realidades.* UNESCO-ICDE: La Crujia.Buenos Aires.

Soto & Sauquet, *Gestión y Conocimiento: Organizaciones que Aprenden,* 2006, Mexico D.F., International Thomson Editores, S.A.

Mena, M (2001); La Educación a Distancia *Multiplicidad de Miradas.* Consultado el 20 de septiembre de 2017 en http://sites. google.com/a/dapez.com.ar/bibliografia/home/prueba2/ marta-mena/1_LaEducacionaDistanciamultiplicidaddemiradas. pdf?attredirects=0&d=1

Saba, F. (2000) *Research in distance education: a status report. International Review of Research in Open and Distance Learning.* (9 pages). Unit 2, topic 1.

El Perfil del Estudiante a Distancia y el Uso de las Redes Sociales en Educación

Juan Oswaldo Martínez Sulvarán
Dora Yolanda Ramos Estrada
Néstor Olaff Meléndez Meléndez

Introducción

La sociedad actual se encuentra en constante cambio, y uno de estos cambios es la integración de la tecnología de la información a la vida cotidiana lo cual ha impactado en un modo de vida, en la manera como se trabaja y se aprende. La educación no ha estado exenta de integrar ese elemento en la práctica lo que representa la responsabilidad de considerar las necesidades del entorno cambiante y responder a dichas demandas sociales como actores dentro del proceso educativo. Dentro del ambiente educativo se encuentran los actores principales como sería el profesor y el estudiante los cuales representan un papel fundamental en el proceso de enseñanza-aprendizaje.

En relación al aprendizaje, existen diferentes perspectivas, cada una de ellas presenta una explicación sobre la concepción de dicho aprendizaje, los principios que lo sustentan y la relación de los elementos que participan en el proceso de enseñanza-aprendizaje.

Es importante identificar las concepciones sobre el aprendizaje pues a partir de dicha concepción se identifica la concepción del alumno y su participación dentro del proceso educativo.

Las perspectivas de las teorías del aprendizaje plantean concepciones distintas sobre las acciones de los elementos que participan en el proceso, de tal manera que es posible darse cuenta que mientras en la perspectiva conductual el alumno depende de las actividades programadas por el profesor, en la perspectiva cognitiva tiene un papel más activo y el profesor organiza las actividades dirigidas para que el alumno aprenda de manera significativa y aprenda a aprender y a pensar.

Por otra parte, es importante también conocer las aportaciones que la perspectiva humanista le proporciona al individuo en donde se le concibe con una personalidad integrada, no solamente es cognición sino también es afecto, sentimientos y actitudes, al mismo tiempo la perspectiva sociocultural le da importancia a la persona como ser social y de ahí la participación con compañeros, maestros pues en la interacción está el sustento de dicho aprendizaje (Hernández, 2012).

De tal manera, se pueden identificar que existen diferentes aproximaciones sobre el aprendizaje y dentro de esas concepciones el rol del profesor y el alumno han ido cambiando.

Al mismo tiempo que podemos identificar los cambios paulatinos en las perspectivas psicológicas sobre el aprendizaje, también podemos identificar los cambios que han influido en los últimos años en la educación a través del uso de la tecnología y su aplicación en la educación.

Estos cambios propiciados por la innovación tecnológica y su influencia en el ámbito educativo han generado cambios en el rol del profesor, en el rol del alumno así como cambios en la metodología de la enseñanza en la cual ésta puede ser apoyada por entornos en línea (Salinas, 2004). De ahí que el propósito del presente trabajo es a partir de la revisión de la literatura identificar el perfil del estudiante a distancia y el uso de las redes sociales en educación.

Al hablar del concepto de educación a distancia se puede mencionar a Litwin (2000) quien nos indica que el estudio de este tema implica reconocer a una modalidad de enseñanza con características específicas, esto es con una manera particular de crear un espacio, para generar, promover e implementar situaciones en la que los alumnos aprendan. El rasgo distintivo de la modalidad consiste en la mediatización de las relaciones entre los docentes y los alumnos. Moore y Kearsley (2006 citado en Gayol 2015) definen esta modalidad como una relación de enseñanza-aprendizaje caracterizada porque el alumno y profesor se encuentran separados en tiempo, lugar o en ambos, de manera parcial o permanente. La separación no solo es de carácter geográfico, sino también psicológico lo cual genera cambios en las formas de aprender, interrelacionarse y organizarse.

Por su parte, García (2011) menciona que "la educación a distancia es un sistema tecnológico de comunicación bidireccional (multidireccional) basado en la acción sistemática y conjunta de recursos didácticos y el apoyo de una organización y tutoría, que separados físicamente de los estudiantes, propician en éstos un aprendizaje independiente" Dentro de las características mínimas que menciona el autor para esta modalidad educativa se encuentran las siguientes:

a) La separación profesor/ alumno en el espacio y el tiempo;
b) El estudio independiente del alumno;
c) La comunicación mediada de doble vía entre el profesor y el alumno a través de diferentes recursos;
d) El soporte de una organización/institución que planifica, diseña, produce materiales, así como también evalúa y da seguimiento del proceso de aprendizaje.

Por lo anterior, el autor brinda una definición breve de educación a distancia en la cual señala que ésta se basa en un diálogo didáctico mediado entre el profesor y el estudiante ubicado en un espacio diferente en el cual se aprende de forma independiente, es hablar de una relación didáctica o diálogo con los estudiantes, diferida en espacio y tiempo, aunque pueden darse episodios comunicativos de carácter síncrono (García 2011).

La educación a distancia para este autor serían los cursos o programas en el que las conductas del profesor y alumno suceden en espacios diferentes, se dan situaciones de interacción asíncrona, (materiales, correo postal y electrónico, radio, televisión, video,) y también de carácter no diferido (contactos presenciales y telefónicos, conversación electrónica, chat, videoconferencias, etc.).

El diálogo didáctico entre profesor y alumno pueden adoptar diversas modalidades en función de la intermediación, del tiempo y del canal. En función de la intermediación puede ser presencial o no presencial; en función del tiempo, el diálogo puede ser síncrono o asíncrono; y en función del canal el diálogo puede ser real o simulado.

A continuación García (2011) nos proporciona información sobre los tipos de diálogo en educación a distancia (Véase Tabla 1).

Tabla 1.- Tipos de diálogo en educación a distancia. Fuente: García (2011)

Tipos	Real		Simulado
	Síncrono	Asíncrono	
Presencial	Individual Grupal	X	X
A distancia	Teléfono, Chat y videoconferencia	Correo postal y electrónico, debates	Material impreso, audiovisual, informático

Al analizar la información anterior es posible identificar que el proceso educativo ya no sólo puede ubicarse en un tiempo y espacio dentro de un aula tradicional sino que ahora han aparecido nuevos ambientes de aprendizaje (Salinas, 2004).

En estos nuevos ambientes de aprendizaje la metodología ha de ser diferenciada a la utilizada en la enseñanza convencional pues de acuerdo a las teorías revisadas anteriormente el estudiante tendrá un papel más independiente y autónomo. Dentro del proceso de enseñanza-aprendizaje la participación del alumno en dicho proceso educativo está relacionado con las acciones que el docente realiza en la organización y planeación de la instrucción. La consideración de nuevos escenarios de aprendizaje implica nuevas concepciones del dicho proceso de enseñanza aprendizaje en las que se acentúa la implicación activa del alumno en el proceso de aprendizaje. En la enseñanza no presencial las acciones que tradicionalmente el profesor realiza serán replanteadas para ofrecer al estudiante la oportunidad de una participación más activa dentro del proceso formativo. En este énfasis de trasladar la enseñanza al aprendizaje se caracteriza una nueva relación con el conocimiento, por nuevas prácticas educativas adaptables a situaciones educativas en permanente cambio (Salinas, 2004).

Duart y Sangrá (2000) afirman que parte del éxito de los modelos formativos se encuentra el interés, la motivación y la constancia del estudiante. El perfil del estudiante que opta por una enseñanza no presencial puede variar mucho, la diversidad de edad, tiempo disponible, antecedentes académicos y procedencia geográfica marcará la metodología que se ha de seguir. Duart, y Sangrá (2000) indican que un método centrado en el estudiante favorece el desarrollo de éste, la adquisición de una autonomía progresiva en el que se asimilen las estrategias básicas de estudio (capacidad para contrastar, analizar y sintetizar) favorecerá que los estudiantes aprendan a aprender.

García (2011) presenta características de los estudiantes en el sistema presencial y a distancia. A continuación se presenta la comparación realizada por este autor (Véase Tabla 2).

Tabla 2.- *Comparación entre los sistemas presenciales y a distancia. Fuente: García (2011).*

SISTEMA PRESENCIAL	NO PRESENCIAL
Homogéneos en edad	Heterogéneos en edad
Homogéneos en cualificación	Heterogéneos en cualificación
Homogéneos en nivel	Heterogéneos en nivel
Lugar de encuentro único	Estudia en el hogar, lugar de trabajo
Residencia local	Población dispersa
Situación Controlada. Aprendizaje dependiente	Situación libre. Aprendizaje independiente
Mayoritariamente no trabaja	Mayoritariamente es adulto y trabaja
Se da más interacción social	Se produce una menor interacción social
Educación es actividad primaria. Tiempo completo	Educación es actividad secundaria. Tiempo parcial
Siguen generalmente un currículo obligatorio	El currículo seguido lo determina el propio estudiante

En relación a lo presentado en la tabla anterior se observan diferencias relacionadas con la edad de los estudiantes, los que mayoritariamente son adultos, el lugar donde realizan el estudio puede ubicarse en el hogar o el trabajo, el lugar de residencia es dispersa, el tiempo de dedicación es tiempo parcial debido a las actividades laborales que realizan

Simonson, Smaldino, Albright, Zvacek (2003) mencionan que la literatura de educación a distancia en los pasados 20 años han sugerido que una de las mayores diferencias entre estudiantes a distancia y estudiantes de clase tradicionales es la motivación. En la mayoría de los estudios los estudiantes a distancia fueron encontrados como altamente motivados.

Duart, y Sangrá (2000) mencionan que la mayoría de los alumnos que siguen cursos de formación no presencial son adultos que acceden a la educación no presencial por la necesidad de ampliar conocimientos o de adquirir un título reconocido que les permita continuar en su puesto de trabajo o promocionarse y seleccionan la formación no presencial por la imposibilidad de asistir regularmente a un horario de clases, aunque éstas se hagan en la misma localidad donde residen.

Otro aspecto que menciona Duart, y Sangrá (2000) es el relacionado con el interés de los estudiantes por los contenidos de formación. El interés por conocer determinadas disciplinas o habilidades motiva a los estudiantes a alcanzar lo que pretenden a través de la formación no presencial.

La postura de Duart y Sangrá (2000) coincide con lo expresado por García (2011) al mencionar que la motivación para estudiar a distancia de los estudiantes se relacionan con satisfacer inquietudes en un área concreta, ser más culto y estar mejor informado, aumentar las perspectivas de promoción, obtener el título, aprender cosas relevantes y nuevas para el trabajo, que puedan aplicarse, dar nuevo aliciente o estímulo a la vida.

Por otra parte, en un estudio sobre las percepciones de los estudiantes en un ambiente de aprendizaje mediado realizado por Huang (2002) encontró que la autonomía del estudiante fue significativamente correlacionada con las habilidades de computación de los estudiantes. Los hallazgos muestran que las habilidades computacionales en Microsoft Office y Web fueron significativamente relacionados con la autonomía del estudiante. Por lo tanto, la mejor habilidad en computación implica alta autonomía del estudiante. De tal manera que la orientación de los estudiantes en habilidades de cómputo antes de que ellos ingresen a programas en línea es crucial para el éxito del aprendizaje. Si las habilidades de los estudiantes no son eficientes, un entrenamiento en dichas habilidades es necesario para dichos estudiantes.

En relación a las competencias mínimas requeridas para los estudiantes a distancia Reed, y Sharp (2003) mencionan que las habilidades técnicas de los estudiantes no ha recibido mucha atención, se asumen que los estudiantes cuentan con las habilidades necesarias al ingresar, sin embargo los resultados de la investigación de estos autores presentan la necesidad de identificar que los estudiantes cuentan con dichas habilidades y evaluar sus fortalezas para determinan si ellos están preparados para este tipo de instrucción.

La importancia de las habilidades de cómputo permite que los estudiantes puedan atender a las sesiones de su formación.

Simonson, Smaldino, Albright, Zvacek (2003) nos menciona que los estudiantes en el aula de educación a distancia deben asumir su propia responsabilidad en las experiencias de aprendizaje. Para algunas clases en línea, los estudiantes necesitan conocer cómo usar algunos softwares para usar tipos específicos de equipo, así como responder en clase, o en el foro, realizar preguntas o realizar presentaciones como resultado de las asignaciones, por lo que requieren aprender a utilizar las herramientas disponibles en el salón de clases a distancia.

Es importante señalar que el contar con las competencias para la instrucción a distancia es sólo uno de los aspectos que deben ser considerados, hay otros como la conducta, la motivación y las habilidades de estudio del estudiante así como también el diseño, la facilitación y los requerimientos del curso que deben ser incluidos dentro del complejo proceso de la enseñanza a distancia.

Al considerar los aspectos relacionados con las características de los estudiantes a distancia se tiene como reto el planear estrategias que permitan una mayor interacción con el alumno y que a través del uso de diversas plataformas y de redes de conocimiento impliquen una mejora en el proceso de enseñanza aprendizaje. Las redes sociales forman parte de lo que se conoce como tecnologías web 2.0 y por ello tienen un gran potencial en educación.

Las redes sociales hoy en día son los medios para comunicarse a grandes distancias, así como el sin fin de herramientas que acompañan a la convivencia de las personas. De tal forma que, se le llama red social no solo al grupo de personas, sino al sistema que las aloja y les brinda los servicios necesarios (Valenzuela 2013). Una red social es un sistema que permite establecer relaciones con otros usuarios, espacios de intercambio de información e interacción entre distintas personas y estructuras que se pueden representar en formas de grafos, en los cuales los nodos representan individuos y las aristas las relaciones entre los mismos. Las relaciones pueden ser de diversos tipos (Prato 2010 como se cita en Valenzuela 2013).

Las redes sociales son el resultado de la comunicación de grupo que mantiene una serie de individuos a lo largo del tiempo vía internet, donde el objetivo principal es el de facilitar las interacciones humanas (García y Hurtado, 2013). Éstas se distinguen por su dinamismo y por los servicios atractivos para los usuarios, desde mini juegos, hasta conquistas vía red. En México, como en la mayoría de los países, los usuarios principales de redes sociales son jóvenes, según Torres (2013), el 93% lo hace con el fin de comunicarse y pasar el tiempo en redes sociales.

Gómez, Roses y Farías (2012) mencionan que las redes sociales se han universalizado, los jóvenes las han incorporado en sus vidas, Se han convertido en un espacio idóneo para intercambiar información y conocimiento de una forma rápida, sencilla y cómoda. De tal forma que los profesores pueden aprovechar el uso de las redes por los estudiantes para incorporarlas a la enseñanza.

Romero y Galeano (2010) señalan que en el ámbito educativo con las redes sociales surgen nuevas oportunidades para la innovación en los procesos de enseñanza y de aprendizaje. A su vez, Gonzálvez (2011) menciona que permiten transformar la enseñanza tradicional a un aprendizaje centrado en el estudiante y esto relacionado con la capacidad comunicativa de las tecnologías Web 2.0 así como la característica preponderante que es el rol activo del usuario

Las redes permiten y favorecen publicar y compartir información, el autoaprendizaje constructivista y el aprendizaje colaborativo y el contacto con expertos. En conjunto, todas estas aplicaciones y recursos hacen que el aprendizaje sea más interactivo y significativo y se desarrolle en un ambiente más dinámico (Imbernon, Silva y Guzmán (2011) como en cita en Valenzuela (2013)

Por su parte, Romero y Galeano (2010) mencionan que la utilidad de las redes sociales en educación es sobre la comunicación que es asincrónica y tiene lugar en grupos, es independiente del lugar y genera un aprendizaje autónomo e independiente así como trabajo colaborativo mediante el aporte de los miembros del grupo y mejora el proceso de enseñanza aprendizaje y genera una dinámica educativa.

Valenzuela (2013) menciona que las redes favorecen la publicación de información, el aprendizaje autónomo, el trabajo en equipo así como la comunicación entre otros. La autora menciona dos tendencias para el aprovechamiento de las redes sociales en el ámbito educativo; una relacionada con el uso de redes disponibles y otra que puede estar relacionada con la creación de redes especializadas en educación. Estas estarán relacionadas con los objetivos de enseñanza que se desean alcanzar.

Las redes sociales se han convertido en recursos esenciales de expresión e interacción social entre ellos mismos; puesto que pueden llevan a cabo actividades de esparcimiento, así como prácticas de socialización, tanto con amigos como familiares o constituir nuevas amistades. Según Cardoso (2014), no sólo se participa como usuarios de medios sociales, sino que se ha construido una cultura de redes sociales, donde éstas son trascendentales en procesos de reproducción social, sostenibilidad y cambio de cualquier sociedad. A esta cultura de redes sociales otros autores la han llamado cultura digital (Lévy, 2007), o la cultura de internet (Castells, 2001).

En el 2011 Facebook ocupó el primer lugar en usuarios con el 39%, YouTube lo sigue de cerca con el 28% y en tercer lugar se queda Twitter, con el 20% (Torres, 2013). Estas tres herramientas son las de mayor uso en usuarios y donde los jóvenes gastan la mayor parte de su tiempo. Las mujeres normalmente reconocen usar Facebook para mantener lazos de comunicación y enterarse del devenir de la vida de las personas que conocen, mientras que los hombres prefieren usarla con fines lúdicos o netamente como entretenimiento con más aplicaciones, grupos de personas o videos (Loreto, Elgueta y Riffo, 2009).

Las ventajas y desventajas del uso de redes sociales son, según Erjavec (2013): "(la red social) es una forma más fácil, rápida (a tiempo real) y barata de comunicación y contacto entre individuos y grupos de individuos de lugares geográficamente lejanos. Sin embargo, su uso prolongado exhibe una disminución de habilidades de expresión, gramática y escritura, así como el aislamiento social de sus usuarios."

Actualmente el Facebook es señalado como un escenario donde los jóvenes pueden manipular su identidad personal de manera subjetiva y objetiva a modo de trastocar su realidad a partir de lo que quieren proyectar o compartir con sus contactos (Aguilar y Hung, 2010). En México, la mayoría de los internautas poseen una escolaridad de bachillerato, seguido por los jóvenes de secundaria y el tiempo promedio de conexión del internauta es de cinco horas y treinta y seis minutos aproximadamente (INEGI, 2014).

Además, Domínguez y López. (2015) mencionan que el uso prácticamente exclusivo de dos redes sociales (facebook y twitter) por jóvenes universitarios refuerza la característica de consumidores y replicadores de contenidos de los estudiantes en este país, por el poco o nulo porcentaje (en algunos casos) de redes sociales donde la creación de contenido por parte del usuario es trascendente (blogs, wordpress, linkedin, entre otras). Lo anterior coincide con lo mencionado por Crovi y López, (2014); Ortiz y López, (2013); Islas y Carranza, (2011), en relación a que los jóvenes universitarios en México únicamente juegan un papel de consumidores y replicadores de contenido en redes sociales, incluso consideran que los usuarios que construyen contenidos serios y con un valor social en las redes siempre se manejan de la misma forma, es decir, no reconocen la posibilidad que otorga la red de contar con diversos matices a pesar de ser el mismo usuario. Dichos estudios reflejan una actitud frente a las redes sociales digitales por parte de los jóvenes universitarios mexicanos aún desde sus hogares, a pesar del crecimiento importante de dispositivos portátiles digitales, que permite la conexión a los usuarios en diversos espacios y tiempos, por lo que sería interesante seguir investigando (Domínguez, F., y López, R., 2015).

En un estudio realizado con estudiantes de la Universidad Autónoma de Tamaulipas, se reportó que el 95 % de los encuestados participa activamente en redes sociales, A través de su teléfono móvil y utilizando la red de WiFi para conectarse a la red. Principalmente en Facebook lo cual, revisan todo el día sus estados y mensajes que llegan de parte de sus contactos. Se establece que existe una comunicación permanente con sus grupos sociales y afines (Santamaría-Ochoa., Catalán-Matamoros y de León, 2016). Sus interacciones se centran en establecer y mantener las relaciones sociales: organizar reuniones, compartir fotos y videos, comunicarse con familiares, conocer qué está pasando, hablar con amigos, etc.

Otro aspecto importante es el uso académico que algunos le dan a estas redes, pues las utilizan para consultar temas académicos y contactar expertos para la realización de trabajos (Ochoa, B., y Bahamón, G, 2013).Por otro lado, como han señalado varios estudios (Holcomb y Beal, 2010; Rollet, Lux y al., 2011), los estudiantes no son tan competentes en el manejo de tecnologías como algunos sectores creen, ya que muestran notables deficiencias en materia de competencias digitales para la gestión educativa de las herramientas Web 2.0. Esto nos lleva a afirmar que aquellos maestros que quieren aplicar estas tecnologías a sus clases debe establecer primero formación para que los estudiantes logren al menos una nivel de competencia tecnológico-instrumental en la uso de esas herramientas. Ya que, se ha encontrado que los estudiantes están interesados en aprender a manejar y usar "medios sociales" y están dispuestos a incorporarlos en su práctica educativa (Cabero-Almenara, J., y Marín-Díaz, V. 2014).

Cabe señalar que el tema de redes sociales y jóvenes universitarios es abordado por 34 actores universitarios adscritos únicamente a 10 universidades (Universidad Nacional Autónoma de México, Universidad Autónoma de México, Instituto Politécnico Nacional, Universidad Politécnica Nacional, Universidad Anáhuac, Universidad Autónoma del Estado de México, Instituto Tecnológico y de Estudios Superiores de Monterrey, Universidad Autónoma de Aguascalientes, Universidad Michoacana de San Nicolás de Hidalgo y la Universidad de Guadalajara), lo que no representan ni un 10% del total de 180 IES que tiene como parte de su base de datos la Asociación Nacional de Universidades e Instituciones de Educación Superior (ANUIES, 2015).

Cabe señalar que más allá de lo académico, los jóvenes universitarios ocupan las redes sociales como espacios de desahogo de sus pensamientos y sentimientos (Farías, 2014, Ortiz y López, 2013; Medina, Romero y González, 2011), así como un espacio donde cuidan su imagen digital (Crovi y López, 2014), es decir, ven a las redes sociales como una extensión de su vida personal

Conclusiones

La demanda del contexto social, los cambios y el avance tecnológico han influido en la práctica educativa de tal manera que se han generado nuevos ambientes de aprendizaje en los cuales el papel del estudiante habrá de desempeñar un rol diferente al que tradicionalmente realizaba.

El papel que los estudiantes han desempeñado dentro del proceso de enseñanza aprendizaje ha estado relacionado con la concepción teórica a partir de la cual se aborde el proceso de instrucción, de tal forma que el estudiante podía tener una actitud de receptor en donde el nivel de actividad es restringido como en la perspectiva conductual, o bien una participación activa dentro de su proceso formativo, como en la perspectiva cognitiva en el cual es un sujeto activo procesador de información.

De ahí que se identifican los cambios derivados de las posturas teóricas. Estos cambios se encuentran relacionados con los métodos que han ido enfocándose cada vez más hacia el estudiante y el aprendizaje dejando atrás el enfoque centrado en la enseñanza.

En los nuevos ambientes de aprendizaje, el proceso de enseñanza-aprendizaje ya no se sitúa solamente en el aula tradicional, sino que es posible que éste proceso se lleve a cabo en diferente espacio y tiempo. García (2011) nos proporciona una descripción de los tipos de comunicación que se pueden establecer con un estudiante a distancia a diferencia del presencial. Así como también nos ofrece una comparación de los estudiantes a distancia en relación a sus características generales.

Los autores Duart, y Sangrá (2000) y García (2011) mencionan que el estudiante a distancia es generalmente adulto, con limitaciones de tiempo, pues desempeña actividades laborales, su lugar de estudio puede ubicarse en el hogar o el trabajo y se interesan por alcanzar el conocimiento de determinadas disciplinas.

Los resultados del estudio realizado por Kung, S (2002) encontró que un factor de decisión para que los estudiantes eligieran un curso a distancia fue el interés por la materia lo cual coincide con lo reportado por Duart, J.y Sangrá A. (2000) y García, (2011) sin embargo difiere en que los estudiantes no priorizaron el tiempo flexible de los cursos a distancia sino que le dieron mayor importancia a la reputación del maestro y de la escuela.

Otro aspecto importante de mencionar es que el estudiante a distancia requiere ser independiente y autónomo y en el estudio realizado por Huang (2002) se encontró que la autonomía estaba significativamente correlacionada con las habilidades de computación de los estudiantes. Por su parte Reed, y Sharp, (2003) mencionan que las habilidades técnicas no ha sido muy investigada y que son importantes las competencias mínimas para acceder a este tipo de instrucción.

Simonson, Smaldino, Albright, Zvacek, (2003) mencionan que los estudiantes dentro de su proceso de formación deben asumir responsabilidad en las experiencias de aprendizaje por lo que se requiere del conocimiento de la utilización de algunos tipos de software.

En suma, el perfil del estudiante a distancia es el de una persona adulta que accede a la educación por el interés en una materia específica o bien para el desarrollo de sus habilidades. La decisión por cursar la educación no presencial se encuentra relacionada con un interés en un área de formación, y son importantes en la elección, el prestigio de una institución o el del profesor.

Son estudiantes generalmente con disponibilidad de tiempo parcial, que pueden estudiar en el hogar o el trabajo y que requieren de disciplina y motivación para elegir los espacios y tiempos para su estudio. Se requieren que estos estudiantes cumplan con competencias técnicas mínimas que les permitan atender a sus sesiones de formación mediada.

La revisión de la literatura invita a tener presente el perfil del estudiante de educación a distancia para el diseño de la instrucción así como para identificar las competencias del alumno antes de acceder a esta modalidad educativa, y para la orientación y apoyo que permita al estudiante el éxito dentro de este ambiente de aprendizaje. Con respecto a la revisión realizada sobre las redes sociales se puede identificar el uso que se tiene de éstas por los jóvenes lo cual se considera que podría ser un aspecto a considerar dentro de las estrategias instrucciones de los profesores.

Referencias

Aguilar, D. y Hung, E. (2010). *Identidad y subjetividad en las redes sociales virtuales: caso de facebook*, Zona Próxima, 12, 190-207. Recuperado de http://www.redalyc.org/articulo. oa?id=85316155013

Asociación Nacional de Universidades e Instituciones de Educación Superior (2015). Anuario Estadístico de Educación Superior. Recuperado de: http://www.anuies.mx

Cabero-Almenara, J., & Marín-Díaz, V. (2014). *Educational possibilities of social networks and group work*. University students' perceptions. Comunicar, 21(42).

Cardoso, G. (2014). *Movilización social y medios sociales*. Vanguardia. (50), p. 17-23.

Castells, M. (2001). *La Galaxia Internet* (Primera Edición, noviembre 2001 ed.) Barcelona, España: Areté.

Crovi, D. y López, R. (2014). *Interacción en Redes Sociales Digitales. Jóvenes Estudiantes y trabajadores describen sus prácticas en red. ALAIC (Eds.).* Memoria electrónica del XII Congreso de la Asociación Latinoamericana de Investigadores de la Comunicación, Lima, Perú: ALAIC.

Domínguez, F., y López, R. (2015). *Uso de las redes sociales digitales entre los jóvenes universitarios en México. Hacia la construcción de un estado del conocimiento* (2004-2014). Revista de comunicación, (14).

Erjavec, K. (2013). *Aprendizaje informal a través de Facebook entre alumnos eslovenos*. Comunicar, 21(41) 117-126. Recuperado de: http://www. revistacomunicar.com/indice/articulo.php?numero=41-2013-11

Duart, J. y Sangrá A. (2002) *Aprender en la virtualidad*. Barcelona: Gedisa.

Farías, A. (2014). *Jóvenes universitarios y la construcción de ciudadanía a través de Facebook en el contexto michoacano*. AMIC (Eds.). Memoria electrónica del XXVI Encuentro Nacional de AMIC, San Luis Potosí. México: AMIC.

García, L. (2011) *La educación a distancia*. Barcelona: Ariel Educación.

García, M. y Hurtado, M. (2013). Redes sociales, un medio para la movilización juvenil. (Spanish). Zer: *Revista De Estudios De Comunicación*, 17(34), 111-125. http://www.ehu.es/zer/hemeroteca/pdfs/zer34-06-garcia.pdf

Gayol Y. (2015) *Educación a distancia México:* Universidad de Guadalajara Editorial Universitaria

Gómez, M. Roses S. y Farías P. (2012) El uso académico de las redes sociales en universitarios *Comunicar. Revista científica de Comunicación y Educación* https://www.revistacomunicar.com/pdf/preprint/38/14-PRE-13426.pdf

Gonzalvez, J (2011) *La Web 2.0 y 3.0 en su relación con el EEES* Editorial Visión Libros, España

Hernández, G. (2012*) Paradigmas en Psicología de la Educación*. México: Paidós

Huang, H. (2002) Student perceptions in an online mediated environment in an online mediated environment. *International Journal of Instructional Media*. 29, 405-419.

Holcomb, L. B., & Beal, C. M. (2010). Capitalizing on Web 2.0 in the social studies context. TechTrends, 54(4), 28-32.

INEGI, I. (2014). Instituto Nacional de Geografia y Estadistica.

Islas Torres, C., & Carranza Alcántar, M. D. R. (2011). *Uso de las redes sociales como estrategias de aprendizaje.¿ Transformación educativa?*. Apertura, 3(2).

Lévy, P. (2007). Cibercultura: la cultura de la sociedad digital. Barcelona.

Litwin, E. (2000) *La educación a distancia*. Argentina: Amorrortu editores

Loreto, K., Elgueta, A. y Riffo, A. (2009). *Motivación, consumo y apreciaciones de Facebook por parte de jóvenes universitarios: el caso de la red UCSC Chile. Última Década*, 31, 129-145. Recuperado de: http://www.redalyc.org/articulo.oa?id=19511968008

Cabero Almenara, J., & Marín Díaz, V. (2014). Miradas sobre la formación del profesorado en tecnologías de información y comunicación (TIC). *Enl@ ce: Revista Venezolana de Información, Tecnología y Conocimiento*, 11(2).

Medina, G.L., Romero, G.R., y González, C.P, (2011). *Regresando a lo básico: un estudio sobre el potencial didáctico de twitter en educación superior. COMIE (Eds.).* Memoria electrónica del XI Congreso Nacional de Investigación Educativa. UNAM, Ciudad Universitaria, México, D.F.

Ochoa, B. E. M., y Bahamón, G. L. C. (2013). *Redes sociales, oportunidad de aprendizaje para los jóvenes universitarios Social networks, learning opportunity for university students.* Revista Q, 8(15).

Ortiz, G. y López, R. (2013). *Expresión, interacción y activismo social: hacia una construcción de escenarios digitales entre los jóvenes mexicanos. CO-PANAM (Eds.)* Memoria electrónica del VI Encuentro Panamericano de Comunicación. Argentina: CO-PANAM.

Reed, E., y Sharp, D (2003) Minimum Technical Competencies for Distance Learning

Students. *Journal of Research on Tecnology in Education.*34, 3,319-325

Rollet, H., Lux, M. & al. (2011). The Web 2.0 *Way of Learning with Technologies. International Journal of Learning Technology*, 3 (1), 87-107. (DOI:10.1504/IJLT.2007.012368).

Romero P (2010 y Galeano L. (2010) El impacto de las redes sociales en la educación Recuperado: http://www.telework2010.tic.org. ar/papers/2GALEANO%20ROMERO%20ESPANOL.pdf.

Salinas, J. (2004) Innovación docente y uso de las TIC en la enseñanza universitaria *Revista Universidad y Sociedad del Conocimiento* Vol. 1 https://www.uoc.edu/rusc/dt/esp/salinas1104.pdf

Santamaría-Ochoa, C. D., Catalán-Matamoros, D., y de León, J. M. M. (2016). *Utilización de las redes sociales sobre temas de salud en población universitaria de México.* Revista Española de Comunicación en Salud, 7(1).

Simonson, M., Smaldino, S., Albright, M., Zvacek, S (2003) *Teaching and learning at a distance foundations of distance education.* U.S.A: Person.

Torres, I. (2013). *Las plataformas virtuales para el postdesarrollo de los jóvenes Y. Paakat.* Revista de Tecnología y Sociedad, 3 (4). Recuperado de: http://www.udgvirtual.udg.mx/paakat/index. php/paakat/article/view/198

Valenzuela R (2013) *Las redes sociales y su aplicación en la educación.* Revista Digital Universitaria. Recuperado de: http://www. revista.unam.mx/vol.14/num4/art36/index.html

Licenciatura en Ciencias de la Educación con Opción en Tecnología Educativa en su Modalidad B-Learning

Noel Ruíz Olivares
Daniel Desiderio Borrego Gómez
Luis Alberto Portales Zúñiga
Irma Yolanda Arredondo Pedraza

Introducción

Las tecnologías digitales "están provocando un trascendental cambio en el escenario educativo presente, al tiempo de que genera profundas transformaciones e innovaciones, en ocasiones disruptivas, en los modos de generación, acceso, reproducción, transmisión y acumulación de conocimiento" (Universia, 2014).

Actualmente, la incorporación de las TIC en los programas de educación ha cobrado especial relevancia, bajo el supuesto de que estas herramientas pueden promover una mejor calidad educativa y facilitar el aprendizaje.

Mucho se ha hablado sobre las TIC que son la tendencia y que todo esto nos ayudará más en la educación y al acceso a la educación en nuestros días pero ¿qué dicen las organizaciones internacionales sobre este tema?

En el área educativa, los objetivos estratégicos de la UNESCO apuntan a mejorar la calidad de la educación por medio de la diversificación de contenidos y métodos, promover la experimentación, la innovación, la difusión, el uso compartido de información y de buenas prácticas y estimular un diálogo fluido sobre las políticas a seguir entre los países miembros los cuales se enfrentan al desafío de utilizar las Tecnologías de la Información y la Comunicación en su sistema educativo.

La UNESCO en el documento "Las tecnologías de la información y la comunicación en la formación docente" (2004), señala que las TIC son un factor de vital importancia en la transformación de la nueva economía global y en los rápidos cambios que están tomando lugar en la sociedad. En la última década, las nuevas herramientas tecnológicas de la información y la comunicación han producido un cambio profundo en la manera en que los individuos se comunican e interactúan en el ámbito de los negocios, y han provocado cambios significativos en la industria, la agricultura, la medicina, el comercio, la ingeniería y otros campos. En otro documento "Hacia las sociedades del conocimiento" (2005) la UNESCO hace mención que la difusión de las TIC abren nuevas posibilidades al desarrollo, así como de la telefonía móvil y las tecnologías digitales, con la tercera revolución industrial –que en un primer momento provocó en los países desarrollados la migración de una parte considerable de la población activa hacia el sector de los servicios– ha modificado radicalmente la situación del conocimiento en nuestras sociedades.

Es de sobra conocido el papel que han desempeñado esas tecnologías en el desarrollo económico mediante la difusión de las innovaciones y los aumentos de productividad posibilitados por éstas y en el desarrollo humano.

En el documento de la UNESCO titulado "Las Tecnologías de la Información y la Comunicación en la Formación Docente" destaca que para aprovechar de manera efectiva el poder de las TIC, deben cumplirse las siguientes condiciones esenciales:

- Alumnos y docentes deben tener suficiente acceso a las tecnologías digitales y a internet en los salones de clase, escuelas e instituciones de capacitación docente.
- Alumnos y docentes deben tener a su disposición contenidos educativos en formato digital que sean

significativos, de buena calidad y que tomen en cuenta la diversidad cultural.

- Los docentes deben poseer las habilidades y conocimientos necesarios para ayudar a los alumnos a alcanzar altos niveles académicos mediante el uso de los nuevos recursos y herramientas digitales.

En ese mismo documento, se ofrecen algunas respuestas prácticas a los crecientes desafíos que presenta el uso de las nuevas tecnologías en la profesión docente.

En Education Policy Analysis (OCDE, 2001) se señala que si las instituciones educativas, deben mejorar las habilidades de alfabetismo y el alfabetismo en TIC estará garantizado, tanto en el ámbito laboral como fuera de él.

Por otra parte, algunos estudios realizados, la adquisición de competencias y habilidades interpersonales están asociadas con la introducción de las TIC, así como las nuevas prácticas de trabajo, otros estudios las asocian con el desarrollo de habilidades para la innovación y creatividad, pensamiento crítico y resolución de problemas, así como en el desarrollo de actitudes y aptitudes para el trabajo en equipo, donde se prioriza la comunicación y la colaboración.

El documento sobre el marco estratégico de 2001, que esboza los lineamientos estratégicos del Banco Mundial enuncia al acceso a las tecnologías digitales como una prioridad con la que el Banco se encuentra comprometido, puesto que considera el acceso a ellas como un bien público global. Muchos países en desarrollo, especialmente las naciones de bajos ingresos y los pequeños estados, no cuentan con suficientes recursos para construir su infraestructura tecnológica.

Con el desarrollo tecnológico el campo educativo no ha quedado exento del desarrollo tecnológico, recordemos que son dos las variables y la combinación de ambas las que determinan el tipo de modelo educativo en el que se encuentra los agentes del proceso de enseñanza-aprendizaje (profesor-estudiante), estas son el tiempo y el espacio, de tal forma que hablar del mismo espacio y al mismo tiempo es hacer referencia al modelo presencial; el mismo espacio en diferente tiempo también forma parte del modelo presencial, cuando el estudiante desarrolla trabajos sin la presencia del profesor en la misma institución educativa; la siguiente combinación de variables es la que se rige por el mismo tiempo y diferente espacio, en estos casos ya se hace referencia a las modalidades mixtas o semipresencial, un ejemplo de ello son las videoconferencias, dónde el conferencista o profesor está ubicado en un lugar determinado y la audiencia o estudiantes en puntos remotos; y finalmente, la cuarta combinación es cuando se habla de diferentes espacios y diferentes tiempos, la educación virtual o e-learning es el ejemplo más representativo de estas variables, siendo la comunicación asíncrona la que predomina en el proceso de enseñanza-aprendizaje.

De acuerdo a los principios anteriores y con el desarrollo de las TIC y las características de los cursos de aprendizaje la educación a distancia ha experimentado transformaciones importantes, dando paso a nuevas modalidades educativas, entre las que se encuentran el e-learning y b-learning.

El b-learning de acuerdo con Sosa y otros (2005), por sus siglas en inglés significa Blended Learning que se traduce al español como el aprendizaje semipresencial es aquel que hace referencia al aprendizaje facilitado a través de la combinación eficiente de diferentes métodos de impartición, modelos de enseñanza y estilos de aprendizaje, basado en una comunicación transparente de todas las áreas implicadas en el curso. Es decir, es el tipo de instrucción que con el apoyo de las TIC incorpora elementos de carácter presencial y virtual. Por su parte Bolloch afirma que el e-learning es el tipo de aprendizaje electrónico, virtual o en línea que con el uso de las TIC como las plataformas de aprendizaje, correo electrónico, foros de discusión, chats, entre otras herramientas a través de los nuevos canales de comunicación como el Internet; las instituciones educativas, organizaciones, empresas o dependencias ofrecen en un ambiente completamente virtual de cursos para generar el aprendizaje. Estas modalidades son apoyadas con Entornos Virtuales de Aprendizaje, conocidos también como los EVA de acuerdo con Belloch (S/F) son aquellos entornos virtuales de aprendizaje que permiten el acceso a través de navegadores, en donde los cursos ofertados por las instituciones están generalmente protegidos por contraseña, en los cuales cada participante juega un rol especifico, de ahí que se habla de los privilegios como administrador, tutor y estudiante.

Con respecto a la Web 2.0 Cuesta afirma que existen diferentes definiciones de esta, sin embargo la mayoría de ellas coinciden en que esta web es la evolución de la www con un carácter más dinámico que ha pasado de ser sólo de lectura a una lectura escrita, en dónde los usuarios tienen la posibilidad de publicar sin necesidad de ser expertos en las áreas de informática.

Las redes sociales, blog, wikis y navegadores son ejemplos de las herramientas que ofrece la web 2.0, muchas de ellas usadas en los entornos educativos.

Cuesta también define a la Web 3.0 como la evolución más reciente de la web, conocida también como la Web Semántica se caracteriza por interpretar las necesidades o gustos de los usuarios, haciendo llegar la información más acorde a su perfil digital a través de las diferentes herramientas de comunicación como las redes sociales y correos electrónicos. Lo anterior es posible por el desarrollo de la inteligencia artificial a través de la Web.

Contexto

En México se encuentra el estado de Tamaulipas, en él se localiza la Universidad Autónoma de Tamaulipas, que inició su funcionamiento en los cincuentas, con más de seis décadas de vida, la UAT, se caracteriza por formar recurso humano acorde a las necesidades de la sociedad, donde el estudiante es el centro del proceso.

El Estado de Tamaulipas se encuentra localizado al Noreste de la República Mexicana, su extensión territorial representa el 4.1%

de la superficie total del país. Está conformado por 43 municipios siendo Ciudad Victoria su capital. Tamaulipas colinda al Oeste con el estado de Nuevo León y al Norte con Estados Unidos de América, al Este con el Golfo de México, al Sur con el Estado de Veracruz y San Luis Potosí

Actualmente la UAT está conformada por 26 unidades académicas, facultades y escuelas, 7 unidades de educación permanente (UNAEP) y 5 centros de investigación distribuidos en 14 localidades del estado. Esto la convierte en la institución de educación superior más fuerte, más amplia y más prestigiada de Tamaulipas.

En sus instalaciones, hoy se preparan más de 40,000 estudiantes provenientes de todo Tamaulipas, de otros estados y del extranjero. Unos 8,500 alumnos de nuevo ingreso se incorporan cada año a uno de sus 79 programas de licenciatura, 90% de los cuales están acreditados por su calidad. Además de licenciaturas, ingenierías y carreras técnicas, la oferta académica incluye 84 programas de posgrado. De ellos, 45 son de maestría, 27 de especialidad y 12 son de doctorado. En este momento unos 3,000 alumnos cursan su posgrado en la UAT. La planta docente se integra por 2,900 maestros, de los cuales, 40% son de tiempo completo. Nueve de cada diez de estos profesores tienen maestría o doctorado y la mitad está certificada por el Programa para el Desarrollo Profesional Docente (PRODEP).

En la UAT, se encuentra la Unidad Académica Multidisciplinaria de Ciencias, Educación y Humanidades. (UAMCEH). La UAMCEH, inició sus actividades en septiembre de 1971 como Facultad de Ciencias de la Educación y surgió como parte de una estrategia de la UAT para atender necesidades educativas plenamente identificadas en el propio ámbito de la universidad así como en el sistema de educación en el Estado.

La Facultad de Ciencias de la Educación inició sus actividades en el ciclo escolar 1971-1972 con la siguiente oferta educativa:

Formación orientada a la docencia:

- Licenciado en Ciencias de la Educación con especialidad en Ciencias Sociales.
- Licenciado en Ciencias de la Educación con especialidad en Químico Biológicas.
- Licenciado en Ciencias de la Educación con especialidad en Físico-Matemáticas.

Formación orientada a la Gestión Educativa:

- Licenciado en Ciencias de la Educación con especialidad en Administración y Planificación Educativa.

En 1996 la Facultad de Ciencias de la Educación adopta el concepto de Unidades Académicas Multidisciplinarias, la Facultad, se transforma en Unidad Académica Multidisciplinaria de Ciencias, Educación y Humanidades (UAMCEH), por acuerdo de la Asamblea General Universitaria celebrada el día 5 de Octubre de 1996, nombre que mantiene hasta le fecha. Para el año 2000, la UAM de Ciencias, Educación y Humanidades, integra en su oferta educativa, la Licenciatura en Ciencias de La Educación con Especialidad en Tecnología Educativa, respondiendo así a las políticas educativas que establecen los organismos internacionales y nacionales, el programa académico inició sus actividades en agosto del año 2000, sin embargo el 1 de octubre del año 2003, la denominación del programa académico cambia de especialidad a opción, el nombre del programa académico queda registrado como Licenciatura en Ciencias de la Educación con opción en Tecnología Educativa. Ésta incorpora las nuevas tecnologías computacionales de comunicación como parte del quehacer pedagógico formativo. Para el área académica institucional de la UAT, esta carrera representa el ofrecimiento de nuevas alternativas de formación profesional a nivel licenciatura pues si bien hasta ahora se han brindado nueve carreras profesionales relacionadas con la informática, esta nueva licenciatura está encaminada a formar un perfil profesional en el campo de la informática educativa.

Ésta licenciatura es uno de los siete programas educativos que se oferta en la Unidad Académica Multidisciplinaria de Ciencias, Educación y Humanidades de la Universidad Autónoma de Tamaulipas.

La demanda educativa de este programa se posicionó en primer lugar en esta Unidad Académica, ocupando alrededor del 35% de la matrícula de los siete programas educativos que se ofertan, de tal manera que en el año 2005 fue necesario abrir grupos en ambos turnos (matutino y vespertino) y para el año 2008 ya se contaba con los dos turnos completos en el modelo presencial siendo San Fernando, Tamaulipas, el municipio del estado del que mayor número de estudiantes ingresaban a este programa educativo.

Con estos antecedentes, la disposición de autoridades municipales, universitarias en general y en particular de la UAM de Ciencias, Educación y Humanidades en el año 2009 se tomó la decisión de abrir una generación única en el Municipio de San Fernando de la Licenciatura en Ciencias de la Educación con Opción en Tecnología Educativa en el modelo a distancia apoyada con tecnología, con el objetivo de atender la demanda educativa existente en la región, en apoyo a los jóvenes que por su situación económica o laboral no podían trasladarse a Ciudad Victoria para cursar presencialmente esta carrera profesional.

El modelo educativo implementado

El modelo educativo implementado buscó satisfacer la demanda que al momento de la apertura de la generación existió en el Municipio de San Fernando, Tamaulipas, México, mediante un plan de estudio flexible. En el centro del modelo se encuentra el estudiante, a su alrededor se diseñaron las estrategias que le permitieran adaptarse a los contenidos, actividades virtuales y a las TIC en cada asignatura; estas estrategias van desde la labor docente hasta las herramientas tecnológicas que entre todos constituyen el ambiente de aprendizaje. El alumno interactúa con todos los agentes y elementos internos y externos del proceso de aprendizaje, por lo que todos ellos se sitúan alrededor, simbolizando la dinámica entre los componentes en sesiones virtuales y presenciales. En los primeros dos períodos académicos los contenidos virtuales ocuparon el 60% del trabajo, mientras que el 40% eran actividades presenciales y de asesorías académicas a cargo de un facilitador en la sede. Cabe señalar que en los contenidos virtuales, los profesores titulares de cada asignatura establecían comunicación síncrona y asíncrona con los estudiantes, con el propósito de brindarles los apoyos requeridos en su momento. Del 3er al 5to período los contenidos virtuales aumentaron al 70%, disminuyendo el trabajo presencial al 30%, a partir del 6to período y hasta finalizar el 9no, los trabajos virtuales ocuparon el 80%, mientras que las actividades presenciales estuvieron enfocadas a asesorías académicas que les permitieran despejar dudas puntuales de las actividades de cada asignatura.

Principales características del modelo educativo implementado

Centrado en el estudiante: coloca al estudiante como el centro del quehacer educativo, al concebirlo como el actor principal del mismo.

Flexible: el estudiante organiza y decide su tiempo de estudio en los contenidos virtuales

Utiliza tecnología de vanguardia: el programa ha sido dotado de infraestructura tecnológica con equipo de vanguardia, de licenciamiento libre con la finalidad de crear las condiciones que optimicen todos los procesos educativos, académicos y administrativos.

Accesible: los estudiantes pueden realizar sus actividades desde cualquier lugar y en cualquier momento.

Interactivo: la interactividad del modelo está garantizada, no sólo por la posibilidad de que el estudiante interactúe con el docente en línea, sino también por la incorporación del aprendizaje colaborativo con miras a promover la formación de redes de conocimiento entre los mismos estudiantes.

Apoyo presencial: como política institucional se les brindó tutoría presencial a los estudiantes, con la finalidad de apoyarlos en cuestiones académicas y administrativas, pero también para encausarlos gradualmente a las actividades virtuales.

Las materias y la tecnología

En cuanto a las materias ofertadas en el plan se utilizaron diferentes tecnologías para el apoyo del aprendizaje en cinco materias se ofertaron en la plataforma de aprendizaje Moodle, en diez materias se utilizó el correo electrónico, blog de los profesores y herramientas web 2.0 todo esto de acuerdo a los recursos y tecnologías que el docente tenía acceso o conocimiento, en las 49 materias restantes se utilizó la plataforma de aprendizaje institucional Blackboard.

Selección de alumnos

La selección de los aspirantes a cursar esta modalidad se llevó a cabo con base a los criterios del perfil y requisitos de ingreso del modelo presencial que establece lo siguiente:

- Vocación para la docencia
- Ética y responsabilidad
- Curiosidad hacia la investigación científica
- Actitud crítica y reflexiva en el campo de las ciencias de la educación y en el campo de las tecnologías de la información.
- Inquietud para solucionar problemas dentro del campo de la docencia y la tecnología educativa.
- Disposición para el trabajo individual y grupal.
- Tener conocimientos básicos sobre el uso de equipo de cómputo, y
- Preferentemente contar con un equipo de cómputo con conexión a internet en su vivienda.

Trayectoria Académica

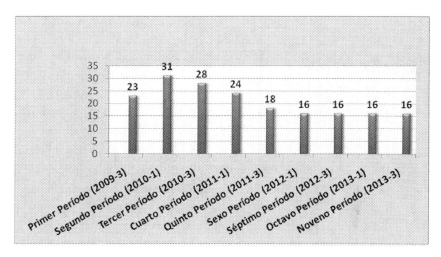

Figura 1. *Elaboración propia.*

De los 16 estudiantes que concluyeron la licenciatura, 2 la terminaron en los Estados Unidos de Norteamérica, 1 en Monterrey, 1 en Guadalajara y 1 viajaba constantemente a la Cd. de México por cuestiones laborales. Los 11 estudiantes restantes lo hicieron desde la sede de San Fernando.

Selección de maestros

Una fase muy importante para iniciar el proyecto fue la selección de los profesores que participarían en esta modalidad; una de las primeras acciones desarrolladas fue revisar el perfil profesional de cada uno de los profesores invitados a participar en el proyecto y programar una serie de capacitaciones con el objetivo de prepararlos para esta modalidad educativa, resultado de esta acción fue la conformación de un grupo de 8 profesores con formación en el área educativa, tecnológica y tecnología educativa; cinco con grado de licenciatura, uno con grado de ingeniería (los 6 cursando ya un posgrado) y dos con grado de maestría.

Conclusiones

Las conclusiones a las que se llega con el presente trabajo son:

Las Tecnologías de la Información y de la Comunicación (TIC) tienen el potencial de mejorar la calidad del aprendizaje e incrementar la eficiencia de los procesos así también las tecnologías puede servir de apoyo a la formación de los docentes en la economía y sociedad del conocimiento. El Manejo de las TIC es una de las habilidades que deben caracterizar al docente actual y del futuro, lograr que el profesor domine y utilice las TIC es una estrategia importante de toda institución educativa.

El conocimiento se puede considerar como un recurso y una mercancía de alta importancia en la economía del conocimiento. Las Instituciones de educación en México deben hacer frente a los retos que suponen las nuevas oportunidades que abren las tecnologías, que mejoran la manera de producir, organizar, difundir y controlar el saber y de acceder a esta tecnología, además el gobierno de México deberá garantizar un acceso equitativo a estas tecnologías en todos los niveles de los sistemas de enseñanza.

En todos los niveles educativos pero principalmente en el superior se identifican dos principales preocupaciones, la primera de ellas es retener a los estudiantes, debido a que los escenarios económicos actuales los obligan a trabajar desde muy temprana edad y a cumplir con las diferentes esferas de su vida (laboral, familiar, social, etc.). La segunda preocupación es diversificar las opciones de enseñanza/aprendizaje, a través de ambientes de aprendizaje que le brinden a los estudiantes espacios cómodos que se generan con la incorporación de nuevas técnicas didácticas mediadas por las tecnologías de información, las cuales permiten por una parte flexibilizar el aprendizaje y por la otra, apoya a los profesores en su enseñanza, aun cuando en algunas ocasiones se ven obligados a cumplir cabalmente con otras actividades académicas (investigación, publicaciones arbitradas y capacitación continua), necesarias para mantener un buen nivel de competencia, sin necesidad de mermar o deteriorar la calidad de su instrucción.

La Universidad Autónoma de Tamaulipas como institución de educación superior no escapa a los contextos mencionados, es por ello que ha hecho esfuerzos por brindar alternativas educativas con el uso de las TIC, ejemplo de ello es la incorporación del campus virtual por más de una década en los programas de licenciatura y posgrado en apoyo a los programas presenciales (a nivel licenciatura) e híbridos (a nivel de posgrado: maestrías y doctorados).

El campus virtual de la UAT les ha permitido a los profesores integrar herramientas tecnológicas que enriquecen los procesos de aprendizaje con la utilización de objetos de aprendizaje multimedia, herramientas colaborativas como los foros de discusión y los blogs, de búsqueda y evaluación, entre otros.

El campus virtual, herramientas y aplicaciones tecnológicas de la Web, principalmente en la versión 2.0, profesores formados y capacitados en el área de la tecnología educativa, la disposición de las autoridades universitarias y municipales de San Fernando, Tamaulipas y la demanda educativa fueron elementos que permitieron generar la oferta educativa de la Licenciatura en Ciencias de la Educación con opción en Tecnología Educativa a distancia en su modalidad B-Learning.

Referencias

Banco Mundial (2003) *Aprendizaje Permanente en la Economía global del Conocimiento: Desafíos para los países en Desarrollo*, Banco Mundial en coedición con Alfaomega Colombiana S. A.

Banco Mundial, (2003), *Construyendo Sociedades del Conocimiento: Nuevos retos para la educación terciaria*, Washington, DC.

Belloch, C. (S/F). *Entornos Virtuales de Aprendizaje. Unidad de Tecnología Educativa (UTE)*. Universidad de Valencia, España.

Cuesta, P. (S/F). *Aplicaciones Educativas de la Web 2.0. Departamento de Informática*. Universidad de Vigo, España.

Sosa, R., García, A., Sánchez, J., Moreno, P., Reinoso, A. (2005). B-*Learning y Teoría del Aprendizaje Constructivista en las Disciplinas Informáticas: Un esquema de ejemplo a aplicar.* UNIVERSIDAD ALFONSO X EL SABIO. Madrid, España.

UAT-UAMCEH (2005). *Licenciado en ciencias de la educación con opción en tecnología educativa Modelo Educativo 2005, Documento Curricular,* Universidad Autónoma de Tamaulipas. Unidad Académica Multidisciplinaria de Ciencias, Educación y Humanidades.

UNESCO (2005*). Informe Mundial de la UNESCO: hacia las sociedades del conocimiento.* París: UNESCO. Recuperado el 20 de agosto de 2014 de http://unesdoc.UNESCO.org/images/0014/001418/141843s.pdf.

UNESCO, (2005), *Informe Mundial de la UNESCO: Hacia las sociedades del conocimiento,* Paris Francia.

UNESCO, (2004), *Las Tecnologías de la Información y la Comunicación en la Formación Docente:* guía de planificación, Paris Francia.

Universidad Autónoma de Tamaulipas (2014). *Plan de Desarrollo Institucional 2014-2017.* Ciudad Victoria: UAT-Departamento de Fomento

UNIVERSIA (2014) *III Encuentro Internacional de Rectores Universia.* Río de Janeiro, Brasil. Recuperado el 18 julio del 2014 de https://www.facebook.com/521064828011901/photos/a.528105033974547.1073741828.521064828011901/749732158478499/?type=1&theater

Universidad Autónoma de Tamaulipas (2014). *Antecedentes de la Universidad Autónoma de Tamaulipas.* Recuperado el 20 de agosto de 2014 de http://2014.uat.edu.mx/TRANS/Paginas/default.aspx

World Bank (2008). *KEI and KI Indexes (KAM 2009). S.l.: The World Bank Group.* Recuperado el 20 de agosto de 2014 de http://info.worldbank.org/etools/kam2/KAM_page5.asp.

Zorrilla, J. F. (1993). *Reseña histórica de la Universidad Autónoma de Tamaulipas 1956-1993.* Ciudad Victoria: UAT-Instituto de Investigaciones Históricas.UAT.

Digilingua: Web Multimedia para la Práctica y Aprendizaje del Inglés

Omar Alejandro Hinojosa Falcón

Introducción

En el contexto actual, los alumnos están acostumbrados a recibir información en forma de multimedia muy específica, corta y rápida, como videos y memes (*término meme de Internet se usa para describir una idea, concepto, situación, expresión o pensamiento humorístico manifestado en cualquier tipo de medio virtual, cómic, vídeo, textos, imágenes y todo tipo de construcción multimedia*), pero los programas que se utilizan actualmente en la enseñanza del inglés son todavía muy tradicionales, usando libros de texto junto con la enseñanza presencial en un aula como base, con poco o escaso uso de herramientas digitales. Cabe señalar que el proyecto de *Digilingua* no sustituye las clases presenciales, su objetivo es complementar estas clases aportando las herramientas multimedia que son poco utilizadas en las aulas. Es por eso que la producción de este sitio es tan importante. Dentro del marco teórico se observan diversas investigaciones recientes relacionadas con esta problemática, pero una de las causas más marcadas es la teoría de la brecha digital postulada por autores como Marc Prensky (2010) y Manuel Castells (2009), donde se muestra que los nativos digitales (nacidos después de los años 80), se aburren con las clases tradicionales, no ponen atención y tienen poco interés en estudiar y por el contrario, la mitad del tiempo que pasan dentro de un salón de clases están sumergidos en redes sociales, chateando por el celular o viendo videos. Este proyecto presentará los objetivos detallados, preguntas de investigación, hipótesis, justificación, viabilidad, contexto y antecedentes, fundamentos teóricos incluida la teoría de la brecha digital, pero sobretodo, una metodología y diseño de propuesta que explican por medio de análisis FODA (fortalezas, oportunidades, debilidades y amenazas) y ADDIE (análisis, diseño, desarrollo, implementación y evaluación) el proceso y la creación de este sitio web, para el que por cierto se escogió además de las herramientas de diseño básicas (Photoshop, Corel XVII, Ilustrador, entre otros) utilizar el sitio de WIX ya que publica la página de manera gratuita haciendo que no tenga costo para los usuarios. Este trabajo concluye con recomendaciones, referencias bibliográficas, anexos de imágenes y casos prácticos que mejorarán la comprensión del lector respecto al desarrollo e implementación de este proyecto y su importancia para todos aquellos universitarios que buscan mejorar su nivel de inglés.

OBJETIVOS
Objetivo General

Este proyecto tiene como objetivo general mejorar el nivel de inglés de los alumnos de la Universidad Autónoma de Tamaulipas al crear un sitio web que cuente con una base de recursos educativos digitales tanto originales como de otros sitios con base en las últimas tendencias del diseño y comunicación que los ayude a practicar y desarrollar las competencias comunicativas necesarias para dominar el idioma.

Objetivos Específicos

1. Analizar sitios de apoyo y aprendizaje de idioma inglés.
2. Escoger material multimedia que sirva para la práctica de inglés y que esté adaptado para los nativos digitales.
3. Elegir el nombre del sitio web.
4. Diseñar el logotipo de la página con base en la teoría del color y análisis tipográfico.
5. Crear el *webframing* y hacer el diseño de menús y submenús y de contenido.
6. Acomodar el contenido y el material multimedia y crear y publicar el sitio web aplicando principios responsivos y de usabilidad.
7. Crear publicidad para el sitio web.

PREGUNTAS DE INVESTIGACIÓN
Pregunta General

¿Cómo mejorar el nivel de inglés de los alumnos de la Universidad Autónoma de Tamaulipas con la creación de un sitio web que cuente con una base de recursos educativos digitales tanto propios como de otros sitios con base en las últimas tendencias del diseño y comunicación que los ayude a practicar y desarrollar las competencias comunicativas necesarias para dominar el idioma?

Preguntas Específicas

1. ¿Qué sitios de apoyo y aprendizaje de idioma inglés existen y qué contienen?
2. ¿Qué material multimedia que sirva para la práctica de inglés está adaptado para los nativos digitales?
3. ¿Qué características debe tener un logotipo adecuado con base en la teoría del color y análisis tipográfico?
4. ¿Cómo diseñar el *webframing* y los menús y submenús y de contenido?
5. ¿Cómo acomodar el contenido y el material multimedia y crear y publicar el sitio web aplicando principios responsivos y de usabilidad?
6. ¿Cómo crear publicidad para el sitio web?

HIPÓTESIS
Hipótesis General

El nivel de inglés de los alumnos de la Universidad Autónoma de Tamaulipas se puede mejorar al crear un sitio web que cuente con una base de recursos educativos digitales tanto propios como de otros sitios con base en las últimas tendencias del diseño y comunicación que los ayude a practicar y desarrollar las competencias comunicativas necesarias para dominar el idioma.

Hipótesis Específicas

1. Existen tipos de sitios con contenido multimedia de mucha calidad, pero cuya usabilidad es complicada y puede hacer que los usuarios se pierdan entre mucha información, así como también páginas de aprendizaje con lecciones o clases preestablecidas que no manejan material multimedia muy llamativo.
2. El material entretenido y llamativo es el más adecuado para los nativos digitales, como videos cortos, infografías, audio y blogs.
3. El nombre del sitio es *'Digiligua'* ya que se cree que engloba los conceptos de lengua y digital. La tipografía tendrá que reflejar el tema de la educación, así como los colores, que deberán transmitir la sensación de juventud y conocimiento.
4. El menú y submenús sencillos son más funcionales ya que los usuarios se pueden perder con muchos clics. Para el *webframing* una tipografía formal y un espacio para cada tipo de multimedia funcionaría mejor que separar el contenido por temática.
5. Con un banner, el desarrollo de perfiles en redes sociales (Facebook, Twitter y YouTube) para complementar el sitio web y la creación de un comercial publicitario en animación 3D llamativo se generaría una publicidad llamativa para el público destino.

JUSTIFICACIÓN

La creación de un sitio web dedicado a la práctica del idioma inglés con contenido multimedia que sea llamativo, de calidad y gratuito es muy importante para mejorar el conocimiento sobre el idioma y desarrollar las habilidades comunicativas necesarias para tener un dominio del idioma adecuado. El beneficio social de contar con esta herramienta es que se ayudaría a los estudiantes a obtener su grado, logrando que la sociedad cuente con individuos mejor preparados y que puedan percibir un mejor sueldo. Para la universidad el beneficio es enorme ya que, si los estudiantes mejoran su nivel de inglés, pueden ingresar a un posgrado o se logren titular, lo que para la universidad representa ingresos perdidos por el momento. Para un alumno, el contar con un recurso gratuito extra que lo ayude a practicar y a aprender cosas nuevas es muy conveniente ya que de otra manera sería muy difícil que lo pudiera hacer, sobre todo ahora, que la cultura y el contexto nacional cada día orillan más a la sociedad a escuchar películas, series y música sólo en español, haciendo que las personas dejen de familiarizarse con el idioma y la cultura anglosajona.

FACTIBILIDAD O VIABILIDAD
Recursos Financieros

Para este proyecto se requirieron recursos para las licencias de los programas de diseño, pero fueron otorgados por la Universidad Autónoma de Tamaulipas. El resto de los costos y gastos de implementación fueron cubiertos con la ayuda de la beca de CONACyT.

Recursos Materiales

El equipo de cómputo y oficina que se necesita está cubierto, los libros se han ido comprando con los recursos financieros proporcionados por el CONACyT, o se pueden obtener por medio de la Universidad Autónoma de Tamaulipas.

Recursos Humanos

No se necesita personal extra para realizar este proyecto, aunque la etapa de evaluación del producto final la cubrieron los profesores y alumnos de la maestría en comunicación con énfasis en diseño digital de la Universidad Autónoma de Tamaulipas en el transcurso del año 2015.

Tiempo

La investigación requirió de un periodo de tiempo aproximado de un año para la recopilación de datos y análisis de materiales y un año más para el desarrollo de los proyectos finales meses. La creación de este documento tomó cinco meses una vez finalizado el periodo de planeación, investigación, desarrollo, implementación y evaluación del proyecto, que fue de enero de 2014 a diciembre de 2015.

Contexto

En la actualidad, la Universidad Autónoma de Tamaulipas tiene un rezago en la enseñanza del idioma inglés, sin embargo, el *"Reglamento de Alumnos de Educación Media Superior y Superior a Nivel Licenciatura"* dentro del Título Quinto *"De Egreso"*, Capítulo Único *"Del Certificado de Educación Media Superior y Del Título Profesional"* de la *"Ley Orgánica"* de la Universidad Autónoma de Tamaulipas dice que:

Artículo 78

Para obtener el título profesional de Licenciatura, será necesario:

…

III. Adquirir el nivel intermedio medio de una lengua extranjera, preferentemente inglés" (Ley Orgánica UAT, 2008).

Así como el *"Reglamento de Estudios de Posgrado"* dentro del título V, Capítulo I *"De Los Reglamentos Para la Obtención de Diplomas o Grados"* de la *"Ley Orgánica"* de la Universidad Autónoma de Tamaulipas estipula:

Artículo 92

Para obtener el Grado de Maestro, el postulante deberá haber aprobado los créditos del plan de estudios correspondiente y tendrá las siguientes opciones de titulación, en un plazo no mayor a seis meses a partir de la fecha de egreso:

... cumplir con los siguientes requisitos para obtener el grado:

a. Constancia que acredite el conocimiento de una lengua extranjera; de las evaluadas por el Centro de Lenguas y Lingüística Aplicada (CELLAP) de la Universidad Autónoma de Tamaulipas, con una puntuación mínima de TOEFL de 500, o su equivalente para otros idiomas." (Ley Orgánica UAT, 2008).

Artículo 93

Para obtener el grado de Doctor, el postulante deberá haber aprobado los créditos del plan de estudios correspondiente y tendrá como única opción de titulación la elaboración de tesis.

Además, deberá:

...

VI. Presentar la certificación de examen del Test Of English as a Foreign Language (TOEFL) con un puntaje de 550 puntos o su equivalente en el caso de idiomas distintos al inglés. (Ley Orgánica UAT, 2008).

Por su parte, el Plan Estatal de Desarrollo de Tamaulipas 2011-2016, en el apartado de "Transformación del Sistema Educativo" dentro de "Educación Integral" establece "Estrategias y Líneas de Acción" y una "Nueva Política Educativa" que entre otros puntos marca:

5.1.6. Impulsar la enseñanza del inglés como segundo idioma en todos los niveles educativos. (Plan Estatal de Desarrollo de Tamaulipas, 2011-2016).

El contexto social en México en 2016 tampoco ayuda ya que, desde hace pocos años, la sociedad se ha alejado de la cultura anglosajona, prefiriendo ahora escuchar solo música en español y ver películas y series dobladas al español, hecho que no permite a los individuos familiarizarse con el idioma. Estudios de mercado realizados por las principales compañías de cable donde se demuestra que la mayoría de la población joven no quiere leer subtítulos ni escuchar el audio en inglés han hecho que todo el contenido de su programación se vuelva completamente doblada al español, contando en ocasiones con la alternativa de SAP (escuchar el audio original en inglés) pero sin subtítulos, lo que ha afectado a gran parte de la sociedad, como sordomudos y personas que se estaban acercando a la cultura anglosajona pero que ahora por miedo a no entender, prefieren el contenido en español. La universidad tiene proyectos de inglés presenciales y a distancia, pero no cuenta con un medio donde el alumno pueda practicar e ir más allá de lo que le enseñaron en su clase, que finalmente es lo que hace que una persona aprenda y le tome el gusto al idioma. Si mezclamos todos estos factores, vemos como la causa de este problema es tanto social como educativa y los objetivos que plantea la universidad no son realistas para el contexto que se vive, por lo que se tiene que trabajar en mejorar el nivel de inglés de los estudiantes universitarios con materiales que realmente les puedan interesar, porque si no, la consecuencia será tener cada vez más alumnos egresados de licenciatura y de posgrado que no pueden obtener su título por su falta del dominio del idioma inglés.

ANTECEDENTES

Según Castells (2009) y Prensky (2010) hay un desfase cultural-tecnológico en la enseñanza universitaria ya que los alumnos de estas generaciones aprenden de manera diferente debido al auge de nuevas tecnologías digitales, de los videojuegos y del internet en la época de los años 90, sin embargo, se les sigue enseñando de la manera tradicional.

Indagando un poco más en las competencias comunicativas del idioma inglés, desde Noam Chomsky (1950) y Marshall McLuhan (1960) grandes lingüistas y comunicólogos, se sabe que para la comunicación se necesitan desarrollar habilidades más allá de las del habla. Estas habilidades o competencias comunicativas se dividieron tradicionalmente en cuatro: comprensión oral (*listening*), comprensión escrita (*reading*), producción oral (*speaking*) y producción escrita (*writing*), además de las competencias lingüísticas necesarias, que son la gramática, vocabulario, sintaxis, redacción, expresiones idiomáticas, pronunciación, ortografía, entre otras.

La enseñanza tradicional está basada en las cuatro competencias comunicativas, pero recientemente en 2009 la Unión Europea a través del Consejo Europeo, el Consejo Británico, la Alianza Francesa, el Instituto Cervantes, entre otros más, decidieron incluir dentro de las competencias comunicativas dos habilidades que se habían dejado de lado: la interacción oral (*conversation*) y la interacción escrita (*texting*). Estas competencias son necesarias para la comunicación en cualquier idioma, sin embargo, casi no forman parte de la enseñanza tradicional del idioma inglés.

Con este proyecto se pretende ayudar a los alumnos a desarrollar y mejorar las seis competencias comunicativas, utilizando para ello un sitio web que cumpla con todos los requisitos de usabilidad y diseño más actuales, así como utilizando material que le sirva a las nuevas generaciones ya que como se dijo antes, en estudios psicológicos y neurológicos revisados por Prensky (2010) se demuestra que los nativos digitales o "*milennials*" (como se les conoce también) aprenden de manera hipertextual (no sistemática), necesitan tener satisfacción inmediata y requieren también del uso de nuevas tecnologías, por lo que los materiales tienen que ser digitales, entretenidos, concisos y llamativos.

El proyecto de investigación y los resultados del mismo se realizaron durante el periodo de dos años (2014-2015) en el transcurso de la maestría en comunicación con énfasis en diseño digital de la Universidad Autónoma de Tamaulipas. Se escogió para el proyecto el nombre de '*DigiLingua*' ya que representa el sentido de practicar una lengua o lenguaje que este caso es el inglés de manera digital.

Los productos finales resultado del proyecto son:

1. Logotipo.
2. Banner.
3. Sitio web.
4. Redes sociales.
5. Comercial Publicitario.

Fundamentos Teóricos
Inglés: Exámenes, Niveles y Competencias

El Marco Común de Referencia Europeo (*CEFR* por sus siglas en inglés) es el estándar internacional más aceptado en el mundo para medir cualquier idioma de la Unión Europea. Este acuerdo clasifica a un idioma de acuerdo al nivel de dominio que tiene un usuario y marca seis grados de dominio diferente. Los niveles según el Marco Común de Referencia Europeo en el 2016 son los siguientes:

A1: Elemental.

1. A2: Básico.
2. B1: Intermedio.
3. B2: Intermedio Avanzado.
4. C1: Avanzado.
5. C2: Especialización.

Hay varios exámenes internacionales para demostrar el dominio que un usuario tiene del idioma inglés, Existe el *TOEFL* (*Test of English as a Foreign Language*) y el *TOEIC* (*Test of English for International Communication*) que son de la compañía *ETS* (*Educational Testing Services*), o los exámenes de *Cambridge* como el *IELTS* (*International English Language Test*) y los que siguen la serie de A2, B1, B2, C1 y C2 (*Key English Test o KET; Preliminary English Test o PET, First Certificate in English o FCE, Cambridge Advance English o CAE y Certificate of Proficiency in English o CPE*), entre muchos otros.

Hay universidades que piden específicamente el *TOEFL*, o el *IELTS* o incluso pueden pedir un examen de la *Serie Cambridge* como el *FCE*, aunque regularmente en América se utiliza más el *TOEFL*, en Europa el *IELTS* y en Asia el *TOEIC*. En el caso de la Universidad Autónoma de Tamaulipas se trabaja con el *TOEFL*.

Todos estos exámenes tienen secciones, escalas y puntajes diferentes, pero es fácil identificar que puntaje o examen se requiere si tomamos como estándar el Marco Común de Referencia Europeo. El *TOEFL* es un poco particular ya que ha evolucionado con el tiempo y su formato ha cambiado, por lo tanto, cada formato otorga puntos diferentes y consta de secciones diferentes.

Según el manual conocido como *"The Official Guide to TOEFL: Fourth Edition"* de la organización encargada de realizar este examen *ETS*, (*Educational Testing Service*) del año 2012 del gobierno estadounidense, los exámenes y secciones del examen se pueden presentar en tres formatos diferentes:

1. *TOEFL pBT* (*Paper-Based Test*): El formato de este examen es el clásico en papel y se pueden obtener como máximo 677 puntos. Consta de cuatro secciones que son: *listening, reading, grammar y writing*. Para obtener un nivel intermedio (B1) se necesita obtener como mínimo una calificación de 450 puntos en total. Este es el estándar que se maneja en la universidad, sin embargo, oficialmente este examen está descontinuado.

2. *TOEFL iTP* (*Institutional Testing Programme*): Este formato no tiene validez oficial ya que lo pone y califica directamente la institución, no la compañía ETS. Tiene la peculiaridad de que se usan exámenes pBT ya viejos, y en ocasiones se les quita la parte escrita, quedando solo tres secciones y por lo tanto la máxima puntuación que se puede obtener es 577 como máximo.

3. *TOEFL cBT* (*Computer-Based Test*): El formato de este examen es en computadora y es el reemplazo del *TOEFL pBT*. Se pueden obtener como máximo 300 puntos. Consta de cuatro secciones que son: *listening, reading, grammar y writing*. Para

obtener un nivel intermedio (B1) se necesita obtener como mínimo una calificación de 133 puntos en total.

4. *TOEFL iBT (Internet-Based Test):* Este es el formato más nuevo del examen y reemplaza al *TOEFL cBT.* Implementado desde el 24 de septiembre de 2005. Este examen es por internet y se pueden obtener como máximo 120 puntos. Consta de cuatro secciones que son: *listening, reading, speaking y writing.* El cambio de formato también incluyó un cambio de contenido ya que el examen es mucho más corto y ahora no se incluye una sección de gramática, pero si una sección de habla donde el alumno tiene que interactuar con el material del examen y grabar sus respuestas en voz.

Además de los niveles y de los exámenes, también hay que conocer las competencias que un alumno necesita dominar. Hay dos tipos de competencias que son necesarias para que una persona domine un idioma, sea en el nivel que sea y estas son:

1. *Competencias lingüísticas:*
   - Gramática (*Grammar*).
   - Vocabulario (*Vocabulary*).
   - Ortografía (*Spelling*).
   - Pronunciación (*Pronuntiation*).
   - Expresiones Idiomáticas (*Idioms*).
2. *Competencias comunicativas:*
   - Comprensión Oral (*Listening*).
   - Comprensión Escrita (*Reading*).
   - Producción Oral (*Speaking*).
   - Producción Escrita (*Writing*).
   - Interacción Oral (*Conversation*).
   - Interacción Escrita (*Texting*).

Conociendo el contexto del Marco Común de Referencia Europeo y sus seis niveles, así como el examen internacional de dominio inglés llamado *TOEFL* y las circunstancias y conocimientos que se necesitan para obtener una calificación que certifique el nivel intermedio requerido por la Universidad Autónoma de

Tamaulipas, se puede pasar al análisis de los sitios y plataformas web dedicados a la enseñanza o práctica del idioma inglés para crear un nuevo sitio adaptado a las necesidades de aprendizaje y de habilidades comunicativas requeridas por las nuevas generaciones y los nuevos exámenes.

En este contexto, existen muchas páginas de internet dedicadas a la enseñanza-aprendizaje del inglés, pero se analizaron de manera general solo las siguientes:

Tabla 1. *Matrices Comparativas de sitios de enseñanza de inglés en línea.*

COMPAÑÍA	PUBLICO AL QUE VA DIRIGIDO	MATERIALES MULTIMEDIA LLAMATIVOS	ESTRUCTURA DE ACUERDO AL MCRE HASTA B1	COMPETENCIAS COMUNICATIVAS Y LINÜÍSTICAS	PROCESAMIENTO DE VOZ	EXAMEN DE UBICACIÓN	PLATAFORMA DE PROGRESO Y SEGUIMIENTO	APRENDIZAJE HIERTEXTUAL
About.com	Estudiantes							
Aula Fácil	Estudiantes							
BBC Learning	Inmigrantes							
British Council	Inmigrantes		*					
Busuu	Estudiantes	*	*			*	*	
Duolingo	Estudiantes	*	*			*	*	
English Live	Negocios	*	*	*	*	*	*	
Mansión de Inglés	Estudiantes							*
My Oxford English	Estudiantes	*	*	*	*	*	*	
OM Personal	Estudiantes	*	*	*	*	*		*
Open English	Negocios		*	*	*	*	*	
Rosetta Stone	Negocios	*	*	*	*	*	*	
Universia+Zlingo	Estudiantes	*	*		*		*	
WLingua	Estudiantes	*	*	*	*	*	*	

Haciendo la comparación de matrices de las principales páginas dedicadas a este tema y analizando el material se constató que muchos de los materiales, aunque están adecuados a las competencias comunicativas y lingüísticas necesarias para obtener una certificación de nivel medio, la mayoría no están adaptados a las necesidades de las nuevas generaciones, que son la gratificación inmediata, el aprendizaje hipertextual y las tecnologías digitales.

Por lo anterior se analizaron tres sitios web más, aunque estos sitios no están dedicados a la enseñanza-aprendizaje de inglés, pero si a la generación de videos e infografías diseñadas para las nuevas generaciones. En la siguiente tabla comparativa, se presenta la comparación de estás tres páginas, usando parámetros diferentes esta vez ya que los sitios son de diferente índole que los anteriores. Aquí se compara solo el material y la usabilidad de las páginas.

Tabla 2. *Comparativa de sitios web que cuentan con contenido multimedia llamativo.*

Características de Diseño Web	Sitio Web 1	Sitio Web 2	Sitio Web 3
Contenidos Interesantes	*	*	*
Estructura Ordenada			
Buena Usabilidad			
Buena Navegación		*	
Tipografía Homogénea	*	*	*
Interfaces Gráficas Atractivas			
Videos Optimizados	*		
Infografías		*	*
Medios de Comunicación Integrados	*	*	*

Sitio Web 1 (videos)	http://www.voanews.com/
Sitio Web 2 (infografías)	http://www.woodwardenglish.com/
Sitio Web 3 (infografías	http://americanenglish.state.gov/

El proyecto de *Digilingua* intenta combinar todo y dar acceso a los alumnos a contenido de calidad que les sirva para practicar el inglés de manera gratuita sin necesidad de inscribirse a una plataforma de enseñanza en línea que por lo general son de paga y sin tener que abandonar sus clases inglés. El contenido se escogió también para que el estudiante navegue por su celular, vea videos cortos, encuentre información específica rápidamente por medio de infografías o repase un tema gramatical de su preferencia e interactúe con otros usuarios, sin tener que entrar a diferentes sitios.

ESTRATEGIA METODOLÓGICA
Enfoque de Investigación

La metodología que se utilizó para esta investigación es totalmente cualitativa ya que se trata de un proyecto que necesita para su creación un análisis documental y de casos, así como una investigación descriptiva o explicativa de los factores que intervienen en el proceso de creación del producto. El enfoque cualimétrico de Henri Savall y Véronique Zardet (2004), así como el enfoque cualitativo explicado por Roberto Hernández Sampieri (2010), sirvió para recolectar información de datos estadísticos, así como analizar la información que explicar las causas y consecuencias de la problemática establecida y las diferentes teorías relacionadas con el tema, poder comparar las diferentes propuestas que ya existen y lograr así introducir un producto innovador enfocado a la población específica, en este caso, los alumnos de la Universidad Autónoma de Tamaulipas nacidos después de los años ochenta que necesitan dominar el idioma inglés para poderse titular de licenciatura o posgrado. En la investigación cualitativa se analizaron las ligas causales entre las variables para poder comprobar las hipótesis, así como investigación-acción ya que se busca lograr una mejora social en la enseñanza-aprendizaje del idioma inglés al implementar las propuestas de aquí surgidas y reviertan así la situación actual del fenómeno.

Alcance de la Investigación

El alcance de la investigación según Sampieri (2010) es explicativo y según Savall-Zardet (2014) es prescriptivo ya que por un lado se analizaron las causas, contexto y consecuencias del problema, así como las alternativas que existen para resolverlo, pero se concluyó con un producto final como una propuesta de solución o ayuda para la resolución de la problemática.

Métodos e Instrumentos de Recolección de Datos

Para la recolección de datos se utilizó:

- *Revisión Documental*: la revisión documental para descubrir el estado del arte de la investigación y tener una idea clara del marco teórico relacionado con la enseñanza-aprendizaje en universidades, así como las definiciones, tratamientos, conceptos sobre el inglés y su enseñanza, así como sobre diseño web, usabilidad y producción multimedia.
- *Internet:* Para la obtención de artículos científicos relacionados con el tema y para el análisis de las páginas web que se tomaron en cuenta como casos de estudio.

Métodos y Técnicas de Producción

Para la producción del sitio web se utilizó:

- *Software:* Se utilizaron los programas de diseño de *Abobe Photoshop CC 2015, Ilustrador CC 2015, After Effects CC 2015* y *Muse CC 2015*; también se utilizó *CorelDraw XVII* y *Paint* en menor medida.
- *Plataforma:* Se utilizaron los recursos gráficos y técnicos de la plataforma *WIX* ya que esta herramienta permite publicar en Internet un sitio web de manera gratuita con un dominio propio a cambio de una pequeña publicidad en la página, además de que cuenta con un amplio repertorio de *webframing*, ideas creativas para el diseño

de la página, diseño responsivo y un banco de imágenes, tipografías y paletas de colores.

- *Material Multimedia:* El material multimedia que se utilizó son fotografías, videos, infografías, estaciones de radio y canales de audio compilados de las páginas *Wix*, *Woodward English*, *American English at State*, *Voice of America* y *YouTube*, así como contenido original creado por el autor.
- *Internet:* Para subir y publicar la página web.
- *Evaluación con un grupo de enfoque:* La producción final, es decir, el sitio web se probó con alumnos de la séptima generación de diseño digital de la maestría en comunicación de la Unidad Académica de Derecho y Ciencias Sociales de la Universidad Autónoma de Tamaulipas, tomándose en cuenta la retroalimentación que hicieron en cuanto a diseño y usabilidad para mejorar la plataforma.
- *Entrevistas:* Se entrevistó al mismo grupo de enfoque para saber si el material de inglés les había gustado. También se entrevistó a directivos de la Secretaría Académica de la UAT para conocer a fondo la problemática con el idioma inglés.

Enfoque y Listas de Casos de Estudio

Los casos de estudio que desarrollarán más en la parte final de este documento se dividieron en tres enfoques:

- *Sitios Web de aprendizaje en línea (e-Learning) de inglés:* En este caso se analizaron las páginas de *About.com*, *Aula Fácil*, *Bussu*, *Duolingo*, *English Live*, *My Oxford English*, *Open English*, *Rosetta Stone*, *Zlingo* y *WLingua*.
- *Sitios Web con contenido multimedia en inglés desarrollado para nativos digitales:* Estos casos fueron los de *Woodward English*, *American English at State*, *Voice of America*, *TuneIn Radio* y *SoundCloud*. También se analizaron contenidos multimedia gratuitos de otras páginas en otros idiomas para ver la forma en cómo están estructuradas y el tipo de medios que manejan, como el caso de *Latitudes* de *Didier* y de *Menschen* de *Lueber*.

- *Estudio de portales de idiomas de universidades o institutos para la práctica gratis del idioma inglés:* En estos casos se analizaron los casos de *BBC Learning, British Council* y *Universia.* Cabe destacar que se analizaron los sitios de idiomas de todas las Universidades enlistadas en la página http://www.ses.sep.gob.mx/ como Universidades Públicas Federales, Estatales, con Apoyo Solidario, Institutos Tecnológicos, Universidades Tecnológicas, Universidades Politécnicas, Interculturales, Centros de Investigación, Escuelas Normales, así como diversas Instituciones privadas en México y en ningún caso se encontró un portal de ayuda para la práctica del idioma inglés libre, gratuito y abierto, aunque muchas manejan cursos a distancia o materiales en línea accesibles solo para sus alumnos presenciales.

DISEÑO INSTRUCCIONAL

Para la creación de la página web, las redes sociales, el logotipo, el banner y el comercial publicitario se escogió seguir el modelo ADDIE.

"El modelo ADDIE es un proceso de diseño instruccional interactivo, en donde los resultados de la evaluación formativa de cada fase pueden conducir al diseñador instruccional de regreso a cualquiera de las fases previas" (Consuelo Belloch, 2010, p.10).

El modelo ADDIE es un modelo genérico surgido de un módulo curricular en una universidad regional de Estados Unidos. "Existen muchos modelos de procesos de diseño instruccional, pero la mayoría contienen los elementos básicos conocidos en inglés como ADDIE, un acrónimo de los pasos clave: *Analysis* (analisis), *Design* (diseño), *Development* (desarrollo), *Implementation* (implementación) y *Evaluation* (evaluación). Estos pasos pueden seguirse secuencialmente, o pueden ser utilizados de manea ascendente y simultánea a la vez" (Albert Sangrà, Lourdes Guàrda, Peter Williams y Lynne Schrum, 2010, p. 22).

ADDIE es un modelo de diseño instruccional que incluye cinco fases diferentes:

1. Análisis.
2. Diseño.
3. Desarrollo.
4. Implementación.
5. Evaluación.

MODELO ADDIE PARA DIGILINGUA
Análisis

a) Brecha de Rendimiento: El sitio web *Digilingua* tiene un diseño responsivo, por lo que su contenido se puede ver tanto en celulares como en tabletas y PC. Se pretende que el sitio web lo utilicen regularmente la mayoría de los alumnos de la Universidad Autónoma de Tamaulipas.

b) Público Objetivo: Alumnos de licenciatura y posgrado de la Universidad Autónoma de Tamaulipas interesados en practicar el idioma inglés.

c) Comportamiento de los usuarios: Se espera que los usuarios utilicen el sitio web para reforzar lo aprendido en sus clases o en su experiencia personal o profesional, al ver videos, escuchar la radio en inglés o ver infografías de temas específicos.

d) Habilidades de aprendizaje: El sitio web abarca los tres clásicos tipos de aprendizaje; visual por medio de infografías y videos; auditivo por medio de videos y audios y kinestésico por la interacción con el celular y el uso de un blog. Por el lado de las habilidades a practicar, se da prioridad a la comprensión e interacción oral y escrita (*listening, reading, conversation and texting*). En la parte del blog se puede practicar la producción escrita (*writing*) y la interacción escrita (*texting*). El conjunto de materiales está hecho para desarrollar las habilidades de gramática (*grammar*), vocabulario (*vocabulary*) y ortografía (*spelling*). Se espera que los alumnos practiquen su pronunciación al cantar canciones y repetir las expresiones idiomáticas de los videos (*speaking, pronunciation and conversation*) aunque la página no cuenta con ningún *software* para grabación o reconocimiento de voz.

e) Recursos Requeridos: Se requiere tener una computadora, *tablet* o celular inteligente con internet para poder utilizar la página web.

f) Opciones de entrega: El contenido de la página web es totalmente gratuito. El comercial y el banner se planean utilizar tanto en la página, como en las redes sociales.

g) Consideraciones pedagógicas: El sitio web contiene material multimedia para practicar lo aprendido en las clases presenciales o a distancia, así como una sección con blog para desarrollar más a profundidad temas específicos. También cuenta con un blog para resolver dudas gramaticales de los usuarios, sin embargo, no se trata de una plataforma de *e-learning* con lecciones específicas.

h) Plan de elaboración: Todos los elementos de este proyecto fueron desarrollados en el transcurso del año 2014 y 2015 y se implementaron poco a poco desde febrero de 2015.

i) Problemas y Limitaciones: El sitio web fue desarrollado para los alumnos de la Universidad Autónoma de Tamaulipas, por lo que no será difundido comercialmente, lo que significa que es gratuito, libre y abierto. Otra limitación es que no se utilizará software de reconocimiento o grabación de voz ya que es muy caro y consume mucho ancho de banda, lo que haría que la página tuviera un costo para sus usuarios.

Diseño

a) Temáticas: Las temáticas serán puntos gramaticales difíciles de comprender, vocabulario comparativo, expresiones idiomáticas y radio en inglés.

b) Objetivo: Proporcionar un espacio digital para la práctica del idioma inglés, así como material multimedia de calidad adaptado a las necesidades de las nuevas generaciones. Con ello se pretende que los alumnos tengan acceso a explicaciones detalladas con imágenes o videos de conceptos complicados, así como contextos culturales reales que solo se pueden experimentar fuera de un salón de clases en México ya sea viendo televisión, videos, películas, o escuchando música o el radio.

c) Estrategias de Evaluación: La evaluación de la usabilidad, accesibilidad y navegabilidad del sitio web, así como de la calidad del contenido se obtendrá de manera regular por la retroalimentación de los usuarios de los mismos, por medio del blog y de los correos recibidos con quejas y sugerencias, así como por la retroalimentación recibida en las entrevistas al grupo de control.

d) Retorno de la Inversión: La inversión se hizo sin fines de lucro con fondos proporcionados por CONACyT. Toda la planeación, el diseño, implementación y promoción del sitio son completamente gratuitos para los usuarios.

e) Páginas: El diseño consta de ocho secciones:

1. *Home*: Tiene el logo de la Escuela y una introducción a cada sección del sitio.

2. *About*: Información acerca de la escuela y del contenido del sitio.

3. *Videos*: Videos para aprender y practicar expresiones idiomáticas (videos de un minuto).

4. *Infographics*: Infografías que explican puntos gramaticales o contrastan vocabulario, esta sección cuenta con 15 subpáginas que contienen una infografía en fondo negro cada una.

5. *Audio*: Canales de música en inglés con los hits del momento, así como estaciones de radio internacionales para escuchar noticias o programas para estudiantes de inglés.

6. *Blog*: En el blog se darán explicaciones más profundas de puntos gramaticales complejos y se aceptan los comentarios por parte de los usuarios. Esta sección cuenta con tres subpáginas con blogs de temas gramaticales sugeridos por el grupo de control.

7. *FAQ*: Sección de las preguntas más frecuentes y su respuesta.

8. Contact: información de contacto de la escuela.

Desarrollo

1. Sitio Web: El sitio web se desarrolló completamente en la plataforma wix. La dirección web de acceso es: http:// digilingua.wixsite.com/home
2. Logotipo: El logotipo se creó con el programa *CorelDraw XVII* y *Adobe Ilustrador CC 2015* basado en el nombre que se escogió. Se decidió tener un logotipo mayormente tipográfico e incluir una pequeña parte iconográfica.
3. Banner: El banner se realizó con imágenes de internet en el programa *Adobe Photoshop CC 2015*. Se planea utilizar este banner en la página principal de Facebook.
4. Redes Sociales: Se abrió una cuenta de correo electrónico: diglingua@gmail.com y con ella se crearon los perfiles ligados tanto al sitio web. Las redes sociales que se escogieron fueron
    a. Facebook: https://www.facebook.com/digilingua
    b. Twitter: https://twitter.com/Digilingua
    c. YouTube: https://www.youtube.com/channel/ UCJgciSm3ECgtWLpPvLTlzDg
5. Comercial Publicitario: El comercial publicitario fue creado con *Adobe After Effects CC 2015* y se usará para promoción en redes sociales, así como en la página.

Implementación

La implementación de todo el proyecto se dio a lo largo del año 2015. En el caso del video promocional, se publicó en las redes sociales en mayo de 2016. El sitio web es funcional desde febrero de 2015. El logotipo se utilizó desde febrero de 2015 y el banner se publicó en mayo de 2016.

Evaluación

Cada paso del diseño del sitio web y de la aplicación fue evaluado directamente por el creador y después de su implementación, se le dio a probar a diferentes profesores del énfasis en diseño digital de la maestría en comunicación de la Universidad Autónoma de Tamaulipas para revisar la usabilidad y el diseño, así como a los alumnos del mismo programa de estudios. El proyecto en general fue del agrado de los usuarios, aunque surgieron dudas de cómo se actualizaría el contenido; la respuesta es que las actualizaciones de contenido se harían conforme lo pidieran los usuarios del sitio web, o conforme se encontrara material de calidad para usar. Se hicieron las modificaciones pertinentes al diseño y contenido conforme los usuarios lo iban señalando.

Contenido

El sitio web *Digilingua* y el material multimedia que contiene es para la práctica de inglés de los alumnos de Universidad Autónoma de Tamaulipas. Con este proyecto se pretende que los alumnos tengan acceso a explicaciones detalladas de puntos gramaticales y de vocabulario con imágenes o videos, así como contextos culturales reales que solo se pueden experimentar fuera de un salón de clases en México. La temática del proyecto es practicar puntos gramaticales difíciles de comprender, vocabulario comparativo, expresiones idiomáticas y escuchar radio en inglés para mejorar las competencias comunicativas de los alumnos. El sitio web cuenta con ocho secciones principales y subsecciones como ya se mencionó en el punto anterior.

Diseño

a) **Logotipo:** El logotipo contiene dos globos textuales como los utilizados en los comics, haciendo referencia a una conversación ya que es una escuela de idiomas. La tipografía que se eligió es *"Georgia Negrita"* para la palabra *"Digi"* que representa la parte *"digital"* de la escuela y *"Georgia Light"* para la palabra *"Lingua"* que representa la parte de *"lenguajes o idiomas"* y tiene un tipo muy específico que recuerda a letras impresas en un libro ya que el punto es dar la sensación de *"enseñanza"*. Los colores que se utilizaron para el logotipo son el naranja que representa la juventud, la innovación, el conocimiento, la alegría, la confianza, la seguridad y el gris pardo que inspira la neutralidad, calidad, autenticidad, versatilidad y compromiso.

Figura 1. *Logotipo de Digilingua, por Omar Hinojosa*

a) **Imágenes:** Se utilizaron imágenes grandes que representaran la idea de cada sección ya que la tendencia en el diseño es tener imágenes que abarquen toda la pantalla y que transmitan el significado semiótico del contenido sin necesidad de leer. A continuación, se muestran los ejemplos utilizados para la sección de *"About"* y de *"Contact"*.

b) **Tipografía:** Se escogió la misma tipografía del logotipo. Además, se agregó la tipografía *"Open Sans"* para resaltar títulos. El texto en general está escrito con la letra *"Georgia"* por los motivos mencionados anteriormente.

c) **Encabezado:** El encabezado muestra la paleta de colores, el logotipo y el menú desplegable en todas las páginas para darle una sensación similitud a todas las secciones, así como para resaltar en todo momento la empresa y hacer la aplicación más profesional.

d) *Banner:* El Banner se desarrolló para usarse como portada en las redes sociales y consta del logotipo en un ambiente digital.

e) **Comercial Publicitario:** El comercial publicitario se creó para darle publicidad al sitio web y a la aplicación en las redes sociales.

Infografía sobre el proceso técnico y creativo para realizar el sitio web.

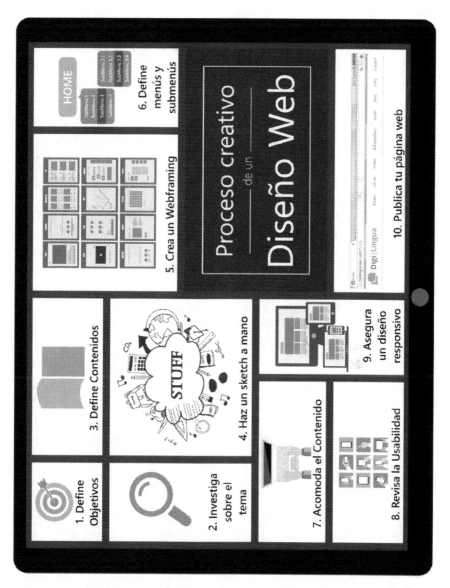

Figura 2. *Proceso creativo de un diseño web por Omar Hinojosa.*

Conclusiones

Las teorías de educación han evolucionado con el paso del tiempo, así como la tecnología que utilizamos y la forma en cómo aprendemos. Del cognoscitivismo al construccionismo y de ahí al conectivismo, aunado a la creación de las computadoras, el surgimiento del internet y los dispositivos móviles han hecho que las nuevas generaciones necesiten cada vez materiales adecuados a su época para poder aprender. Los nativos digitales son prueba de como el cerebro humano se desarrolla de acuerdo a las herramientas que utiliza durante su desarrollo, y para estas generaciones los videojuegos, el audio, los videos y las imágenes grandes y llamativas transmiten mejor la información que un simple texto ya que aprenden de manera visual e hipertextual y no lineal como las generaciones anteriores. La comunicación y la transmisión de la información se debe dar de una manera agradable y acorde a la era digital que están viviendo los jóvenes, de ahí que el diseño que se le da al contenido sea de suma importancia y tenga que tomar en cuenta todas estas tendencias para poder crear materiales llamativos y que realmente sirvan para que la nueva audiencia que los recibe los pueda transformar en conocimiento.

Digiligua es un proyecto pensado en esta evolución, es un proyecto que toma en cuenta la evolución no solamente de la enseñanza de idioma inglés, sino que toma en cuenta también la evolución de la tecnología, de las teorías del aprendizaje, de los medios de comunicación y de las nuevas tendencias en diseño. Todo el contenido y diseño de este proyecto está analizado precisamente para satisfacer una necesidad creciente en los jóvenes que están recibiendo la información en formas no idóneas y que por tanto dificultan su procesamiento para convertirla realmente en conocimiento. Con los materiales multimedia de Digilingua se espera que los jóvenes realmente puedan practicar el idioma inglés ya que con los cursos normales no está siendo suficiente. Los videos son cortos, las imágenes son grandes y llamativas y el audio es de actualidad, todo sin seguir una secuencia porque como se ve a lo largo de este trabajo, la hipertextualidad, la rapidez, la efectividad y la calidad de imágenes y videos es lo que más valoran y lo que más funciona en las generaciones nacidas después de los años ochenta. Digilingua es una herramienta digital creada en la era digital y dirigida a los nativos digitales que espera ayudar en la problemática en que ha caído la instrucción del idioma inglés en los últimos años y que la Universidad Autónoma de Tamaulipas tiene como reto inmediato. Se recomienda que la Universidad Autónoma de Tamaulipas promueva esta página como un complemento de los cursos y clases de inglés presenciales o en línea que manejan en todas las modalidades.

Este proyecto no está hecho como una plataforma para aprender inglés, está diseñado como un complemento con materiales de práctica que le sirven a los alumnos que son nativos digitales para desarrollar las habilidades comunicativas que no pueden desarrollar en sus clases particulares, por lo tanto, se recomienda tomar un curso de inglés y utilizar esta herramienta solo para practicar el idioma.

Se concluye por último que el diseño web es la suma de diferentes partes, desde la planeación, programación, diseño, implementación y evaluación de páginas web y uno de los puntos más importantes a la hora de diseñar la página es la usabilidad y saber que contenido utilizar, en nuestro caso, material multimedia para practicar inglés.

La usabilidad es la facilidad con la que un ser humano interactúa con un dispositivo y en el caso de las páginas web, es la facilidad y satisfacción con la que un usuario navega por el sitio.

Si no se toma en cuenta la usabilidad al momento de diseñar la página web, esta no será profesional y tendrá serios problemas de calidad. En los usuarios puede repercutir en frustración haciendo que abandonen la página para buscar otra con una mejor interfaz. La estética y la composición, aunque muy importantes en el diseño, no son todos los elementos que hay que tomar en cuenta para el diseño digital; la usabilidad juega un papel fundamental para mantener a los usuarios.

Por otra parte, el material y el contenido de la página deben estar diseñados para satisfacer las necesidades del público objetivo, siendo en este caso los alumnos de la Universidad Autónoma de Tamaulipas considerados como "nativos digitales" que necesitan desarrollar competencias comunicativas para dominar el idioma inglés a nivel medio para lograr titularse de sus carreras.

Referencias

About.com (20016). *English as a Second Language.* Disponible en http://esl.about.com/

Academic Technology and Creative Services (2008). *Web Design: An Introduction.* California State University. Sacramento. Recuperado de: http://www.csus.edu/indiv/s/snowdenr/webdesign.pdf

Aguerrondo, I. (2009). *Conocimiento Complejo y Competencias Educativas (IBE Working Papers on Curriculum Issues núm. 8).* Geneva. Recuperado de http://www.ibe.unesco.org/fileadmin/user_upload/Publications/Working_Papers/knowledge_compet_ibewpci_8.pdf

American English (2016). *American English. A Website for Teachers and Learners of English as a Foreign Language Abroad.* Disponible en http://americanenglish.state.gov/

American English at State (2016). *Government Organization in Facebook.* Disponible en https://www.facebook.com/AmericanEnglishatState/?fref=ts

Arellano, J. y Santoyo M. (2012) *Investigar con Mapas Conceptuales.* Madrid: Narcea.

Aulafacil (2009). *Cursos de Inglés.* Disponible en http://www.aulafacil.com/cursos/c90/idiomas/ingles

Ávila, P. (2002). *Tecnologías de Información y Comunicación en la Educación: Proyectos en desarrollo en América Latina y El Caribe.* Revista Mexicana de Ciencias Políticas - UNAM, 45(185), 125–150. Recuperado de http://www.revistas.unam.mx/index.php/rmspys/issue/view/3817/showToc

Baeza, R. y Rivera C. (2002). *Ubicuidad y Usabilidad en la Web. Centro de Investigación de la Web.* Santiago. Consultado el 23 de enero de 2015 en: http://users.dcc.uchile.cl/~rbaeza/inf/usabilidad.html

BBC Learning (2016). *Learning English. Inspiring Language Learning since 1943.* Disponible en http://www.bbc.co.uk/learningenglish

Bell, D., Fukuyama, F., Revel, J.F. (1993). *¿Ideologías sin futuro?, ¿futuro sin ideologías?* Madrid: Editorial Complutense.

Belloch, C. (2010). *Diseño Instruccional.* España: Universidad de Valencia: http://www.uv.es/~bellochc/pedagogia/EVA4.pdf

Benassini, C. (2011): Marshall McLuhan: *Exploración de tres Aportaciones. En Razon y Palabra, pp. 1–35.* Disponible en http://www.razonypalabra.org.mx/McLuhan_Benassini.pdf.

Brea, J.L. (2004). *La Universidad del Conocimiento y las Nuevas Humanidades.* En Estudios Visuales No. 2. Disponible en http://www.estudiosvisuales.net/revista/pdf/num2/universidad.pdf

British Council (2016). *Learn English.* Disponible en http://learnenglish.britishcouncil.org/en/

Bruner, J. S. (1984). *Acción, pensamiento y lenguaje.* Madrid: Alianza.

Bruner, J. S. (1991). *Actos de significado: más allá de la revolución cognitiva.* Madrid: Alianza.

Burtseva, L., Tyrsa, V. y Flores-Ríos, B. (2006): Norbert Wiemer: Padre de la Cibernética. En Revista Universitaria UABC 4 (54), pp. 44–53.

Bussu (2016). English. Disponible en https://www.busuu.com/es/enc/register

Bustos, G. (2012). *Teorías del Diseño Gráfico.* Tlalnepantla: Red Tercer Milenio.

Camillioni, A, (1996). *De Herencias en la Enseñanza del Diseño. La opción diversificada de la Escuela Elisava.* En Corrientes Didácticas Contemporáneas. Buenos Aires: Paidós.

Canarajah, A.S. (2006). TESOL at forty: What are the issues? En TESOL Quarterly, 40(1), 9-14

Capmany, X. y Díaz, C. (1997). *Tatlin "Ni hacia lo Nuevo, ni hacia lo Viejo, sino hacia lo necesario".* En Visual Magazine de Diseño, Creatividad Gráfica y Comunicación No. 55, Año VII. Madrid: Visual.

Carracedo, J. y Martínez, C. (2012): *Realidad Aumentada: Una Alternativa Metodológica en la Educación Primaria Nicaragüense.* In IEEE-RITA 7 (2), pp. 102–108. Disponible en http://rita.det.uvigo.es/201205/uploads/IEEE-RITA.2012.V7.N2.A9.pdf.

Carrera, M., Sapién A. y Piñón, L. (2013): Uso del Teléfono Inteligente con Fines Académicos. Caso de estudio: FCA de la UACH. Ponencia. En Tecnología de Información para el aprendizaje, pp. 1-25. Disponible en http://fca.uach.mx/apcam/2014/04/04/Ponencia%2064-UACH.pdf.

Casas, M. L. (2002). *Sociedad de la información y el conocimiento.* En Revista Mexicana de Ciencias Políticas - UNAM, 45(185), 35-55. Recuperado de http://www.revistas.unam.mx/index.php/rmspys/issue/view/3817/showToc

Castells, M. (2000). *La era de la información. Economía, Sociedad Cultura. Vol. I. La sociedad red.* Barcelona: Alianza Editorial

Castells, M. (2009): La apropiación de las tecnologías. La cultura juvenil en la era digital. En Telos (81), pp. 1-3. Disponible en https://telos.fundaciontelefonica.com/url-direct/pdf-generator?tipoContenido=articuloTelos&idContenido=2009110317560001&idioma=es.

Chomsky, N. (1970). *Aspectos de la Teoría de la Sintaxis.* Madrid: Aguilar S.A. de Ediciones.

Colina, C. (1993). *McLuhan y las Tecnologías de la Comunicación. En Humanitás, portal temático en Humanidades.* Recuperado de http://www.uco.es/ciencias-juridicas/filosofia-derecho/diego/nuevode/doctorado/comunicacion/McLuhan.pdf

Collier, V. P. (1995). *Acquiring a Second Language for School. En Direction in Language & Education 1(4) pp 1-7. National Clearinghouse for Biligual Education.*

Council of Europe (2001). Common European Framework of Reference for Languages: Learning, Teaching, Assessment. New York: Cambridge University Press

Crovi, D. (2002): *La Identidad Nacional en la Sociedad de la Información.* En Revista Mexicana de Ciencias Políticas - UNAM 45 (185), pp. 13-33. Disponible en http://www.revistas.unam.mx/index.php/rmspys/issue/view/3817/showToc, checked on 5/20/2015.

Cumming, J. (2000). Language, power and pedagogy: Bilingual children in the crossfire. Bristol: Multilingual Matters, Ltd.

Definicion.de (2008). *Definición de Usabilidad. Enciclopedia digital Definición.* Consultada el 23 de enero de 2015 en: http://definicion.de/usabilidad/

Digilingua (2015). Digilingua, Facebook Page. Disponible en https://www.facebook.com/digilingua

Digilingua (2015). Digilingua. Canal de YouTube. Disponible en https://www.youtube.com/channel/UCJgciSm3ECgtWLpPvLTlzDg

Digilingua (2015). Digilingua. Cuenta de Twitter. Disponible en https://twitter.com/Digilingua

Duolingo (2016). *Aprende Inglés en Línea*. Curso de Inglés desde Español. Disponible en https://es.duolingo.com/course/en/es/aprende-ingl%C3%A9s-en-l%C3%ADnea

Educational Testing Service ETS (2012). The Official Guide to the TOEFL: Forth Edition. Estados Unidos: MacGrawHill.

Ellis Pearson (2016). ELLIS: A Digital Learning ELL Curriculum. Disponible en http://www.pearsonschool.com/index.cfm?locator=PSZu72&PMDbSiteId=2781&PMDbSolutionId=6724&PMDbSubSolutionId=&PMDbCategoryId=1662&PMDbSubCategoryId=&PMDbSubjectAreaId=&PMDbProgramId=32507

English Live (2016). Education First: English Live. Disponible en http://englishlive.ef.com/es-mx/

Ferré, X. (2000). *Principios básicos de usabilidad para ingenieros software*. En V Jornadas de Ingeniería del Software y Bases de Datos. Disponible en http://is.ls.fi.upm.es/miembros/xavier/papers/usabilidad.pdf

Figueroa, R. (2013). *Introducción a las Teorías de la Comunicación*. Estado de México: Pearson.

GoFluent (2016). *Inglés de Negocios a Medida*. Disponible en http://www.gofluent.com/web/es

Guilar, M. (2009). *Las ideas de Bruner: "De la revolución cognitiva a la revolución cultural"*. En Educere 13 (44). Universidad de los Andes. Mérida Venezuela. Disponible en http://www.redalyc.org/articulo.oa?id=35614571028

Habermas, Jürgen (1999): Teoría de la acción comunicativa. Madrid: Taurus (Humanidades).

Hernández Sampieri, R., Fernández Collado, C. y Baptista Lucio, P. (2010). *Metodología de la investigación*. México: Mc Graw Hill.

Herrell, A. y Jordan M. (2012), *50 Strategies for Teaching English Language Learners: Fourth Edition*. Boston: Pearson.

Hinojosa, O. (2015). Digilingua: A site with multimedia content to practice English. Disponible en http://digilingua.wix.com/home

Jackson, L. D. (2009). *Introduction to Internet and Web Page Design.* Utah: Communication Department at Southern Utah University.

Krashen, S. (1982). *Principles and practices of second language acquisition.* Oxford: Pergamon Press.

Locke, J. (1693). *Some Thought Concerning Education.* Londres: PeterGay.

Mansión de Inglés (2016). La mansión de Inglés. Disponible en http://www.mansioningles.com/

Marisca, E. (2011). Comprender a Marshall McLuhan. En blog Mutaciones. Recuperado de www.mutaciones.pe

McLuhan M. (1996). Comprender los Medios de Comunicación. Las extensiones del ser humano. Buenos Aires: Páidos.

McLuhan M. y Powers, B.R. (1995). La Aldea Global. Transformaciones en la vida y los medios de comunicación mundiales en el siglo XXI. Barcelona: Gedisa.

McLuhan, M. (1967). El Medio es el Mensaje. New York: Paidós Studio.

McLuhan, M. (1998). *La Galaxia de Gutenberg. Génesis del "Homo Typographicus".* Barcelona: Galaxia Gutenberg.

McLuhan, M. y Fiore Q. (1967). *El medio es el mensaje. Un inventario de efectos.* Estados Unidos: Bantam Books Inc.

Mergel, B. (1998). Diseño Instruccional y Teoría del Aprendizaje. Canadá: Universidad de Saskatchewan.

Mitchell. W. (2003). *Mostrando el Ver: Una crítica de la Cultura Visual.* En Estética, Historia del Arte y Estudios Visuales No. 1. Murcia: CENDEAC.

Mochi, P. (2002*). El Movimiento del Software Libre.* En Revista Mexicana de Ciencias Políticas - UNAM, 45(185), 73–89. Recuperado de http://www.revistas.unam.mx/index.php/rmspys/issue/view/3817/showToc

Moragas, M., Beale A., Dahlgren P., Eco U., Fitch T., Grasser U. y Majó J. (2012). *La Comunicación: De los Orígenes a Internet.* Barcelona: Gedisa Editorial

Moles, A. (1975). *La Comunicación y los Mass Media. Diccionarios del saber moderno.* Bilbao: Ediciones El Mensajero.

Morales, A. y Ramírez, A. (2015) - *Brecha digital de acceso entre profesores de acuerdo a su disciplina*. En Debate Universitario 6. 149-159 Disponible en http://www.labrechadigital.org/labrecha/DOCS/5997-33502-1-PB.pdf

My Oxford English (2016). *My Oxford English. Oxford University Press.* Disponible en http://www.myoxfordenglish.es/

Neoneddy (2009). *Diez Aspectos a Tomar en Cuenta para Mejorar la Usabilidad de un Sitio Web.* Consultora en Comunicación Digital Top Position. Madrid. Consultada el 23 de enero de 2015 en: http://posicionamientoenbuscadoreswebseo.es/diez-aspectos-a-tomar-en-cuenta-para-mejorar-la-usabilidad-de-un-sitio-web/

Nielsen, J. (2012). *Usability 101: Introduction to Usability. Nielsen Norman Group.* Fremont, CA. Consultado el 23 de enero de 2015. http://www.nngroup.com/articles/usability-101-introduction-to-usability/

Nonaka, I. y Takeuchi, H. (1995): The knowledge-creating company: How Japanese Companies Create the Dynamics of Innovation. Nueva York: Oxford University Press.

North B., Ortega, A. y Sheehan S. (2010). A Core Inventory for General English. Reino Unido: British Council y EAQUALS (European Association for Quality Language Services).

OM Personal (1999). *Multimedia English. El portal de inglés gratis y certificado preferido por el hispanohablante.* Disponible en http://www.ompersonal.com.ar/

Open English (2015). Clases en vivo con profesores norteamericanos. Disponible en http://www.openenglish.com/

Persson, M. (2014*). 'No, Facebook isn't distracting me, I can study at night.' ICT Habits and Boundary Management among Estonian Secondary Pupils.* Studies of Transition States and Societies Vol. 6 Núm.2. Recuperado de http://publications.tlu.ee/index.php/stss/article/view/183/175

Plan Nacional de Desarrollo Tamaulipas (2011-2016). *Gobierno del Estado de Tamaulipas.* Disponible en http://transparencia.tamaulipas.gob.mx/wp-content/uploads/2013/11/III-PED-TAMAULIPAS-Actualizaci%C3%B3n-2013-2016.pdf

Prensky, M. (2010). *Nativos e Inmigrantes Digitales.* Madrid: Institución Educativa SEK.

Real Academia Española. (2012). Diseño. En Diccionario de la lengua española (22.a ed.). Recuperado de http://lema.rae.es/drae/?val=dise%C3%B1o

Rickermann, R. (2004). *El Rol de los Artefactos Culturales en la Estructuración y Gestión de Secuencias de Enseñanza-Aprendizaje.* Ginebra: Universidad de Ginebra.

Rosetta Stone (2015). Advantage for Higher Education. Disponible en http://www.rosettastone.com/highereducation/advantage

Ruiz, G. (2002). *La Sociedad del Conocimiento y la Educación Superior Universitaria.* Revista Mexicana de Ciencias Políticas - UNAM, 45(185), 109–124. Recuperado de http://www.revistas.unam.mx/index.php/rmspys/issue/view/3817/showToc

Saavedra P. (2008). Guía para el Desarrollo de Sitios Web 2.0. Estrategia Digital y Ministerio de Economía del Gobierno de Chile. Santiago.

Sabino, C. (1996). *El proceso de investigación.* Buenos Aires, Lumen/Humanitas.

Sangrà, A. Guàrda, L., William, P. y Schrum L.(2003). *Modelos de Diseño Instruccional. Fundamentos del diseño técnico-pedagógico en e-learning.* Cataluña: Universitat Oberta de Catalunya. Disponible en http://aulavirtualkamn.wikispaces.com/file/view/2.+MODELOS+DE+DISE%C3%91O+INSTRUCCIONAL.pdf

Savall, H. y Zardet, V. (2004). *Recherche en Sciences Politiques: Une Approche Qualimetrique.* Lyon: ISEOR.

Siemens, G. (2014). *Conectivismo: Una teoría de aprendizaje para la era digital.* Bogotá. Disponible en https://edublogki.wikispaces.com/file/view/Conectivismo.pdf

Strate, L. (2012). *El Medio y el Mensaje de McLuhan. La tecnología, extensión y amputación del ser humano.* En Revista Infoamérica ICR, 7 (8). pp. 61-80.

Swain, M. y Lapkin, S. (1997). *Problems in output and the cognitive precesses they generate. Steps toward second languages learning.* En Applied Linguistics, 16, 371-391.

Universia (2016). *Aprendizaje Virtual. Inglés, Portugués y Chino.* Disponible en http://aprendizajevirtual.universia.net/

Universidad Autónoma de Tamaulipas (2016). *Reglamento de Alumnos de Educación Media Superior y Superior a Nivel Licenciatura.*

Disponible en http://www.uat.edu.mx/SG/Documents/Reglamentos/RegAlumnos.pdf

Universidad Autónoma de Tamaulipas (2016). *Reglamento de Estudios de Posgrado.* Disponible en http://www.uat.edu.mx/SG/Documents/Reglamentos/RegPosgrado.pdf

Van Lier, L. (1996). Interaction in the Language Curriculum: Awareness, Autonomy and Authenticity. New York: Longman.

Vygotsky, L. S. (1987). *Historia del Desarrollo de las Funciones Psíquicas Superiores.* Habana: Científico Técnica.

Voice of America (2016). *Learning English. We are American English.* Disponible en http://learningenglish.voanews.com/

Voice of America (2016). *VOA Learning English.* Canal de YouTube. Disponible en https://www.youtube.com/user/VOALearningEnglish

Wikipedia.org (2015). *Diseño Web. Enciclopedia digital Wikipedia.* Consultada el 23 de enero de 2015 en: http://es.wikipedia.org/wiki/Dise%C3%B1o_web

Wlingo (2016). *Learn English, Anytime, Anywhere.* Disponible en http://www.wlingua.com/es/

Woodward English (2016). *Woodward English.* Disponible en: http://www.woodwardenglish.com/

Zapata-Ros, M. (2012) *Teorías y modelos sobre el aprendizaje en entornos conectados y ubicuos. Bases para un nuevo modelo teórico a partir de una visión crítica del "conectivismo".* España: Universidad de Alcalá.

Zlingo (2010). *Speak English Today.* Disponible en http://www.zlingo.com/

Objeto de Aprendizaje con Apoyo de TIC como Estrategia en la Inclusión Digital de Niños de Preescolar con Discapacidad

Xochilt Haide Bautista Segura
José Guillermo Marreros Vázquez

Introducción

El tema de la Inclusión Digital a consideración de la Organización de las Naciones Unidas (ONU) representa una oportunidad para focalizar y seguir promoviendo la inclusión y la equidad en un marco de derechos, por lo que considera en su Agenda 2030 para el Desarrollo Sostenible 17 objetivos entre los que destacan Fin de la Pobreza, Hambre Cero, Salud y Bienestar, Educación de Calidad e Igualdad de Género. Así mismo la ONU a través de la Comisión Económica para América Latina y el Caribe (CEPAL,2015), propone la "Agenda Digital para América Latina y el Caribe eLAC2018" donde en su cuarta área de acción "Desarrollo Sostenible e Inclusión" plantea en los objetivos 14 y 18 la atención a grupos vulnerables, su educación e inclusión con base en el uso e inserción de las Tecnologías de la Información. En este sentido México en su Plan Nacional de Desarrollo 2013-2018 establece una estrategia de acción en la que propone un "México Incluyente" con la que se enfrente y supere el hambre, prevenir la pobreza, lograr una sociedad con igualdad de género y sin exclusiones, donde se vele por las personas con discapacidad, los indígenas, los niños y los adultos mayores.

La propuesta de este México Incluyente busca garantizar el ejercicio efectivo de los derechos sociales de todos los mexicanos, que vayan más allá del asistencialismo y que conecte al capital humano con las oportunidades que genera la economía en el marco de una nueva productividad social, que disminuya las brechas de desigualdad. (PND 2013-2018); con esto se sientan las bases para generar el Programa para un México Cercano y Moderno (PGMCM).

Por otra parte, la educación sin lugar a duda es una de los pilares que contribuye al logro de esta estrategia concentrando toda una gama de acciones que proveen insumos para que los niños y jóvenes tengan mayores oportunidades procurando una Educación de Calidad; estrategia que se ve materializada con la implementación de un "México Digital", formalmente conocida como "Estrategia Digital Nacional", misma que forma parte del Programa para un México Cercano y Moderno 2013-2018 en el cual se plantea el Objetivo 5: Establecer una Estrategia Digital Nacional que acelere la inserción de México en la Sociedad de la Información y del Conocimiento. Siguiendo esta secuencia, la estrategia digital en su objetivo 3 busca Integrar las TIC al proceso educativo, tanto en la gestión educativa como en los procesos de enseñanza-aprendizaje, así como en los de formación de los docentes y de difusión y preservación de la cultura y el arte, para permitir a la población insertarse con éxito en la Sociedad de la Información y el Conocimiento.

Mientras tanto, el estado de Tamaulipas hace lo conducente a través de múltiples acciones en el ámbito educativo para que esta educación digital permee hacia la sociedad en su conjunto a través del desarrollo de Programas que operan con tecnologías de la información en la Secretaría de Educación de esta entidad, como lo son "Fórmate en Línea" para la capacitación y actualización de docentes, "Biblioteca Digital" como repositorio de materiales educativos digitales al servicio de la comunidad educativa, que tiene por propósito enriquecer el material didáctico digital de los docentes en apoyo a sus planeaciones de clase. Así como su articulación con los programas de índole federal como México Conectado, Proyectos Colaborativos del Instituto Latinoamericano de Comunicación Educativa (ILCE) y @prende 2.0

El Marco Normativo de la Inclusión Digital en México.

Existe todo un movimiento en cuanto a la atención que se le ha brindado a la inclusión digital, las estrategias se han gestado a través de las grandes instituciones al servicio de la paz y el bien social, tal es el caso de la ONU y en el ámbito Educativo, la Organización de las Naciones Unidas para la Educación, la Ciencia y la Cultura (UNESCO). La primera en su Agenda 2030 para el desarrollo sostenible del cual forma parte el Objetivo 5, en donde promueve una Educación de Calidad (ONU, 2016); mientras tanto la segunda crea su propia "Agenda Educación 2030" que tiene por objeto "Garantizar una educación inclusiva, equitativa y de calidad y promover oportunidades de aprendizaje durante toda la vida para todos" (UNESCO,2017), de aquí a 2030. En cuanto a lo establecido por las autoridades de nuestro país en la Constitución Política de los Estados Unidos Mexicanos se establece que:

Artículo 3°. Toda persona tiene derecho a recibir educación. El estado-federación, estados, ciudad de México y municipios-, impartirá educación preescolar, primaria, secundaria y media superior. La educación preescolar, primaria y secundaria conforman la educación básica; ésta y la media superior serán obligatorias.

Por otra parte, la Ley Federal para Prevenir y Eliminar la Discriminación. (2003) tiene por objeto prevenir y eliminar todas las formas de discriminación que se ejerzan contra cualquier persona en los términos del Artículo 1° de la Constitución Política de los Estados Unidos Mexicanos, así como promover la igualdad de oportunidades y de trato. Asimismo, la Ley General de Educación Artículo 41 establece que "La educación especial está destinada a personas con discapacidad, transitoria o definitiva, así como a aquéllas con aptitudes sobresalientes. Atenderá a los educandos de manera adecuada a sus propias condiciones, con equidad social incluyente y con perspectiva de género". En esta misma línea, la Ley General para la Inclusión de Personas con Discapacidad tiene por objeto reglamentar en lo conducente, el Artículo 1o. de la Constitución Política de los Estados Unidos Mexicanos estableciendo las condiciones en las que el Estado deberá promover, proteger y asegurar el pleno ejercicio de los derechos humanos y libertades fundamentales de las personas con discapacidad, asegurando su plena inclusión a la sociedad en un marco de respeto, igualdad y equiparación de oportunidades. De manera enunciativa y no limitativa, esta Ley reconoce a las personas con discapacidad sus derechos humanos y mandata el establecimiento de las políticas públicas necesarias para su ejercicio.

Todos estos decretos nacionales toman forma en el Plan Nacional de Desarrollo 2013-2018 mismo que explica las estrategias para lograr un México incluyente, en el que se enfrente y supere el hambre. Delinea las acciones a emprender para revertir la pobreza. Muestra, también, el camino para lograr una sociedad con igualdad de género y sin exclusiones, donde se vele por el bienestar de las personas con discapacidad, los indígenas, los niños y los adultos mayores. Específicamente en la Estrategia 2.2.4 que tiene por objeto proteger los derechos de las personas con discapacidad y contribuir a su desarrollo integral e inclusión plena.

Entre algunas de las Línea de acción están:

Diseñar y ejecutar estrategias para incrementar la inclusión productiva de las personas con discapacidad, mediante esquemas de capacitación laboral y de vinculación con el sector productivo.

Así mismo el Plan Sectorial de Educación 2013-2018, en el apartado de Diagnóstico plantea que aun cuando el sistema educativo ha incorporado entre sus preocupaciones la inclusión de todas las niñas, niños y adolescentes, todavía le resta un largo trecho que recorrer para garantizar condiciones de acceso, permanencia, participación y logro de los aprendizajes de los alumnos con necesidades educativas especiales. Se requiere de un impulso adicional para la construcción de nuevas formas y espacios de atención educativa para la inclusión de las personas con discapacidad y con aptitudes sobresalientes en todos los niveles educativos. El esfuerzo deberá pasar por aspectos normativos, nuevos modelos educativos, materiales didácticos, formación de capacidades en maestros y apoyos a las escuelas, fundamentalmente.

Sin detrimento de lo anteriormente expuesto; la propuesta de la Estrategia Digital Nacional que en su Habilitador 2 "Inclusión y Habilidades Digitales" propone profundizar en la Campaña Nacional de Inclusión Digital con especial énfasis en personas de origen indígena, adultos mayores, personas con discapacidad y grupos en situación de marginación y pobreza extrema; así como en el objetivo 3 "Educación de Calidad" propone Integrar las TIC al proceso educativo, tanto en la gestión educativa como en los procesos de enseñanza-aprendizaje, así como en los de formación de los docentes y de difusión y preservación de la cultura y el arte, para permitir a la población insertarse con éxito en la Sociedad de la Información y el Conocimiento.

Por otra parte, el Acuerdo 592 de la Secretaria de Educación (2011) establece la articulación de la educación básica en su apartado I.8 propone favorecer la inclusión para atender a la diversidad y la educación es un derecho fundamental y una estrategia para ampliar las oportunidades, instrumentar las relaciones interculturales, reducir las desigualdades entre grupos sociales, cerrar brechas e impulsar la equidad. Por lo tanto, al reconocer la diversidad que existe en nuestro país, el sistema educativo hace efectivo este derecho al ofrecer una educación pertinente e inclusiva, dichas condiciones se describen a continuación:

- Pertinente porque valora, protege y desarrolla las culturas y sus visiones y conocimientos del mundo, mismos que se incluyen en el desarrollo curricular.
- Inclusiva porque se ocupa de reducir al máximo la desigualdad del acceso a las oportunidades, y evita los distintos tipos de discriminación a los que están expuestos niñas, niños y adolescentes.

De igual forma, en lo que concierne a los esfuerzos que realiza el Estado de Tamaulipas, se norma mediante el Plan Estatal de Desarrollo 2016-2022, un Eje con enfoque al bienestar social de su población en donde uno de los temas prioritarios son la equidad y la atención a los grupos vulnerables meta que plantea bajo los siguientes objetivos:

2.3.1 "Constituir a Tamaulipas como una entidad democrática que proteja los derechos de todas y todos; un estado donde prevalezca la cultura de la equidad como elemento fundamental para alcanzar el bienestar individual, familiar y social", bajo la línea de acción:

2.3.1.50 Instrumentar acciones de sensibilización, educación y formación para la inclusión social de las personas con discapacidad.

2.5.1. Garantizar el derecho al conocimiento, a la formación académica y a una educación pública, gratuita, laica y universal, en la que participen democráticamente todos los miembros de la comunidad educativa y que contribuya a reducir las desigualdades sociales, prestando especial atención a la diversidad individual y cultural de las y los estudiantes y fomentando las prácticas de cooperación y ayuda bajo las siguientes líneas de acción:

2.5.1.14 Fortalecer los mecanismos de inclusión y de incentivos para asegurar el ingreso y la permanencia de los tamaulipecos en el sistema educativo estatal.

2.5.1.15 Impulsar la incorporación planificada de las Tecnologías de Acceso al Conocimiento en el Sistema Educativo Estatal.

Finalmente, se cuenta con la Coordinación de Innovación Educativa y Proyecto Estratégicos (CIEPE) para realizar tareas de coordinación, seguimiento y análisis de programas y proyectos estratégicos de modernización administrativa; así como del Centro Estatal de Tecnología Educativa (CETE), instancia encargada de reorientar e impulsar la consolidación de un sistema educativo estatal apoyado en las tecnologías y a partir de una estructura educativa eficaz (Gobierno de Tamaulipas, 2010), ambas áreas dependiente de Secretaría de Educación en Tamaulipas.

Antecedentes de la educación Especial en México

Como antecedente de la educación especial en México, en el siglo XIX se crean las escuelas para ciegos y sordos, más tarde en 1915 se inaugura la primera escuela para atender niños con deficiencia mental y diversificada para niños y jóvenes con diferentes discapacidades; en 1970 se crea por decreto presidencial la Dirección General de Educación Especial y los ámbitos de atención son:

- Deficiencia Mental
- Trastornos de audición y lenguaje
- Impedimentos motores
- Trastornos visuales

A partir de 1980 los servicios de educación especial se clasifican en:

- Servicios Indispensables: Espacios separados de la Educación Regular
- Servicios complementarios: apoyo a alumnos de educación básica general con dificultades de aprendizaje o en el aprovechamiento escolar, lenguaje y conducta, es aquí cuando surgen los Centros de Orientación para la Integración Educativa y los Centros de Atención Psicopedagógica de Educación Preescolar.

Durante 1993 se realiza una reforma al Artículo 3° de la Constitución Política de los Estados Unidos Mexicanos y se promulga la Ley General de Educación, misma que propone una reorientación de los servicios de Educación Especial en donde se promueve la integración educativa. A partir de 1994 surge una fuerte difusión en torno al concepto de Necesidades Educativas Especiales (NEE), en donde se promueve la inserción de los alumnos de este nivel a las aulas educativas regulares, nuevamente se reorienta la concepción del trabajo docente y se brinda asesoría a éstos para atender a los niños a través de los Centros de Atención Múltiple (CAM), Unidad de Servicios de Apoyo a la Educación Regular (USAER) y Unidades de Apoyo Pedagógico (UAP).

En 1997 existe una reorganización administrativa en donde la Secretaría de Educación Pública elimina las boletas especiales de Educación Especial y apoya la idea de una sola evaluación para todos, promueve que las escuelas cuenten con adecuaciones arquitectónicas especiales, se les otorgan libros gratuitos, las plazas son recategorizadas y la partida presupuestaria de los niños con NEE se ubica en Educación Básica.

Finalmente, en 2002 se creo el Programa de Fortalecimiento a la Educación Especial y de la Integración educativa.

Población con NEE en México y Tamaulipas

Es importante identificar a la población con Necesidades Educativas Especiales (NEE) que existe actualmente en México, para ello se considera como referencia la estadística que marca la 911 de la Secretaría de Educación Pública, la cual se resume a continuación:

Tabla 1: Población con NEE en México. Fuente: Con base en Romero (2014)

Categoría	Alumnos
Ceguera	1943
Baja Visión	5274
Sordera	5533
Hipo-Acusia	7983
Deficiencia Motriz	16906
Discapacidad Intelectual	104759
Total	142398

Tabla 2: Población con NEE en Tamaulipas. Fuente: Estadística 911 de Tamaulipas (2016) Sistema Integral De Información Educativa – SIIE

Categoría	Total
Ceguera	3
Baja Visión	0
Sordera	4
Hipo-Acusia	12
Deficiencia Motriz	23
Discapacidad Intelectual	313
Total	355

Con base en el contexto anterior, se han generado nuevas perspectivas para apoyar la Inclusión Digital en el campo educativo en Tamaulipas, especialmente en apoyo a la comunidad de alumnos con Discapacidad o Necesidades Educativas Especiales, a través de proyecto denominado ELLIZE el cual fue propuesto por integrantes de la Coordinación de Innovación Educativa y Proyectos Estratégicos (CIEPE) y el Centro Estatal de Tecnología Educativa (CETE), ambas dependientes de la Secretaria de Educación de Tamaulipas (SET), dicho proyecto se detalla en el siguiente apartado.

Descripción del Proyecto "ELLIZE"

El Proyecto "ELLIZE" tiene como objetivo integrar un programa de atención a escuelas de educación especial con el propósito de fortalecer la Estrategia Nacional de Inclusión Digital en apoyo al desarrollo del proceso de enseñanza aprendizaje de los niños y niñas que cursan Educación Básica en el Estado de Tamaulipas y se pretende beneficiar a una población estimada de 21,825 alumnos.

Está dividido en cuatro estrategias que de manera conjunta buscan apoyar al desarrollo del proceso de enseñanza y aprendizaje de los niños y niñas que cursan educación básica en el Estado de Tamaulipas sus estrategias y líneas de acción son:

Estrategia 1.- Diseño de Objetos de Aprendizaje (ODA) para Educación Especial

Esta estrategia se encuentra vinculada al desarrollo del Banco de Objetos de Aprendizaje para alumnos de Educación Básica y se busca integrar un espacio dedicado a los alumnos de Educación Especial mediante la creación de Objetos de Aprendizaje (ODA) diseñados de acuerdo a las necesidades de la población.

Los objetos de aprendizajes pueden definirse de acuerdo a Willey (2000) como "cualquier recurso digital que puede ser usado como soporte para el aprendizaje".

Al respecto Chan (2002), los objetos de aprendizaje son una herramienta educativa que puede insertarse en propuestas curriculares y metodologías de enseñanza y aprendizaje de muy diversa índole, por lo que considera que pueden situarse para su análisis en diferentes escalas a fin de identificar sus posibilidades e implicaciones desde varios aspectos: Conocimiento, currículo, tecnología educativa y procesos de enseñanza y aprendizaje.

En este sentido, cualquier objeto de aprendizaje puede ser creado y adaptado de acuerdo al contexto escolar que muestre una necesidad; sin embargo, el que éste sea reutilizable depende mucho de la velocidad con la que se creen nuevas tecnologías y que estas tengan que ser adaptadas a los recursos tecnológicos con los que cuentan las instituciones educativas, ya que la diversidad en cuanto a la infraestructura y recursos tecnológicos con los que cuentan las escuelas no ha permitido que estas permeen totalmente en la población.

Por lo que en respuesta a esta problemática se diseñó una Metodología específica para el Diseño de ODA que gráficamente se muestra de la siguiente manera:

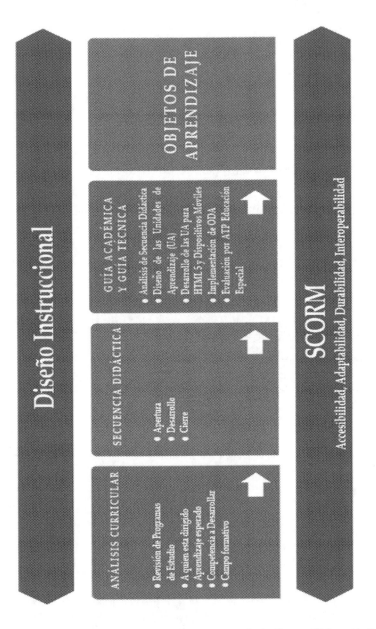

Figura 1. *Metodología para el Diseño de Objetos de Aprendizaje, Fuente: Elaboración Propia*

El proceso para la construcción de un Objeto de aprendizaje consiste en los siguientes pasos:

a).- Análisis curricular.

Los programas de estudio son analizados por el grupo multidisciplinario para el diseño y desarrollo de los ODA, específicamente en el caso de educación especial no existe material que fuera creado especialmente para la población que forma parte de este nivel; la complejidad de su diseño radica en precisamente el análisis de los programas de estudio y las condiciones de necesidades educativas especiales con las que cuenta su población ya que las categorías en las que se divide este nivel son: ceguera, baja visión, sordera, hipoacusia, discapacidad motriz, discapacidad intelectual, discapacidad múltiple, autismo, aptitudes sobresalientes, problemas de comunicación y problemas de conducta

Por lo tanto, es necesario priorizar el diseño de estos objetos de aprendizaje de acuerdo al nivel de impacto tomando como criterios de selección tanto la población de impacto, como las recomendaciones de los psicólogos y ATP de educación especial. Así mismo los contenidos seleccionados para el diseño de los ODA están a consideración de los docentes frente a grupo ya que la planeación de clase que desarrollan, depende de las necesidades educativas especiales que existen en los grupos, las categorías antes descritas y los ritmos de aprendizaje en el avance de los campos formativos con los que cuenta el programa. Una vez definido estos elementos es práctico seleccionar lo siguiente: ¿A qué población va dirigido?, ¿Qué contenido?, ¿Cuál es la competencia o el aprendizaje esperado a desarrollar? Y ¿A qué campo Formativo Corresponde?

b).- Secuencia Didáctica.

En esta parte del proceso, se define qué contenidos se van a abordar, cómo se van a abordar y para qué; de manera concreta una secuencia didáctica es el orden secuenciado de las actividades que se van a desarrollar dentro del ODA y su estructura se conforma por los siguientes apartados:

Inicio: En esta parte, se abre un espacio para realizar actividades generadoras o activadoras de conocimiento de acuerdo al tema a tratar, generalmente están relacionadas con contenidos conceptuales y/o actitudinales, concretamente se trata de la inducción al tema de estudio. (El que)

Desarrollo: Las actividades descritas en este espacio tienen que ver con contenido procedimental, en donde el alumno realiza acciones que tienen que ver directamente con la esencia del aprendizaje a desarrollar; es decir "el cómo"

Cierre: Básicamente este espacio es considerado de retroalimentación y evaluación de los aprendizajes, por lo que las actividades que en este apartado existen emiten un juicio de valor, esto solo con la intención de guardar el historial o el récord de más alto puntaje obtenido a manera de motivación para el alumno y refuerzo a su permanencia en el objeto de aprendizaje trabajado.

c).- Guía Académica y Guía Técnica

Una vez que se tienen definidas tanto las actividades como la temática a abordar, competencias o aprendizajes esperados a desarrollar, así como el campo formativo de acción, se inicia con el diseño y desarrollo del objeto a realizar, para tales efectos el trabajo se divide en dos apartados que se denominan Guía académica y el Guía técnica.

La guía académica hace referencia a la secuencia didáctica y demuestra mediante la grabación de audio como es que ésta se va a desarrollar a lo largo del objeto de aprendizaje, es aquí donde el equipo multidisciplinario selecciona elementos multimedia como el personaje, animación y entorno gráfico que debe llevar, o bien considera es la mejor opción para el aprendizaje de los alumnos.

La guía técnica está a cargo, dentro del equipo multidisciplinario, de los especialistas en Tecnología Educativa, ya que éstos cuentan con los conocimientos necesarios para el diseño de los personajes, medios y herramientas tecnológicas para que cumpla con la norma estándar SCORM (Por sus siglas en ingles Sharable Content Object Reference Model) algunas de las características de este estándar son:

- Accesibilidad: En tanto que cualquier persona pueda acceder a él desde la web o dispositivos móviles y su disponibilidad para compartirlo a cualquier parte del mundo.
- Adaptabilidad: Capacidad de adaptar los elementos que conforman el ODA a las necesidades educativas especiales de los alumnos, en este caso Educación Especial.
- Durabilidad: El ODA debe contar con un diseño que valla acorde a la evolución de la tecnología sin necesidad de reconfigurar el código con el que fue creado.
- Interoperable: Debe poder utilizarse bajo cualquier plataforma tanto en la web como en dispositivos móviles.
- Reusable: Con formato flexible para integrar nuevos elementos de enseñanza si así se requiere.

Esta norma es un punto de referencia cuya filosofía es poder crear contenidos que puedan ser compartidos y que cualquier persona pueda hacer uso de ellos. Finalmente, el producto terminado es un Objeto de Aprendizaje que se desarrolla a través del siguiente proceso:

1. Análisis Curricular y Secuencia Didáctica:

Tomando en cuenta los Planes y Programas de estudio de educación Preescolar.

2. Diseño de las Unidades de Aprendizaje (UA):

Este diseño está directamente vinculado a el análisis curricular y la secuencia didáctica, como elementos de impacto en el diseño instruccional de los objetos de aprendizaje.

3. Desarrollo de las UA para HTML 5 y Dispositivos Móviles:

Se utiliza el conocimiento de los desarrolladores y diseñadores multimedia para desarrollar a través de la guía técnica cada Unidad de aprendizaje que conforma el ODA

4. Implementación de ODA:

En esta etapa el objeto de aprendizaje es llevado al aula para que se realice una fase de prueba y determinar si este material digital le es funcional al docente frente a grupo.

5. Evaluación por ATP Educación Especial.

Finalmente es mostrada al Consejo Técnico de la Secretaría de Educación para que forme parte del banco de objetos de aprendizaje de Educación Básica.

Dentro de la versión demo, se diseñaron 3 personajes principales que el alumno de educación especial puede utilizar para la realización de las actividades que se incluyen en cada uno de los temas 11 temas, los cuales surgieron de acuerdo a la revisión de los programas de estudio de preescolar normal por parte de los profesores y aprobados por los asesores técnicos pedagógicos (ATP).

Entre los temas que se incluyeron son: Ir a la escuela, cruzar la calle, ir al parque, ir al supermercado, mi cabeza, mi cuerpo, mis manos, bañarse, ponerse la ropa, comer y lavarse los dientes. Es importante destacar que una vez que el alumno ingresa al programa él mismo debe colocar su nombre y posteriormente el profesor debe personalizar si se activa la ayuda del elemento de Lengua de Señas Mexicano (LSM) en caso de requerirse como apoyo a los alumnos sordos.

Entre los programas informáticos que se utilizaron para el desarrollo de los ODA están: Adobe Photoshop y Adobe Illustrator para el diseño las interfaces e ilustración de personajes, Adobe Audition para la grabación del audio, mientras que para la animación se utilizó Crazy Talk Animator, para finalmente integrar los elementos multimedia en Articulate Storyline. Además, también es aquí donde se integra la opción del video en Lengua de Señas Mexicana (LSM) para los alumnos sordos, independientemente de la categoría en la que se encuentre este objeto, los cuales son editados en Adobe Premiere.

Los ODA que forman del proyecto ELLIZE en su versión demo se pueden acceder desde la siguiente dirección web: http://bit. ly/2i41fRe.

Figura 2. Pantalla inicial de la plataforma ELLIZE

Estrategia 2.- Desarrollo de Aplicativos

En esta estrategia se desarrollarán 2 aplicaciones para PC y Dispositivos Móviles dirigido a los alumnos de Educación Especial con problemas de sordera e Hipoacusia, las aplicaciones son:

1.- Enseñanza de la Lengua de Señas Mexicana (LSM) del Estado de Tamaulipas.
2.- Enseñanza de música regional e institucional en LSM

En ambos casos se desarrollará un estudio de mercado acerca de las aplicaciones que existen en el mundo ya que la simbología utilizada en este ámbito puede variar entre países, naciones, estados y regiones, considerando que según experiencia de psicólogos y ATP de la Supervisión Zona 4; el lenguaje materno de este sector de la población tiene mucho que ver en la seña que es adoptada para interpretar una palabra.

Por otra parte, se establecerá contacto con la Confederación Nacional de Silentes de México A.C y la Federación Nacional de Intérpretes de LSM A.C. para establecer la normativa que rige esta lengua y determinar el Diseño de los elementos que conforman esta aplicación como:

- Interfaz
- Contenido
- Herramientas de diseño a utilizar (Software)

Una vez que se cuenta con los elementos y la Evaluación Técnica y Didáctica de las propuestas, las aplicaciones serán desarrolladas de acuerdo a los estándares establecidos en diseño multimedia. Se espera que una vez finalizado el trabajo se cuente con el prototipo para que éste sea evaluado por los expertos en LSM y docentes de Educación Especial.

Estrategia 3.- Capacitación.

La estrategia de capacitación es constituida con 2 cursos presenciales dirigidos a docentes y alumnos; en el caso de alumnos; los contenidos son adaptados a la edad y madurez cognitiva, estos tienen como propósito la inserción de este campo educativo a la sociedad del conocimiento a través del aprendizaje, primero, con un curso básico de la Lengua de Señas Mexicana y después con un curso dividido en talleres de Cómputo Básico en LSM.

Lo anterior con la intención de llevar un aprendizaje gradual, primero unificando criterios en cuanto al uso de las señas para las Tecnologías de la Información y después con el aprendizaje procedimental y conceptual del uso de Word, Excel, PowerPoint, internet y correo electrónico.

Estrategia 4.- Gestión y Vinculación

Parte fundamental de este proyecto es la vinculación que se establecerá entre las instituciones y organismos de asociación civil, en este caso los del Nivel de Educación Especial y el Centro Estatal de Tecnología Educativa de la Secretaría de Educación en Tamaulipas, El Consejo Tamaulipeco para la Ciencia y la Tecnología y los organismos de la Confederación Nacional de Silentes A.C.; así como la Federación Nacional de Interpretes en LSM A.C. mismos que le darán soporte y sustento a las acciones emprendidas en este trabajo aunado a ello, la participación directa para la construcción de las siguientes líneas de acción:

1. Glosario de Términos de TIC para Personas con Discapacidad

Una vez que se realice el análisis para la construcción de las estrategias del apartado del Desarrollo de Objetos de Aprendizaje, Capacitación y Aplicativos se integra una propuesta de "Glosario de Términos de TIC en LSM", no sin antes establecer contacto con las instituciones especialistas en este ámbito para solicitar los requerimientos y cumplir con la normativa.

Una vez que se cuenta con la propuesta, será enviada a quien corresponde para su dictamen y posterior publicación.

2. Diseño de Proyecto para el Fortalecimiento de Educación Especial en COTACYT

El diseño de la propuesta para COTACYT es construida durante el proceso de recolección de la información, misma que es utilizada para documentar de acuerdo al formato solicitado por estas instancias, los tiempos establecidos para este trabajo dependen de la convocatoria emitida para la presentación de propuestas.

Es importante comentar que, aunado a este proyecto, la propuesta para COTACYT tiene el propósito de equipar a las escuelas del Nivel de Educación Especial con mesas digitales interactivas, pizarrón digital, proyectores y computadora por aula, lo que cierra el ciclo de este proyecto con Infraestructura Tecnológica

Consideraciones Finales

De acuerdo a lo anterior, se vislumbran nuevas estrategias para apoyar la Inclusión Digital en el campo educativo, especialmente en apoyo a la comunidad de alumnos con discapacidad o necesidades educativas especiales en Tamaulipas, a través del Proyecto "ELLIZE" propuesto por la Coordinación de Innovación Educativa y Proyectos Estratégicos (CIEPE) en colaboración con el Centro Estatal de Tecnología Educativa (CETE), ambas áreas dependiente de Secretaría de Educación en Tamaulipas (SET) donde se buscar fortalecer la educación especial mediante la generación de espacios acordes a estas acciones a través de cuatro estrategias: Diseño de Objetos de Aprendizaje (ODA) para Educación Especial, Desarrollo de Aplicativos, Capacitación y Vinculación.

En lo que se refiere a la planificación y diseño de los objetos de aprendizaje se ha puesto en práctica ya una metodología que facilita al grupo multidisciplinario del CETE la producción de los mismos de una manera fácil y rápida.

Actualmente se cuenta con una versión demo del proyecto de objetos de aprendizaje disponible en internet que se pretende ampliar en el próximo periodo escolar correspondiente al ciclo (2017-2018), logrando con ello que una gran cantidad de profesores de preescolar incorporen las TIC como herramienta de apoyo didáctico a los procesos de enseñanza y aprendizaje de los niños y niñas con necesidades educativas especiales que cursan educación básica en el Estado de Tamaulipas.

Por último, se pretende en posteriores trabajos realizar una clasificación de los objetos de aprendizaje más detallada desde el punto de vista de la tecnología educativa, para diferenciar a los objetos simples (audios, imágenes texto y video) de los objetos complejos que poseen mayor interacción y cuentan con un diseño instruccional en su estructura pedagógica: Inicio, Desarrollo y Cierre; además de elementos de diseño gráfico y multimedia.

Referencias

CEPAL (2015). *Quinta Conferencia Ministerial sobre la Sociedad de la Información de América Latina y el Caribe;* llevada a cabo en la Cd. de México del 5 al 7 de agosto de 2015.

Chan, M. E. (2002). *Objetos de Aprendizaje: Una herramienta para la innovación educativa.* Revista Apertura. No 2. Coordinación General del Sistema para la Innovación del Aprendizaje. Universidad de Guadalajara.

Diario Oficial de la Federación (2011). *Acuerdo número 592 por el que se establece la Articulación de la Educación Básica.* Texto vigente. Última reforma publicada DOF 19-08-2011

Diario Oficial de la Federación (2003). *Ley Federal para Prevenir y Eliminar la Discriminación.* Texto vigente. Última reforma publicada DOF 11-06-2003

Estadística 911 de Tamaulipas (2016). *Sistema Integral De Información Educativa – SIIE*

Gobierno de Tamaulipas (2010). *Periódico Oficial. Poder Ejecutivo. Secretaría General.* Manual de Organización de la Secretaría de Educación Pública expedido el 14 de octubre de 2010.

ONU (2016). *Agenda 2030 y los Objetivos de Desarrollo Sostenible. Una oportunidad para América Latina y el Caribe.* Santiago.

Plan Nacional de Desarrollo 2013-2018 (2013). Gobierno de la Republica Recuperado el 10 de Agosto de 2017 desde: http://pnd.gob.mx/

Programa para un México Cercano y Moderno. Transversal *(2013).* Gobierno de la Republica. Recuperado el 10 de Agosto de 2017 desde: http://www.funcionpublica.gob.mx/web/doctos/ua/ssfp/uegdg/banco/PGCM-2013-2018-WEB2sep.pdf

Programa Sectorial de Educación 2013-2018. Secretaria de Educación Pública. México D.F

Plan Estatal de Desarrollo 2016-2022. (2017). Gobierno del Estado de Tamaulipas, Cd. Victoria, Tamaulipas, México.

Romero F. (2014). Asesor de la Subsecretaría de educación Básica. Estadística 911.

Constitución Política de los Estados Unidos. (2016). Artículo 3. Reformado mediante decreto publicado en el Diario Oficial de la Federación el 29 de enero de 2016. Secretaría General de México

UNESCO (2017). *La UNESCO Avanza. La Agenda 2030 para el Desarrollo Sostenible.*

Wiley D. (2000). *The Instructional Use of Learning Objects: Online Versión.* Recuperado el 15 de Agosto de 2017 desde: http://www.reusability.org/read/

Alumnos de la UAMCEH UAT: Entre la Lectura en Papel y la Lectura en Electrónico

Nali Borrego Ramírez
Claudia Leticia Ríos Cárdenas
Ma. Del Rosario Contreras Villarreal
Marcia Leticia Ruíz Cansino

Introducción

Tratar de presentar a detalle el desarrollo de la materialización de signos trazados como sistema de representación es complicado, si bien en el antecedente de la comunicación entre los pueblos primitivos la escritura como se conoce en la actualidad no está presente, mientras que la trasmisión si lo está, Corts, Ávila, Calderón, Montero (2004, p. 117) Manifiestan que:

> *"En forma oral lo que se comunicaba eran asuntos que tenían que ver por ejemplo con la genealogía de la familia, los recuerdos del pasado, las crónicas o fábulas. Más tarde el progreso inicia con la aparición del relato escrito en algunas civilizaciones como la mesopotámicas o egipcias que empezaron a utilizar soportes materiales como el papiro, la cera, la madera o piedra, tablillas convirtiendo la escritura en la solución al olvido de los hechos"*

El desarrollo de la escritura ha representado un gran avance para la lectura a la que temía Sócrates por considerar que la disertación y las ideas menguaban al darles soporte material. Scherp, (1993, p. 35) Declara:

> *"La escritura frente a la cultura oral, se distingue por la materialización de la misma en algún soporte, ello condujo al surgimiento de algunas técnicas utilizadas como la esgrafía, el tallado, la pintura y los materiales que se podían utilizar algunos eran de origen orgánico, otros animal o vegetal, en algunos casos el material y*

*la técnica dependía de los propósitos que se perseguían, ello condujo a
la evolución misma de las formas de como sistematizar, la escritura en
un soporte material como el libro"*

El libro ejemplar que reúne una serie de características lectoras lo
determina la ley de fomento a la lectura y el libro en México, Cap.
I Disposiciones Generales Art.2:

*"Libro, es toda publicación unitaria, no periódica, de carácter literario,
artístico, científico, técnico, educativo, informativo o recreativo,
impresa en cualquier soporte, cuya edición se haga en su totalidad
de una sola vez en un volumen o a intervalos en varios volúmenes o
fascículos. Comprenderá también los materiales complementarios en
cualquier tipo de soporte, incluido el electrónico"*

En la medida que aumentó la producción de estos documentos
aparecieron también dificultades en la vista que se deterioraba
sobre todo si se leía con poca luz, con todo ello el gran reto no era
solo para el ojo sino también para el cerebro, pues había que leer
en los sistemas que para ello se creaban Ferreiro, y Gómez, (2002,
p.20) señala algunos como el ideográfico que consiste un signo
esquemático que representa conceptos o mensajes cortos como las
señales de tráfico o los símbolos matemáticos. Otro de los sistemas de
jeroglífico, escritura propia de algunas antiguas civilizaciones como
la egipcia, hitita o maya, suele basarse en símbolos prescindiendo de
valores fonéticos o alfabéticos. También la logografía que se compone
de un signo para representa por sí solo un significado de una lengua,
normalmente el significado de una palabra. Uno más es el silabario
conjunto de caracteres o símbolos escritos que representan un sonido
consonántico seguido de un sonido vocálico. Por último destaca el
alfabeto o abecedario de una lengua o idioma, conjunto ordenado de
letras, son las grafías utilizadas para representar el lenguaje que sirve
de sistema de comunicación.

El cambio de un sistema a otro requería de memoria por lo tanto
la escritura cumple función de recuerdo Cavallo y Chartier (2001,
p.75) como la historia griega, el cristianismo y la ilustración, el
primero de ellos se sustentaba la narración, el segundo en la historia

juez, el tercero reúne los relatos que harán posible la evolución progresiva del hombre. Cada uno de estos acontecimientos derivaron cambios en la forma de leer que van desde de la lectura silenciosa en la Grecia Antigua hasta las novedades que se desarrollaron y se introdujeron por el surgimiento de la imprenta, así como la aparición de soportes electrónicos.

El número de lectores ha aumentado a diferencia del número que había en la antigüedad, se dice que la lectura genera "conocimiento" quien no lee tampoco escribe, procedimiento no común a todos hasta el surgimiento de la imprenta que favoreció hábitos y costumbres lectorales Solves, (2000, p. 35) Presenta algunas implicaciones en el acto lector:

"Cada desarrollo ha modificado los modos de contacto, de utilización, de comprensión y de apropiación de los textos cuyo mundo son los objetos, las formas y los ritos las propias convenciones y disposiciones que sirven de soporte y obligan a la construcción del sentido en relación estrecha con el mundo del lector que le modifican su estilo de apropiación de lo escrito, para lo cual desarrolla un conjunto de competencias, usos, hábitos, códigos e intereses actividades en las que está implicada directamente la forma de la lectura, que no es solamente una operación intelectual abstracta, también implica una puesta a prueba del cuerpo, el espacio, recursos, mobiliario en la relación consigo. Algunos escenarios destinados para leer se pueden identificar según la época, por ejemplo el periodo comprendido entre los siglos XIII y XIV en Europa la lectura de los profesionales de la cultura escrita se distinguían por un escenario donde están rodeados de libros, atriles y otros instrumentos, esto los diferenciaba de aquellos que participaban de libres experiencias de lectura que carecían de disciplina, de una sistematización y de reglas"

Este tipo de escenarios fueron retomados por la pedagogía moderna institucionalizada García y Delgado (2012, p. 15) quienes manifiestan:

"Que entre el siglo XIX y XX se agregaron algunos elementos como postura según la cuales se debe leer sentado, manteniendo la espalda

recta, con los brazos apoyados en la mesa, con el libro delante de sí, pues se creía que la postura determina la concentración, favorecida por la ausencia de movimiento y de ruido alguno, que además es importante que considere no molestar a los demás y no ocupar un espacio extenso"

De manera que para el procedimiento de tomar un libro y disponerse a comprender su contenido se recomendaba que fuera de modo ordenado, entendido como respetar la estructura de las diferentes partes del texto y pasar las páginas cuidadosamente sin doblar el libro, no deteriorarlo ni maltratarlo, de esta forma las bibliotecas independientemente del espacio, son lugares consagrados a la lectura donde se deben observar esta serie de reglas, tanto que quien realiza lectura en estos lugares es considerada una persona disciplinada que puede permanecer horas y horas leyendo, con actitud de orden, de seriedad, de responsabilidad, esforzada y por tanto se convierte en persona muy respetable.

En este momento a esos modos de lectura pareciera que se incorporan otros que han conducido a la perdida de las "buenas reglas de lectura" entre los jóvenes, en quienes se observa que leen de todo, siempre y en cualquier lugar, con una disposición del cuerpo totalmente libre e individual, pueden leer tendidos en el piso, apoyados en una pared, sentados debajo de las mesas de estudio, con los pies sobre la mesa, el libro lo doblan, lo tuercen, lo transportan de un lado a otro.

Estos modos de lectura fueron influidos por la prensa escrita en la primera guerra mundial y el desarrollo de los media: la radio, el cine, la televisión que tuvieron un papel destacado en la segunda guerra mundial con ello la escritura y la lectura tomaron otra dimensión no parecida a la que adquirió con el desarrollo de World Wide Web por el informático británico Timothy Berners-Lee y la creación del micro procesado que permitió la digitalización de documentos más grande de la historia de la escritura, con ello "la lectura ya no puede reducirse a la decodificación del sistema alfabético por el hecho de que el código alfabético no es el único sistema de signos que es susceptible de ser leído" Gutiérrez (2009 p.50) El modo de Leer Cordón, (2010, p.44)

"El modo de leer ha pasado de la formalidad y la ritualidad a la informalidad en donde el propósito es el mismo descifrar el código escrito para descifrar sistemas de códigos simbólicos para producir, hacer circular y apropiarse de significados, con ello deja de ser un asunto restringido a lo mental para convertirse en un proceso social en el que toda decodificación e intento de comprensión está determinado histórica y socialmente en la interacción social "Hay nuevas formas de leer".

Con ello no se trata de extraer un sentido sino de crear un sentido a la forma de acceder a un mundo de información impulsada por el desarrollo de la web, "pasar de la lectura ensimismada a la lectura colaborativa" (Cordón, 2010: p.39). En este momento la lectura no se restringe al sujeto y sus posiciones frente al libro, sino que es un hecho colectivo que en su naturaleza apela a las comunidades, a los contextos culturales que se encuentra a miles de kilómetros de distancia en comunicación síncrona y asíncrona, de modo que el sujeto no es, ni puede ser un poseedor universal de la comprensión, sino que es, en concreto parte de la dinámica de producción social Lamarca, (2013) plantea como expresión de este desarrollo en una cronología del libro digitalizado:

- 1971: Michael Hart pone en marcha el Proyecto Gutenberg que propone la digitalización de libros de forma voluntaria para ofrecerlos de forma gratuita a través de la red (comienza en texto plano, pero va admitiendo otros formatos).
- 1993: Nace Bibliobytes, un proyecto de libros digitales gratuitos en Internet.
- 1995: Amazon comienza a vender libros a través de Internet.
- 1996: El proyecto Gutenberg alcanza los 1.000 libros digitalizados.
- 1998: Son lanzados dos lectores de e-books: Rocket ebook y Softbook.

- 1998-1999: Surgen numerosos sitios en Internet que venden ebooks, como eReader.com y eReads.com.
- 2000: Stephen King lanza su novela "Riding the Bullet" en formato digital. Sólo puede ser leída en ordenadores.
- 2001: Aparece la primera plataforma de distribución de ebooks en español: Todoebook.
- 2002: Las editoriales Random House y HarperCollins comienzan a vender versiones electrónicas de sus títulos en Internet.
- 2005: Amazon compra Mobipocket
- 2006: Sony lanza el lector PRS basado en el papel y la tinta electrónicas
- 2007: Amazon comercializa Kindle
- 2008: Adobe y Sony hacen compatibles sus tecnologías ebook (Lector y DRM).
- 2008: Sony lanza el PRS-505

Ello además ha derivado en que al parecer el término "tipo" es el termino más adecuado para identificar este acto lector en relación no solo a proceso de comprensión, sino a forma, a formatos, a materiales, a impresos en papel e impreso electrónicos y digitales, lo cual resulta un tanto complicado dado que en habilidades lingüísticas de escuchar, hablar, leer y escribir, "tipo de lectura" es un término de clasificación del procesos de lectura, a procesos de comprensión, por ejemplo lectura denotativa, lectura connotativa, extrapolación de estudio y de recreación.

Entre los que agregan "tipo" a procesos distintos a proceso de comprensión lectora se encuentra Leda, (2014, p.33, 70):

"Lectura gutenberiana.- Este proceso es individual y la interpretación del contenido queda supeditada al marco interpretativo particular de quien lee. El contenido se limitaría a texto, sin mayor intervención multisensorial que vaya más allá de ilustraciones. La lectura requiere abstracción del lector a un espacio íntimo e individual en el que las interrupciones son vistas como contingencias que cortan el flujo de lectura y la experiencia lectora. Lectura digital.- Proceso que se distingue por la conectividad a Internet. Es una actividad repleta de

interrupciones ligadas a otras aplicaciones abiertas en el dispositivo. Favorece la interacción con otros usuarios y conocer las impresiones de estos al respecto del contenido. Cuenta con elementos multimedia como videos, audio e imágenes que, buscan enriquecer el contenido y acoplarse al soporte digital"

Báez y Suárez (2011, p. 177,124) trata de hacer una diferencia entre procesos de lectura analógica lectura digital:

Los lectores analógicos, contarán con una gran oferta de obras clasificadas por niveles que, a priori, estarán perfectamente adaptadas a sus capacidades y necesidades. La literatura digital para la enseñanza del español como lengua extranjera, abrió las puertas a posteriores búsquedas. Así exploramos algunos tipos de ciberpoesía, poesía electrónica o poesía digital, narrativa hipertextual, tuiteratura (Twitteratura), cuentuitos, tuitopoemas, etc. destinados a múltiples posibilidades de desarrollo didáctico"

Para Gubern, (2010, p.1) la lectura sufre metamorfosis:

"La metamorfosis de la lectura da cuenta de la significación histórica, social y cultural de esta evolución textual, técnica e intelectual a la vez, incidiendo en el actual debate acerca de las nuevas tecnologías electrónicas, que algunos perciben como una amenaza y otros suponen un disfrute y una liberación a la vez de unos objetos físicos perecederos y de las arcaicas bibliotecas que los almacenaban"

De alguna manera los sistemas de impresión influyen el gusto por la lectura "existen aspectos incompatibles entre la sociedad que aprende con tecnologías y la sociedad que aprende exclusivamente con los medios tradicionales" Collins y Halverson (2010:p.4) por ejemplo en este grupo de lectores, cuando tienen un libro en las manos, buscan que el estilo, la apariencia no sea aburrido sino atrayente, aun cuando no es garantía de un buen libro, el hecho de que logre captar la atención su presentación motiva a darle lectura.

El diseño también influye ya que brinda mayor profundidad que permite al lector darse cuenta de la utilidad del contenido, de esto depende el aumento o disminución del interés por leer el ejemplar que implica "no solamente una operación intelectual abstracta sino también una puesta a prueba del cuerpo, la inscripción en el espacio, la relación consigo mismo y con los demás" (Cavallo y Chartier 2001:p.7) Desde luego no hay que olvidar el papel tan importante que ocupa el prestigio de la editorial que pone énfasis en utilizar los sistemas de impresión que le resulten con mayores ventajas para la satisfacción del lector.

En este sentido el término impresión no ha tenido la misma evolución que los soportes materiales para la impresión y la técnica con la que se lleva a cabo en las que se contemplan ciertos componentes para la calidad de las publicaciones. García, (2013) Presenta algunos sistemas que se distinguen precisamente por la calidad de la impresión, como lo son los sistemas tradicionales y los sistemas de impresión digitales: La tipografía, la flexografía, el offset, offset sin agua, o waterless, el huecograbado, la calcografía, la serigrafía, la tampografía, el estampado en caliente, la termografía

La Impresión Digital. La principal razón de ser de la impresión digital y del offset digital es ahorrar costos en los procesos de pre-impresión. En la primera de las soluciones, se centraliza todo en una única máquina. En la segunda de las soluciones, simplemente no hay pre-impresión. Al hablar de las diferentes tecnologías, se citan como referencia algunos equipos. Estas referencias simplemente tratan de ser ejemplos que sirvan para tener más información, pero en ningún caso se pueden considerar como los únicos equipos o como los más importantes: la Impresoras Ink-jet, Impresoras de Transferencia Térmica, Impresoras de Tóner, Offset Digital, HP Indigo, Direct Imaging.

Otro sistema de impresión es el electrónico. Las publicaciones electrónicas a diferencia de la impresión tradicional y la impresión digital, son aquellas "que se inician en formato electrónico, es decir, su planeamiento, edición y procesamiento se realizan mediante programas y computadoras. Para ellos, estas publicaciones se editan exclusivamente en forma de sitios web" (Travieso 2003, parr.6).

Este tipo de impresión electrónica es duramente criticada por la Organización Ambiental "Amigos de la Tierra" la califican como un desastre, argumentando el costo energético de la producción de dispositivos de la lectura electrónica, ya que utilizan algunos minerales que se obtienen deforestando grandes extensiones de selva ubicadas principalmente en países subdesarrollados. No obstante Travieso (2003, p. 18) destaca algunos beneficios de las publicaciones electrónicas en línea como:

"Realizar búsquedas en el texto completo; Acceder instantáneamente sin necesidad de desplazamiento; vincular referencias, citas y publicaciones; Enlazar recursos relacionados como bases de datos u otros materiales complementarios como películas y animaciones que facilitan la expresión de ideas difíciles de plasmar en un formato impreso; Relacionar autores y lectores por correo electrónico, se favorece entonces la comunicación científica; Publicar inmediatamente, a partir de un régimen de edición continua; Realizar correcciones y comentarios, seguir las ideas y sugerencias hechas por los lectores; Disminuir los costos y el consumo de papel, se hacen copias impresas sólo de los artículos que realmente son de interés. Algunos de sus inconvenientes son: Inversión inicial considerable (a largo plazo resultan más baratas) que se une a la incomodidad de la visualización en pantalla"

Algunos beneficios que presenta la impresión electrónica a la hora de escribir Fragano y Cruz (2001) señala que:

Agilizan el proceso de publicación: escritura, captura, corrección, composición tipográfica, diseño, formación e impresión. Desde que el autor redacta su texto en la computadora está ahorrando una fase del trabajo editorial que era la captura. La máquina también permite llevar a cabo la corrección de estilo en pantalla y realizar comparaciones entre las distintas versiones de un escrito, todo apoyado con diccionarios especializados en distintos temas que se cargan al software.

En cuanto a la composición tipográfica, los nuevos programas han eliminado la necesidad de la fotocomposición. Al contar con un documento previamente capturado y corregido, han disminuido los márgenes de error en la formación y, sobre todo, se erradica cada vez más el fantasma de las erratas, los empastelados, letras rotas, líneas repetidas y demás monstruos tipográficos.

La desventaja como en cualquier oficio, se presenta cuando no se tienen los conocimientos que eviten la improvisación, por ende, los malos resultados se hacen visibles de inmediato. Puede ser el caso de algunas personas se han iniciado en la edición de libros confiando en que la computadora posibilidades puede brindar posibilidades mágicas, ignorando el conocimiento legado por los tipógrafos de antaño y que ahora son desconocidos por muchos de quienes aplican las nuevas tecnologías al trabajo editorial.

Lo que representa una ventaja sin considerar los daños ambientales, es que el papel y la tinta son sustituidos por bits y bytes, y los canales de distribución física están siendo optimizados mediante cables que llevan información electrónica a los rincones más alejados del planeta casi instantáneamente. Otra ventaja consiste en que las nuevas generaciones se adaptan más fácil a la lectura en formato electrónico, bien sea en internet o los que se entregan en discos compactos con multimedia e interactividad, en ocasiones resultan más atractivos para niños adolescentes y jóvenes y porque no para algunos adultos también.

Se puede tener no solamente fuera del aula, sino dentro del aula acceso a dos tipos de lectura que nunca antes se habían presentado. Hablar de tipos es aludir aquella lectura distinguida por los formatos en que se imprimen, Gutiérrez (2009) una se identifica como lectura electrónica, e-reading, lectura digital o ciber-lectura, la otra como lectura en papel. Hasta hace pocos años los estudios se enfocaban a investigar sobre técnicas de estudio, más que en modos de lectura, sin embargo Gutiérrez ante la creciente cantidad de personas que leen documentos digitalizados han tenido impacto en la forma tradicional de lectura impulsada por la invención de la imprenta hace poco más de 450 años destaca algunos estudios.

En estudio es el realizado en 2006 por la Universidad Autónoma de México, se encontró en cuanto a lectura en papel el 56.4 % de los entrevistados señaló leer libros, el 42% lee periódicos, un 39.9% revistas y el 12.2% lee historietas. Los niveles más altos de lectura de libros se da entre los jóvenes de 18 a 22 años, el 69.7% y de 12 a 17 años el 66.6%. El nivel escolar el 76.6% de los lectores tiene estudios universitarios y el 75.5 % de los lectores pertenece a sectores socioeconómico medio y alto. Los tipos de textos que leen, el 42.5% respondió que lee libros de textos escolares, el 22.2% lee libros de historia, el 18.7% lee novelas y 16% lee libros de superación personal.

Castellanos (2006) encontró que en estudiantes universitarios el 41.3% consulta libros electrónicos y el 29.6% lee el periódico. La lectura escolar no solo dispone de técnicas de lectura, Castillo, (s/f) en la actualidad incluye recursos y medios de acceso a información principalmente. Uno de estos recursos revelan los estudiantes que son los motores de búsqueda web, manifestando que un 63% con más frecuencia utilizan el buscador Google, mientras que Yahoo es consultado por un 16%, Hotmail por un 11%, AltaVista por un 5%, MSN Latino por el 4%. Google es el buscador más utilizado por los alumnos, sus características y cualidades hacen más fácil la búsqueda de documentos y de diversas páginas de Internet. Se encontró que la técnica obligada es la lectura veloz para encontrar recursos como bases de datos de la web al estilo escáner, en la cual el alumno hace lectura rápida para ubicar la información que necesita Norden (2006) afirma que:

El movimiento del libro y la escritura habrán de entenderse en la complicidad de la visualidad que configuran las gramáticas tecnoperspectivas de la radio, la televisión, el cine, el video y las culturas digitales. Hasta estos inicios del siglo XXI, nuestro sistema escolar ha seguido enseñando "mal que bien" a leer, pero no a escribir, ya que para eso la escuela debería dejar de tener a la escritura como mero instrumento de las tareas escolares para incorporarla como medio permanente de expresión personal y colectiva, pero eso va para largo, pues conlleva transformaciones en la concepción y estructura del proyecto que rige al sistema educativo vigente

La Sociedad de la Información en España en su informe anual elaborado por Fundación Telefónica (2011), publica que la lectura de libros es la única actividad en la que predomina el formato tradicional (el papel) frente a los formatos digitales. El 16% de los jóvenes que lee en ambos formatos prefiere el formato digital frente al 46% de las personas entre 55 y 64 años. Destaca cómo las mujeres muestran un hábito de lectura superior a los hombres tanto utilizando el formato digital como el tradicional o ambos formatos. Respecto al resto, en el informe se observa que una amplísima mayoría de usuarios utiliza formatos digitales para llevar a cabo numerosas actividades: enviar correo (83,9%), oír/ ver multimedia (70,8%) o compartir fotos (79%). En el caso de compartir fotos, hay una cierta igualdad entre los que prefieren el formato digital y el tradicional (55% frente a 45%) si se atiende a los usuarios que utilizan ambos tipos de formatos.

En ese tenor afirman, una vez que un usuario prueba el formato digital la mayoría lo utiliza como formato único, dejando de utilizar su versión tradicional. Por ejemplo en el caso de enviar correo, un 69,1% utiliza ya solo el formato digital y tan solo un 14,8% utiliza los dos formatos, cifras muy parecidas al 63,4% y el 15,6% de la actividad compartir foto. Por último, el 38,1% de las personas ha recibido información comercial localizada, que además es considerada de utilidad por más de la mitad de aquellos que la reciben (51,5%), proporción que en el caso de los jóvenes (entre 18 y 24 años) es de dos de cada tres (67,1%). Sin embargo para algunas personas leer no es grato, es un riesgo y un gran esfuerzo, ello hace difícil el procesos de convertirse en lector Carrasco, (2000) es la persona que lee o que tiene afición por la lectura, algunas veces lee en silencio otras en voz alta, en ocasiones lee para sí y en otras para distintas personas.

En la escuela, la Universidad, al igual que la sociedad en general se tiene la idea de que los jóvenes deben ser lectores lo cual afirman Peredo y González (2007) que no es así, pues ellos solo pueden leer textos breves de acuerdo a un interés específico, a ello se define lectura escolar. La lectura escolar y la lectura laboral suponen posesión de conocimientos mínimos necesarios. Donde leer y escribir se distingue por la tendencia hacia la localización de información la cual sirve para cumplir eficientemente las funciones asignadas Peredo (2003) de la misma manera que ocurre en la lectura escolar, sin embargo "El acceso a la cultura escrita como un proceso social donde la interacción entre los individuos es condición necesaria para aprender a leer y escribir. Se asume una perspectiva teórica que concibe a la alfabetización (literacy) como algo más que el aprendizaje de los aspectos rudimentarios de la lectura y la escritura; asimismo, se propone que ser alfabetizado refiere a aquella persona que utiliza la lengua escrita para participar en el mundo social" (Kalman, 2003).

Si bien, este tipo de alfabetización requiere aprender a manejar lenguaje escrito, en la actualidad que demanda manejar lenguaje icónico y de conexiones junto al lenguaje escrito; las palabras, los gráficos, el texto, el audio y la imagen forman parte de las habilidades lectoras tanto de la lectura escolar como de la lectura laboral independientemente de la finalidad, a esta iconicidad se agrega interacción y animación que facilitan el rápido acceso a información en grandes cantidades que se encuentran en soportes electrónicos de distintos formatos.

Retomando la característica de la lectura escolar breve y puntual, se pueden asociar si se considera como punto de coincidencia el interés específico que rige a los jóvenes universitarios en la apropiación de información, al respecto el estudio llevado a cabo por Castillo (s/f) encuentra que las formas de estudio más utilizadas son aquellas que permiten abreviar información en las tareas escolares siendo estas: el subrayado, la síntesis, el resumen, el cuadro sinóptico, el mapa conceptual, el esquema fundamentalmente. Se menciona además que una forma de estudio no breve promovida por el profesor es la elaboración de ensayos, mismos que no son de la preferencia de los estudiantes. Desde este punto de vista al estudiante no se preocupa por leer una gran cantidad de libros, sino por acceder de manera fácil a gran cantidad de información. Si se concluye que la lectura no es una actividad puramente técnica sino que constituye un hecho social donde no todos acceden a lo escrito de la misma manera, lo cual determina el éxito de la lectura en un mundo alfabetizado y disponible digitalmente para comprender el significado de lo leído integrado en la memoria del lector para elaborar sus propios conocimientos. Los docentes y la familia enfrentan ante tal desarrollo un desafío más Herrera, (2009) menciona que para encontrar mecanismos y estrategias de enseñanza de la lectura que sean atractivas, eficaces y aceptadas por los estudiantes nacidos en la era tecnológica digitalizada, es el texto electrónico, ya que en la actualidad es indispensable en el aula, imponiendo la demanda de capacidades diferentes, capacidades y habilidades relacionadas con estrategias de lectura para leer en pantalla, para utilizar lectores de libros, para leer gráficos, para leer imágenes y todo tipo de signos y sonidos.

Los maestros ya no están tan preocupados por las lecturas como por la falta de este hábito, en ese afán se trata de hacer esfuerzos por presentar libros visuales al alumno, en la medida de lo posible multimediados, tratando de igualar las pantallas de móvil, computadora e Ipods entro otros, con posibilidades de presentar la información multimediada.

Desarrollo

De acuerdo con Monje, A. (2011) Hernández, (2003) y Choynowski, (1978) Se trata de un estudio exploratorio descriptivo por encuesta para conocer preferencias de lectura en estudiantes de la UAMCEH, mismo que no es experimental ya que la investigación se realiza sin manipular deliberadamente variables. También es de tipo transversal desde el momento en que se realiza en un determinado periodo una sola vez. El alcance descriptivo busca identificar preferencia de lectura en relación a materiales impresos en papel e impresos electrónicos.

Definición de Muestra.

El muestreo es de tipo aleatorio, técnica en la que cualquier miembro de la población puede ser elegido, es decir todos tiene la misma posibilidad. Corresponde a muestreo aleatorio estratificado para lo cual se dividió la población en grupos en función de un carácter determinado y después se lleva a cabo el muestreo en cada grupo aleatoriamente, para obtener la parte proporcional de la muestra. Este método se aplicó para evitar que por azar algún grupo de sujetos este menos representado que los otros. En primer lugar de un universo se optó por la Muestra sistemática: en este tipo de muestreo, teniendo los datos del total de población (N) y el tamaño muestra (n).

Marco muestral

Para determinar el marco muestral se utiliza información proporcionada por el Departamento de Escolares. Como resultado de esta información se detectaron cuatro carreras del área de educación: Licenciado en Ciencias de la Educación con opción a Administración y Planeación, Licenciado en Ciencias de la Educación con opción a Químico Biológicas, Licenciado en Ciencias de la Educación con opción a Tecnología Educativa, Lic. En Ciencias de la Educación con opción a Ciencias Sociales, distribuidas por tamaño de la siguiente manera:

Tabla 1, Muestra de Carreras

Carrera	Periodo	Población
Licenciado en Ciencias de la Educación con opción a Administración y Planeación	2015-1	287
Licenciado en Ciencias de la Educación con opción a Químico Biológicas	2015-1	100
Licenciado en Ciencias de la Educación con opción a Tecnología Educativa	2015-1	400
Lic. en Ciencias de la Educación con opción a Ciencias Sociales	2015-1	143
Total		930

Selección de muestra

Se diseñó un muestreo estratificado probabilístico aleatorio simple, para obtener el tamaño de la muestra (n), con un nivel de confianza del 97% y un error máximo aceptable del 3%:

$$n = \frac{n_o}{1 + \frac{n_o}{N}} \quad donde: n_o = p * (1p) * \{\frac{z\left(1-\frac{\partial}{2}\right)^2}{d}$$

Donde:

n= Tamaño de la muestra 543 real por conveniencia elección directa
N= Tamaño de la población 930
p= Nivel de significancia 0,05
Z= Nivel de confianza, 2,17
d= margen de error 3,0
σ= Confiabilidad 0,97

$$= \frac{2,17^2 x 0.05 x 0.97}{0,03^2} = 543$$

Tabla 2.Muestreo estratificado

Carrera	T/M
Licenciado en Ciencias de la Educación con opción a Administración y Planeación	164 alumnos
Licenciado en Ciencias de la Educación con opción a Químico Biológicas	79 alumnos
Licenciado en Ciencias de la Educación con opción a Tecnología Educativa	196 alumnos
Lic. en Ciencias de la Educación con opción a Ciencias Sociales	alumnos

Selección por tómbola

Se tomó una muestra aleatoria simple y numeraron todos los elementos muéstrales de forma aleatoria, se elimina duplicados quedando los valores que se presentan a continuación.

Tabla 3. Valores Muéstrales

Carera	Valores	T/Muestra
LCEAPE	2, 6, 9, 10, 12, 13, 14, 16, 17, 18, 19, 21, 23, 26, 27, 29, 30, 31, 32, 34, 35, 36, 37, 43, 47, 53, 54, 55, 57, 59, 63, 64, 67, 69, 70, 71, 72, 73, 77, 78, 79, 80, 82, 85, 87, 88, 89, 90, 91, 93, 94, 95, 96, 98, 99, 100, 101, 103, 107, 109, 112, 115, 116, 117, 118, 121, 122, 123, 124, 126, 128, 129, 132, 134, 136, 138, 139, 140, 143, 144, 145, 146, 147, 148, 149, 150, 156, 157, 164, 165, 167, 168, 170, 171, 172, 173, 174, 178, 179, 180, 181, 184, 185, 186, 188, 189, 191, 193, 194, 197, 198, 199, 200, 201, 202, 204, 207, 209, 210, 211, 212, 213, 214, 216, 217, 219, 223, 224, 228, 229, 230, 231, 232, 235, 237, 238, 239, 241, 243, 244, 246, 249, 251, 252, 253, 255, 256, 257, 258, 261, 264, 267, 268, 269, 270, 271, 272, 277, 279, 281, 282, 284, 286, 287	164
LCEQB	1, 2, 4, 6, 7, 8, 9, 10, 12, 13, 15, 16, 17, 18, 19, 22, 23, 24, 25, 31, 34, 36, 37, 38, 39, 40, 42, 43, 44, 45, 47, 48, 49, 50, 52, 53, 54, 55, 56, 57, 58, 59, 60, 61, 62, 63, 64, 66, 67, 68, 69, 70, 71, 72, 73, 74, 75, 76, 77, 78, 79, 81, 82, 83, 85, 86, 87, 89, 90, 91, 92, 93, 94, 95, 96, 97, 98, 99, 100	79
LCETE	1, 2, 8, 10, 13, 14, 17, 18, 21, 22, 23, 24, 26, 29, 30, 31, 32, 37, 38, 42, 43, 45, 47, 50, 57, 61, 63, 64, 72, 73, 74, 75, 77, 80, 81, 82, 84, 85, 87, 88, 90, 95, 97, 99, 100, 104, 107, 112, 114, 115, 118, 119, 123, 125, 130, 133, 136, 137, 138, 139, 141, 142, 144, 145, 147, 151, 152, 158, 160, 161, 163, 169, 170, 171, 172, 173, 176, 177, 179, 182, 186, 187, 188, 189, 190, 191, 192, 193, 195, 197, 198, 200, 202, 203, 205, 206, 207, 208, 211, 215, 217, 218, 220, 221, 228, 234, 235, 239, 241, 242, 246, 247, 250, 251, 252, 254, 255, 259, 261, 263, 266, 267, 273, 274, 275, 276, 280, 281, 282, 283, 284, 285, 286, 287, 288, 289, 290, 291, 292, 293, 294, 295, 296, 297, 298, 299, 300, 302, 303, 305, 306, 308, 314, 316, 322, 324, 330, 332, 333, 337, 339, 340, 341, 342, 344, 345, 347, 349, 353, 355, 357, 358, 359, 360, 362, 364, 365, 366, 368, 373, 374, 376, 377, 378, 379, 380, 381, 383, 384, 386, 388, 389, 391, 392, 393, 395	196
LCECS	1, 2, 3, 4, 5, 6, 7, 9, 11, 12, 13, 15, 17, 19, 20, 23, 24, 25, 27, 29, 33, 35, 36, 38, 39, 41, 42, 43, 44, 45, 46, 48, 49, 50, 51, 52, 53, 54, 55, 56, 57, 59, 60, 62, 63, 64, 69, 71, 72, 73, 74, 75, 76, 77, 79, 80, 81, 82, 83, 85, 87, 88, 89, 90, 91, 92, 93, 94, 95, 96, 97, 98, 99, 100, 101, 102, 103, 104, 105, 106, 107, 108, 109, 110, 111, 112, 115, 116, 118, 120, 122, 123, 125, 126, 127, 130, 132, 133, 134, 136, 138, 140, 142, 143	104

Tabla 4. Descripción de Tómbola

CARRERA	PERIODO	TURNO	UNIVERSO	MUESTRA
LAPE	2	M	43	25
LAPE	2	V	22	13
LAPE	4	M	37	21
LAPE	4	V	25	14
LAPE	6	M	45	25
LAPE	6	V	42	24
LAPE	8	M	43	25
LAPE	8	V	30	17
TOTAL	-	-	287	164
TEC	2	M	41	20
TEC	2	V	20	10
TEC	4	M	44	22
TEC	4	V	25	12
TEC	6	M	85	42
TEC	6	V	49	24
TEC	8	M	93	45
TEC	8	V	43	21
TOTAL	-	-	400	196
CS	2	V	28	20
CS	4	V	38	28
CS	6	V	37	27
CS	8	V	40	29
TOTAL			143	104
QUIM	2	M	18	14
QUIM	4	M	20	16
QUIM	6	M	35	28
QUIM	8	M	27	21
TOTAL			100	79

Técnica: Encuesta.

La técnica que se utiliza para la realización el estudio consiste en un conjunto de preguntas a medir, procedimiento conocido como encuesta. La encuesta es de tipo descriptiva, tiene como finalidad mostrar la distribución del fenómeno a estudiar, en una cierta población Briones (2002) se recopilan datos para verificar el supuesto formulado y para dar respuesta a las preguntas de investigación.

Instrumentos.

El instrumento es un cuestionario que consiste en un conjunto de preguntas relacionadas tipo de materiales y características para y de lectura. Se utilizan principalmente, preguntas de opción proporcionadas por alumnos durante la prueba piloto del cuestionario que alcanzo fiabilidad Alfa de Cronbach 0.80%.

Tabla 5. Muestra de Carreras por encuestar

Carrera	Periodo	Población
Licenciado en Ciencias de la Educación con opción a Administración y Planeación	2015-1	287
Licenciado en Ciencias de la Educación con opción a Químico Biológicas	2015-1	100
Licenciado en Ciencias de la Educación con opción a Tecnología Educativa	2015-1	400
Lic. en Ciencias de la Educación con opción a Ciencias Sociales	2015-1	143
	Total	930

Resultados

La pregunta que orienta el estudio ¿Existe alguna preferencia en el material que utilizan los alumnos de la UAMCEH-UAT para realizar lectura? Parte del supuesto de que "Los alumnos de la UAMCEH UAT se apropian de información para dar cumplimiento a cada una de las materias que cursan, denotando su preferencia por materiales digitalizados ante los materiales impresos en papel" Para dar respuesta se propuso clasificar el texto o material de lectura considerando dos tipos de soporte cuyos formatos de presentación uno es procesado en papel y otro procesado en electrónico, algunas circunstancias de tiempo, frecuencia, motivos y materias que definen la características propia de la forma de lectura.

Se confirmó el supuesto, efectivamente hay preferencia 28% en favor de lectura en digital sobre lectura en impreso en papel y que la edad puede estar vinculada a los motivos, preferencia, destrezas, frecuencia, por los cuales se leen documentos digitalizados y documentos impresos en papel.

La preferencia del formato para lectura digitalizada puede dividirse en dos motivos fundamentales preponderantemente para los jóvenes, tienen que ver con una visión pragmática orientada al ahorro de dinero, facilidad y accesibilidad. Mientras que para los menos jóvenes se asocia a una visión ecológica, no gasto de papel, no consumo de árboles, práctica y cómoda.

En cuanto a la preferencia del impreso en papel los jóvenes en general opinan que realizan lectura por encargo del profesor cuyo tiempo varia, la llevan a cabo en un tiempo máximo de una hora en el salón, aludiendo a la comodidad que significa para la vista principalmente, ya que como dicen ellos no cansa la vista, se percibe además que disponen de estrategias para conseguir en copias los textos necesarios como solicitar a su compañero o profesor compartirlo.

En cumplimiento al objetivo general si bien hay 28 puntos de diferencia más para lectura en documento digitalizado, existe buena cantidad de los jóvenes que prefieren la lectura en papel, con lo cual se puede inferir que ambos son preferidos en un momento determinado. En cuanto a los objetivos específicos, el primero se identifica que el 64.09% de alumnos lee documentos impresos digitalizados, un 35.91% lee documentos en papel. El segundo objetivo específico consiguió identificar un 63.90% de alumnos que manifiesta poseer destrezas y los motivos se pueden dividir en dos de tipo pragmático y ecológico para lectura en documento digital. Mientras que para lectura en papel los motivos se asocian a comodidad. El tercer objetivo específico identifica que los jóvenes invierten más tiempo leyendo impresos digitalizados que leyendo impresos en papel y lo hacen con más frecuencia disponiendo de lugares y medios de acceso, mientras que la lectura en papel se hace con menos frecuencia y en menos tiempo incluso hay alumnos que manifiesta nunca haber leído en papel, disponen de menos lugares y medios de acceso.

En cuanto a las materias que les requieren leer en documentos digitalizados aparecen algunas de tecnología sobresaliendo una que otra de la formación disciplinar, en general opinan que todas las materias requieren leer en uno u otro formato.

En análisis cualitativo, permite confirmar que efectivamente no hay predominancia más que de tiempo dedicado a la lectura, pero que aún no existe una idea central que se convierta en la razón principal por la cual prefieren uno y otro modo de lectura

Conclusión

En este momento y como resultado del estudio se puede afirmar que la lectura de materiales impresos en papel se encuentra compitiendo a la par con la lectura de impresos en electrónico.

El estudio analiza algunas características básicas de forma no de fondo, que puedan ayudar a identificar la forma y algunas condiciones, como una manera de acercarse a la exploración de la capacidad de la lectura.

Este cambio está asociado con la facilidad que los maestros de la UAMCEH UAT brindan a los alumnos para realizar una u otra lectura, permitiendo acceso al uso de la computadora en el aula, acceso al uso del móvil en el aula, con ello otros medios se accede al conocimiento y la información que se duplican que multiplican todo dependiendo del campo de conocimiento cada 5 o 10 años como lo afirma la UNESCO.

En este momento se calcula que del total de la información producida en 1999 el 93% se encuentra digitalizada, lo que nos obliga a la lectura virtual dicen algunos, sin embargo entorno a ello como en todo, se advierten ventajas y desventajas, una de ellas es la .posibilidad de estructura y desestructura conjunto de textos originales para modificándolos, otra es el hecho de acceder a texto sin importar el lugar de origen.

La desventaja manifiesta de los sujetos del presente estudio, revela que no es una lectura cómoda porque "cansa la vista", algunos estudiantes que no dimensionan las posibilidades de la virtualidad, la digitalización y el almacenamiento en la nube dicen que "es más fácil cargar el libro de papel en la mochila que además "está a la mano". Otros que desconocen las capacidades de edición que poseen los formatos declaran que "es más fácil subrayar". No obstante las desventajas los vaticinios de expertos afirman que se multiplicaran los lectores y leerán con placer.

Con la lectura en digital aparecen nuevas estrategias y otras que no lo eran se han convertido en estrategias, como el cortar y pegar, la búsqueda, el acceso, la navegación, la selección entre otras.

Para algunos otros no hay registros de evidencias que prueben la realización de una lectura digital sistemática, sin embargo en el contexto del presente estudio se advierten algunas características apuntando que al menos en el ámbito escolar de medio superior se lleva a cabo lectura en digitalizados de una forma más o menos sistematizada por parte de los alumnos.

En relación con los resultados de los estudiantes de la Pontificia Universidad Católica de Valparaíso, Chile en que ocupan más tiempo para leer en pantalla que el que ocupan para leer en papel hay coincidencia con los resultados obtenidos en alumnos de la UAMCEH UAT en cuanto a que ocupan más tiempo para leer documentos digitalizados.

Así mismo hay una relativa mayoría de estudiantes en la PUCV que prefieren imprimir documentos digitalizados para leer, mientras que una relativa mayoría de estudiantes de la UAMCE UAT prefiere leer los documentos en pantalla.

En relación con los resultados obtenidos del estudio con estudiantes de la UEM de la carrera de periodismo, en primer lugar la prensa no requiere una lectura profunda y en pantalla se realizan lecturas superficiales, de menos de 15 minutos, coincide con la intención del estudio realizado con estudiantes de la UAMCEH UAT de analizar algunas características básicas no de fondo sino de forma como la preferencia y algunos rasgos.

La gratuidad de acceso es uno de los factores más importante tanto para los jóvenes de la UEM como para los jóvenes de la UAMCEH UAT, quienes muestran aún menos preferencia por la lectura en móviles.

El cotejo UEM de hábitos de lectura se observa que los datos totales de lectores de formatos digitales (66,67%), el porcentaje total de lecturas digitales que aporta el Barómetro que se encuentra en un 58%, UAMCEH UAT la preferencia es de un 64.09% por lectura digital.

Dado que uno de los objetivos era indagar las razones de por qué preferían leer en papel o en digital ambas poblaciones de alumnos coinciden sobre todo el ahorro, ahorro entendido en un sentido amplio, como ahorro de tiempo y ahorro de dinero. Entre las desventajas mencionan quienes prefieren leer en papel de la UAMCEH y quienes leen digital de la UEM sobre todo el cansancio visual. Coinciden también en ahorro de papel como una ventaja.

Los estudiantes de primer semestre de distintos programas académicos de Ingeniería de una universidad de la ciudad de Cali, Colombia leen con frecuencia en pantallas, lo vual coincide con más del 50% d estudiantes de la UAMCEH UAT que muestra una clara preferencia por leer documentos digitalizado. También coinciden en cuanto en algunos a que prefieren digital para economizar en los gastos de impresión.

Queda en el tintero desde luego abundar en el conocimiento de las destrezas que estos sujetos dicen poseer, así como que tipo de documentos consultan, los propósitos de las materias que se los permiten. El impacto que este tipo de lectura en el desempeño y rendimientos escolar, de igualmente se requiere hacer el reconocimiento de técnicas de lectura en documentos digitalizados.

Referencias

Báez, M. y Suarez, R. (2011) *LECTURA ANALÓGICA / LECTURA DIGITAL: "EL PAPEL" DE LAS LECTURAS GRADUADAS EN APRENDICES DE E/LE.*12/03/2016, de cvc.cervantes.es Sitio web: http://cvc.cervantes.es/ensenanza/biblioteca_ele/asele/pdf/22/22_0011.pdf

Briones, G. (2002). *Metodología de la investigación cuantitativa en las ciencias sociales.* 02/07/2016, de INSTITUTO COLOMBIANO PARA EL FOMENTO DE LA EDUCACIÓN SUPERIOR, ICFES Sitio web: https://metodoinvestigacion.files.wordpress.com/2008/02/metodologia-de-la-investigacion-guillermo-briones.pdf

Castellanos, E. (2006) *Gerencia de aula y estrategias de aprendizaje.* Junio, 29, 2008 de: http://www.monografias.com/trabajos55/gerencia-de-aula/gerencia-de-aula.shtml consulta:

Castillo, C. D. (s/f). *Estudio de Técnicas habituales de estudio que utiliza el alumno de la Escuela Normal Superior "Profr.Moisés Sáenz Garza".* 20/02/15, de ecedigital Sitio web: http://ece.edu.mx/ecedigital/files/ArticuloDavidCastilloENSENL.pdf

Cavallo, G. y Cartier, R. (2001). *Historia de la lectura en el mundo occidental.* Madrid España Editorial Taurus D.L.

Choynowski, (1978). *Intellectuals and the state.* Baarn: Wereldvesten

Collins, A. y Halverson, R. (octubre 2010). Rethinking education in the age of technology. The digital revolution and schooling in America. *Educational Technology Research and Development,* 58,5, 609-611. 23/06/2015, De http://www.jstor.org/stable/40929421 Base de datos.

Cordón, G. (2010).De la lectura ensimismada a la lectura colaborativa: nuevas topologías de la lectura en el entorno digital". Ed. Raquel Gómez Díaz y María del Carmen Agustín La cruz. *Polisemias visuales aproximaciones a la alfabetización visual en la sociedad intercultural*. Salamanca: Ediciones Universidad de Salamanca. pp. 39-84.

Corts, G., Ávila, F., Calderón, E., Montero, P., (2004). *Historia de la educación*. Sevilla España: Digital@tre, S.L.L.

Ferreiro, E., y Gómez, P. M. (Comp.). (2002). *Nuevas perspectivas sobre los procesos de lectura y escritura*. México D. F.: Siglo XXI Editores.

Fragano, C., y Cruz R., (2001). *Nuevas tecnologías en la edición electrónica para libros*. 24/05/2016, de Razón y Palabra Sitio web: http://razonypalabra.org.mx/anteriores/n20/libros.html

Fundación Telefónica. (2011). *La Sociedad de la Información en España 2011*. 09/04/2016, de FT España Sitio web: http://www.fundaciontelefonica.com/arte_cultura/publicaciones-listado/pagina-item-publicaciones/?itempubli=126

García, J. J., (2013). *Mejorar la Lectura 3: ejecución y velocidad lectora*. México, D.F.: GRUPO GESFOMEDIA.

García, B. y Delgado, G., (2012) *Estudios de la Lectura en los discursos legislativos y medios de comunicación social (1960-1910)*. Salamanca, España: Ediciones Universidad de Salamanca.

Gubern, R. (2010).*Metamorfosis de la lectura*. Barcelona: Anagrama.

Gutiérrez, E. (2009). Leer digital: la lectura en el entorno de las nuevas tecnologías de la información y la comunicación. *Revista Signo y pensamiento*. 54, XXVIII, 144-163.

Hernández, S. (2003). *Metodología de la investigación*, 5ta edición. México: Ed. Mc. Graw Hill,

Herrera, O. (2009) *Aplicación de Estrategias de Lectura para la potenciación de la comprensión lectora utilizando el texto electrónico como recurso didáctico para nivel superior*. Tesis de Maestría. Universidad Nacional de Tegucigalpa,

Kalman, J. (2003). "El acceso a la cultura escrita: la participación social y la apropiación de conocimientos en eventos cotidianos de lectura y escritura", *Revista Mexicana de Investigación Educativa* (México), vol. 8, núm.17.

Lamarca, L., (2013). *Hipertexto: El nuevo concepto de documento en la cultura de la imagen*. (Tesis Doctoral Inédita) Universidad Complutense de Madrid.

Leda, R. (2014). *Lectura tradicional versus lectura digital*. 04/09/2015, de correspondenciasyanalisis.com Sitio web: http://www.

correspondenciasyanalisis.com/es/pdf/v4/cnt/3_lectura_
tradicional.pdf

Ley de fomento para la lectura y el libro 2008. 23/04/2015, de Diario Oficial de la Federación Sitio web: https://www.sspc.chiapas. gob.mx/leyes/federal/LEY_DE_FOMENTO_PARA_LA_ LECTURA_Y_EL_LIBRO.pdf

Monje, A. (2011). *Metodología de la investigación cuantitativa y cualitativa*. Guía didáctica

Norden, I. (julio-octubre 2006). La experiencia del CERLALC para el fomento del libro y la Lectura. *Pensar Iberoamérica*, Vol.9, p.2.

Peredo, M., González R. (2007). Los jóvenes y sus lecturas: una temática común entre las revistas y los libros que eligen. *RMIE*, 33: 635-655. 19 de agosto del 2011Obtenido de base de datos EBSCO Host el

Peredo. M. A. (2003). Nothing Thicker dan blood? *Commentary, entrepreneurship Tehory and Practice*, 27.4

Scherp, A. (1993). *Oralidad y Escritura, Tecnología de la palabra*. Mexico D F: Fondo de Cultura.

Solves, H., (2000). *Lectura y Literatura. Estrategias y recursos didácticos para enseñar a leer y a escribir*. Buenos Aires: Novedades Educativas.

Travieso, A. M., (2003). Las publicaciones electrónicas: una revolución en el siglo XXI. *ACIMED*, II, 2, 10-31.

Cloud Computing: La Tecnología de Cómputo en la Nube como una Herramienta de Apoyo para el Aprendizaje Colaborativo

Román Alberto Zamarripa Franco
Irving Santamaría Domínguez
Isaías Martínez Trejo

Introducción

El cómputo en la nube (Cloud Computing) en la actualidad se emplea en ámbitos de negocios, académicos, gobierno, así como en entornos de investigación e innovación. El concepto *cloud computing* se le atribuye a John McCarthy, quien en el año 1961 fue el primero en sugerir públicamente que la tecnología de tiempo compartido de las computadoras, podría conducir a un futuro donde el poder del cómputo representaba un servicio que se podía comercializar, de la misma forma que el agua o la electricidad (BoxByte, 2012).

Entre los pioneros del cómputo en la nube están las empresas Salesforce.com y Amazon. En el año 2006 se lanzó *Google Docs* que permitió la popularización del trabajo con documentos compartidos. Un año después, se realizó una colaboración entre Google, IBM y universidades estadounidenses. En 2008, se lanzaron las plataformas Eucalyptus y OpenNebula (BoxByte, 2012).

La empresa Google ofrece el servicio de *Google Drive* que permite la creación y edición de documentos compartidos en tiempo real en forma simultánea. A través de estas plataformas de *cloud computing* es posible compartir documentos como textos, presentaciones, hojas de cálculo y formularios utilizando una conexión a Internet (Mraz, 2012).

Dado lo anterior, estas plataformas representan una excelente oportunidad para apoyar el trabajo colaborativo en ambientes académicos, entre estudiantes, profesores e investigadores. Como es el caso de los Centros de Bachillerato Tecnológico (CBT) de México, en los que se forma a los alumnos de manera bivalente (bachillerato y carrera técnica) considerando que el mundo laboral actual demanda que pueda trabajar de forma colaborativa en una empresa, compartiendo los conocimientos para lograr objetivos que beneficien al grupo.

Una de las metodologías de enseñanza y aprendizaje que utilizan los profesores es el aprendizaje colaborativo. Algunas de las problemáticas de los estudiantes con esta metodología son las dificultades para organizarse, el trabajo principalmente aislado y poco trabajo en equipo, así como las diferencias en las cargas de trabajo. Por otro lado, los docentes tienen poco tiempo para la revisión de los trabajos y muy poco control de la forma en que se llevó a cabo el trabajo de los estudiantes. Ante estas problemáticas en el desarrollo del aprendizaje colaborativo, surge la necesidad de investigar sobre el uso de las tecnologías de *cloud computing*, que permiten trabajar en forma simultánea con documentos compartidos, que a su vez, permiten a los docentes revisar el avance de la construcción del documento sin tener que esperar a la entrega final, además de la posibilidad de identificar las aportaciones particulares de cada estudiante. Derivado de lo anterior surgen las siguientes preguntas de investigación: ¿Cuáles son las ventajas de emplear la tecnología *cloud computing* en el desarrollo de trabajo colaborativo entre estudiantes? ¿Cómo se emplea las tecnología *cloud computing* en el desarrollo de trabajo colaborativo?

Por lo que el objetivo es identificar las ventajas del uso de la tecnología *cloud computing* en el desarrollo de trabajo colaborativo entre estudiantes y docentes. Los resultados de la presente investigación benefician de manera directa a la comunidad del Centro de Bachillerato Tecnológico, a los docentes y estudiantes, ya que identificarán los beneficios de esta tecnología que está al alcance de todos y que por desconocimiento su empleo es mínimo durante los proyectos que implican un trabajo colaborativo.

Marco Teórico

A continuación se desarrollan los temas que permiten comprender con mayor claridad esta investigación, se describen las características del trabajo colaborativo y la tecnología cloud computing, además se analiza la relación entre ambos.

El aprendizaje a través de la tecnología requiere de una justificación pedagógica y didáctica enfocada al logro de los objetivos de aprendizaje ya que la tecnología es un medio y no el fin mismo del proceso educativo. En el cuadro 1 se muestra la relación de dos tecnologías de la información y comunicación con la pedagogía.

Cuadro 1. *La pedagogía y las nuevas tecnologías*

Nuevas Tecnologías	Pedagogía
Web 2.0 y Dispositivos Móviles	Módulos multimedia para trabajar según el ritmo de los individuos. Interacción en línea con estudiantes y maestros, típicamente asíncrono, horario flexible. Personalización. Utilizan medios de acuerdo con el entorno o configuraciones. Apoyan un mejor nivel de aprendizaje mediante la integración de múltiples medios. Optimizan diferentes estilos de aprendizaje. Aceptan diferentes entornos culturales, idiomas, niveles de aprendizaje. Son atractivos e interactivos.

Fuente: (Zamarripa & Martínez, 2015, pág. 11)

Por lo tanto, la tecnología de *cloud computing* apoya a estudiantes con diferentes estilos de aprendizaje, diferentes entornos culturales, manejando de acuerdo a su uso diferentes niveles de aprendizaje, asíncrono y hace énfasis en lo atractivo e interactivo, motivo por el cual se puede pensar en una herramienta útil para el trabajo colaborativo, para (Martí & Solé, 1996) el trabajo colaborativo ha de ser una actividad gratificante que fomente el desarrollo cognitivo, la capacidad de aprendizaje autónomo y las relaciones constructivas con los otros.

Trabajo colaborativo

En el aprendizaje colaborativo, cada integrante participa para generar sus propias conclusiones que surgen de la aportación de cada individuo para llegar a un acuerdo en un tema. Todos los integrantes del grupo son líderes y evaluadores de los conceptos que se exponen, aunque exista un coordinador de los esfuerzos del grupo, no actúa en ningún momento como líder (Carrió Pastor, 2007).

El aprendizaje colaborativo es una propuesta de enseñanza-aprendizaje basada en los conceptos de cooperación, trabajo en equipo, comunicación y responsabilidad. La cooperación se fomenta mediante tareas que son realizadas y supervisadas por todo el grupo, cuyos miembros han de actuar como ejecutores y evaluadores de las propuestas. Para conseguir un aprendizaje colaborativo real se han de tener en cuenta las siguientes pautas (Calzadilla, 2001):

- Evaluar las capacidades, deficiencias y posibilidades de los miembros del equipo.
- Establecer metas conjuntas para las aportaciones individuales.
- Elaborar un plan de acción con tareas específicas y procesos de evaluación.
- Coordinar el trabajo individual y grupal del equipo.
- Fomentar el respeto de las opiniones y criterios de todos por igual y no se establecer liderazgos o subgrupos;
- Fomentar las opiniones de todos los miembros del grupo para llegar a una propuesta final del grupo.

El aprendizaje aporta conceptos innovadores como la discusión entre individuos, el liderazgo compartido, la no memorización de conceptos sino comprensión a través de la explicación y enseñanza a otros y la aportación individual para el enriquecimiento del grupo y no el propio. Cada miembro es experto en un tema que comparte con el resto y a partir de ese concepto, aprende a partir de sus compañeros. No solo aprende conceptos, sino aprende a explicar y describir esas ideas, lo que en su conjunto es la educación (Barros & Vélez, 2004).

La modalidad del aprendizaje colaborativo es que los estudiantes sean los que apliquen un aprendizaje colaborativo con sus compañeros, trabajado en equipo para solucionar las tareas que le plantea el profesor, aplicando la comunicación para el trabajo en grupo. El docente debe coordinador el proceso de enseñanza y aprendizaje colaborativo, debe lograr que el grupo colabore de igual forma y debe solucionar los problemas que puedan surgir. Los integrantes del equipo pueden analizar y evaluar las tareas y aportaciones que se han llevado a cabo de forma individual por sus compañeros, para que entonces se transforme en una aportación global y se llegue a un proceso de aprendizaje colaborativo. No se les enseñan a los integrantes del equipo los principios para llegar a las conclusiones, sino que ellos mismos aprenden partiendo de sus propios conocimientos y de investigar conceptos que desconocen. Mediante el aprendizaje colaborativo aprenden a buscar la información, a compartirla, a comunicarse y a autoevaluarse de forma colaborativa. Se trata de una forma más flexible de aprendizaje en la que el papel del docente queda relegado a coordinar y completar el aprendizaje, pero deja de ser la parte central para asumir un papel de intermediario.

Las características que identifican y diferencian un aprendizaje colaborativo de otros tipos de aprendizaje son (Carrió Pastor, 2007):

a) Orgullo de pertenecer al grupo. Al sentirse parte del grupo, en este caso el equipo de trabajo, es más fácil la distribución equitativa de tareas y el desarrollo de un liderazgo compartido.
b) Heterogeneidad de los componentes del grupo. Esto enriquece las contribuciones al considerar diferentes perspectivas. Esto también fomenta que el aprendizaje sea activo desde el punto de vista social y cognitivo.
c) Intersubjetividad de los conocimientos. Al interpretar un tema de forma colaborativa, los puntos de vista subjetivos

se intercambian y discuten ajustándose a la opinión de todo el grupo.

d) Liderazgo individual. Cada miembro del grupo es su propio líder y es responsable de sus tareas asignadas. Todos los esfuerzos del grupo logran los resultados grupales pero a la vez los individuales.

e) Aparición y soluciones de los conflictos grupales. Como en todos los grupos hay conflictos, pero el liderazgo compartido ayuda a resolverlos.

Cloud Computing

El término de cómputo en la nube se refiere al "modelo que permite el acceso ubicuo, conveniente y bajo demanda de red a un conjunto de recursos informáticos configurables (por ejemplo, redes, servidores, almacenamiento, aplicaciones y servicios) que puedan ser rápidamente proveídos con esfuerzos mínimos de administración o interacción con el proveedor de servicios. Este modelo en la nube promueve la disponibilidad y se compone de cinco características esenciales, tres modelos de servicios y cuatro modelos de implementación" (NIST, 2011, pág. 2). El *cloud computing* es un conjunto de tecnologías que tienen una forma de trabajar en forma integrada a través de Internet. La principal característica del cloud computing es la compartición de recursos, a través de la cual se pueden ofrecerse servicios flexibles a los clientes. Es un modelo en el que el proveedor dispone de una infraestructura TIC a la que los clientes acceden a través de una plataforma web de acuerdo con sus necesidades (Sinisterra, 2012).

La información publicada en la nube reside temporal o en forma definitiva en los distintos servidores de internet y los servicios ofrecidos con esta información consideran niveles de privacidad que eligen los propios usuarios. Por lo tanto se identifican diferentes modelos de nubes (Valdés, 2013):

- Nubes públicas. Los usuarios acceden a los servicios de manera compartida sin un riguroso control de acceso.

- Nubes privadas. Para los clientes que necesiten un uso exclusivo.
- Nubes híbridas. Combinan características de las dos anteriores.

Existen herramientas en diversos sitios de internet que nos permiten emplear *cloud computing*, de acuerdo con el sitio hipertextual.com se presentan algunas herramientas de mayor facilidad en la realización de ciertas tareas al trabajar en la nube, tales como Dropbox, Google Drive, One Drive, Springpad y Beluga. (Rebato, 2011) A continuación se describe cada una:

- **Dropbox**: Comparte archivos, aloja páginas web, genera respaldos automáticos.
- **Google (Drive)**: Permite la creación de textos, hojas de cálculo o presentaciones de manera colaborativa, tiene un chat para cada documento.
- **Outlook (OneDrive)** Permite crear documentos Word, Excel, PowerPoint y OneNote en colaboración y mantener organizados los archivos y las fotos.
- **Springpad**: Permite organizar ideas en forma fácil.
- **Beluga**: Es una mezcla de funcionalidades de *Twitter, WhatsApp y Facebook*.

El aprendizaje colaborativo empleando TIC

El aprendizaje colaborativo se basa en el planteamiento de actividades en las que los alumnos tienen que trabajar en equipo e interactuar para conseguir un objetivo común, para poder llevarse esto a cabo empleando las Tecnologías de la Información y la comunicación se sugiere seguir los siguientes consejos (aulaplaneta.com, 2014):

1. Establecer las metas y objetivos de la actividad.
2. Organizar a los alumnos por equipos.
3. Promover la comunicación y el respeto entre los alumnos.
4. Ser guía y conductor de la actividad al principio.
5. Utilizar metodologías y actividades variadas.

6. Proporcionar el tiempo para el debate.
7. Estructurar la actividad en fases.
8. Realizar autoevaluación y coevaluación.
9. Integrar las TIC.

En relación a este último punto de integración de las TIC, se ha mencionado diversas herramientas de cloud computing que se pueden utilizar. Una de estas fue Google Drive la cual puede implementarse de las siguientes formas (Boumadan & Segura, 2011):

- Apuntes colaborativos. Se crea el documento principal del trabajo y se comparte entre los miembros del equipo. Todos lo pueden editar.
- Colaboración en tiempo real: Todos pueden editar el documento al mismo tiempo.
- Coevaluación y revisión por pares. Se crean formularios de evaluación.
- Seguimiento: Se puede revisar el avance del documento en todo momento. Se puede identificar las aportaciones individuales al documento.
- Comentarios: Se pueden realizar comentarios sobre el documento.

Método

Esta investigación es de tipo cuantitativa con aspectos cualitativos por lo que se plantea como mixta y descriptiva. Las variables que se identifican a partir del análisis son el trabajo colaborativo y el *cloud computing*.

La población de estudio fueron los 145 estudiantes de tercer grado de Bachillerato Tecnológico en el plantel Villa Guerrero, siendo alumnos pertenecientes a tres carreras técnicas: Técnico en Informática, Técnico Laboratorista Químico y Técnico en Biotecnología Agropecuaria. La muestra fue de 60 estudiantes con un nivel de confianza del 95% y un margen de error del 10%.

Cuadro 2. *Características de los alumnos.*

Características		Número de Alumnos	Porcentaje de Alumnos
Carrera Técnica	Técnico en Informática	20	33.3%
	Técnico Laboratorista Químico	20	33.3%
	Técnico en Biotecnología Agropecuaria	20	33.3%
Semestre	Tercer Grado, Quinto Semestre	60	100%
Género	Femenino	36	60%
	Masculino	24	40%
Ha usado *cloud computing* en alguna asignatura	No	40	67%
	Si	20	33%
Total de Alumnos		60	

También se consideraron 15 docentes que impartieron diversas asignaturas a los estudiantes, se seleccionó un docente por cada uno de los equipos formados.

Cuadro 3. *Características de los docentes.*

Características		Número de Docentes
Tipo de Asignaturas que imparte.	Campo Disciplinar	9
	Campo Profesional	6
Genero	Femenino	5
	Masculino	10
Edad	Menos de 30 años	3
	Entre 30 y 39 años	8
	Entre 40 y 50 años	4
	Más de 50 años	0
Emplea *cloud computing* como herramienta tecnológica en clase	No	12
	Si en algunas Asignaturas	3
	Si en Todas	0
Total de Docentes		15

Los instrumentos de recopilación de datos fueron los cuestionarios construidos con la finalidad de registrar las opiniones de los alumnos y docentes. Se preguntaron datos generales, aspectos de conocimiento previo del *cloud computing* y su uso en actividades de trabajo colaborativo. Para la obtención de las respuestas se utilizó herramienta de formularios de Google Drive.

En relación a la metodología, los docentes diseñaron una actividad y se les pidió a los alumnos realizar un trabajo en equipo donde debían registrar en forma continua los resultados que se obtenían de la actividad. Se le solicitó a un docente revisar y retroalimentar continuamente la actividad al mismo tiempo que los alumnos aportaban información al documento. El documento se compartió y gestionó en Google Drive. También se diseñó y aplicó una coevaluación entre los estudiantes a través de un formulario de Google. Se organizaron equipos de cuatro estudiantes, por lo que se trabajó con 15 equipos, 5 en cada carrera técnica de tercer grado, dando un número total de participantes de 60 estudiantes.

Resultados

A continuación se muestran los resultados de las variables de Aprendizaje colaborativo y la tecnología *cloud computing*, tanto los aspectos de alumnos como de los profesores.

Alumnos

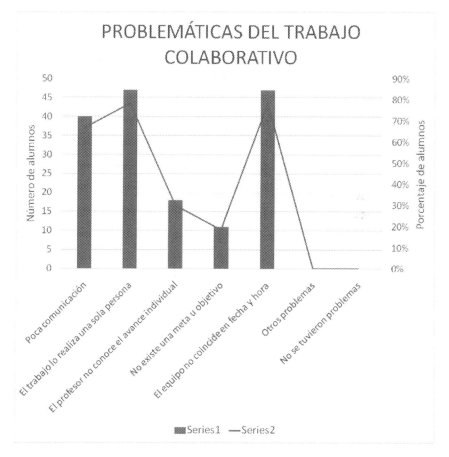

PROBLEMÁTICAS DEL TRABAJO COLABORATIVO

■Series 1 ──Series 2

Específicamente sobre el trabajo colaborativo, los alumnos identifican las siguientes problemáticas: la poca comunicación entre los integrantes del equipo, que el trabajo lo realiza principalmente un solo integrante y que es difícil estar físicamente al mismo tiempo reunidos fuera del aula.

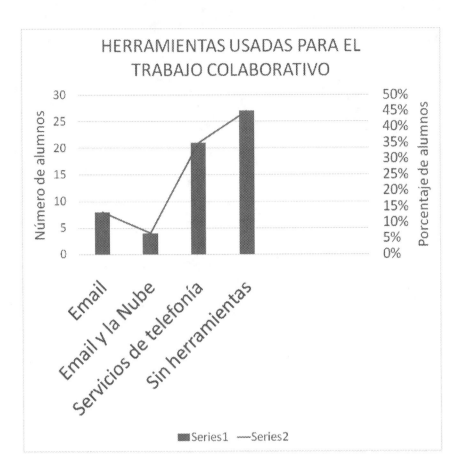

HERRAMIENTAS USADAS PARA EL TRABAJO COLABORATIVO

Series1 —Series2

En el siguiente cuestionamiento, las respuestas más comunes indican que cuando los estudiantes trabajan en equipo en forma colaborativa prefieren comunicarse a través del teléfono o personalmente. No es frecuente el uso de la nube y el correo electrónico.

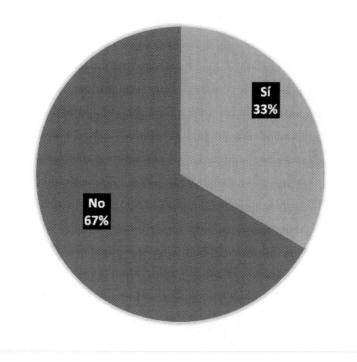

CONOCIMIENTO DE CLOUD COMPUTING

Sí 33%

No 67%

Se identifica que un 33% de los estudiantes sí conoce el almacenamiento en la nube, este porcentaje de respuestas fueron en mayor proporción de estudiantes de la carrera de Técnico en Informática, por lo que se considera que la naturaleza de sus estudios les han permitido conocer el funcionamiento de esta tecnología, pero sin tener conciencia sobre su uso con fines educativos. Por lo que se puede afirmar en términos generales que los alumnos desconocen la tecnología de cómputo en la nube con fines de educativos en particular para el aprendizaje colaborativo.

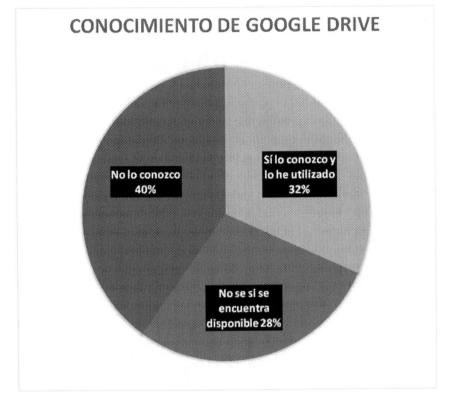

CONOCIMIENTO DE GOOGLE DRIVE

No lo conozco 40%

Sí lo conozco y lo he utilizado 32%

No se si se encuentra disponible 28%

En esta gráfica se puede observar que el 68% de los estudiantes no ha utilizado la tecnología de cómputo en la nube, inclusive el 28% de ellos no sabe que tiene disponible para uso la herramienta de cómputo en la nube Google Drive, como parte de sus aplicaciones gratuitas de Google. Lo cual evidencia que no solo es el hecho de poner a disposición de la comunidad la tecnología, sino que también es necesario fomentar su uso, así como capacitar y orientar a los usuarios. Además es importante que los profesores lo integren en su desarrollo de las clases como actividades de aprendizaje, de acuerdo con sus objetivos de aprendizaje.

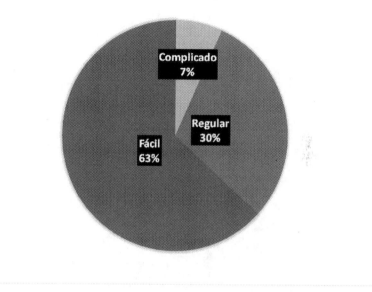

DIFICULTAD DEL CLOUD COMPUTING

Complicado 7%

Regular 30%

Fácil 63%

Se observa que Google Drive fue fácil de usar para el 63% y regular para el 30% de los estudiantes. Aunque es alto el porcentaje de alumnos que les resulta fácil el trabajo colaborativo a través de una tecnología de cómputo en la nube, se demuestra que para asegurar el éxito total en las clases, es necesario cierta orientación para los estudiantes sobre el uso de la plataforma.

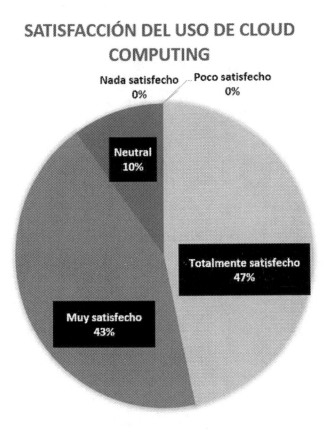

SATISFACCIÓN DEL USO DE CLOUD COMPUTING

Nada satisfecho 0%

Poco satisfecho 0%

Neutral 10%

Totalmente satisfecho 47%

Muy satisfecho 43%

En cuanto a la satisfacción de usar esta herramienta la gran mayoría expresó sentirse de Muy Satisfecho a Totalmente Satisfecho, eso indica que existen posibilidades claras de que los docentes puedan emplear este tipo de herramientas en sus clases en forma exitosa, ya que los alumnos aceptan ampliamente esta tecnología.

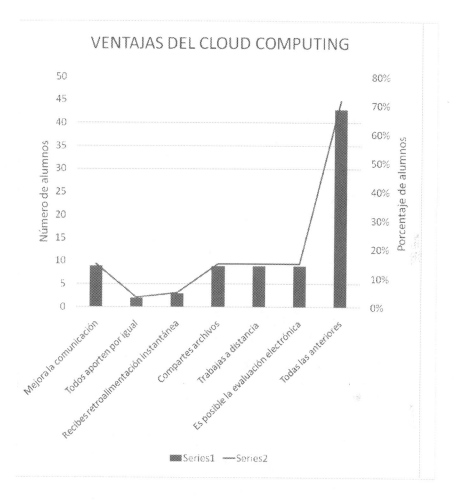

Los alumnos coinciden en que el *cloud computing* tiene beneficios muy buenos el emplear este tipo de herramientas en el aprendizaje colaborativo. Ellos pudieron elegir de entre las opciones las que más se acercarán a la experiencia que vivieron, coincidiendo más del 70% en que las ventajas que se destacan son las siguientes:

- Mejora la comunicación con los compañeros del equipo.
- Permite que todos aporten por igual en el trabajo.
- Permite que reciban retroalimentación del docente cuando están trabajando en forma instantánea y constante.
- Permite compartir archivos durante el trabajo.

- Permite el aprendizaje a distancia en diferentes horarios y lugares.
- Permite la evaluación de los compañeros del equipo.

Se puede apreciar que todos los alumnos vivieron una buena experiencia de trabajo colaborativo con apoyo del *cloud computing*, por lo que esta tecnología es una excelente opción para utilizarse en clase.

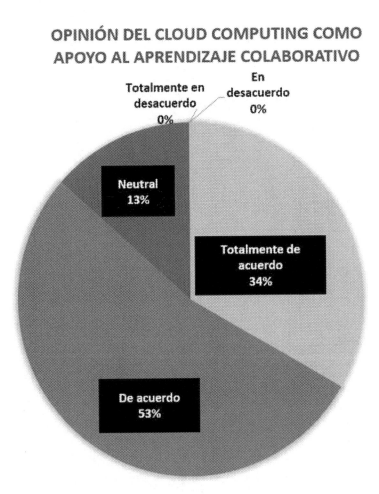

OPINIÓN DEL CLOUD COMPUTING COMO APOYO AL APRENDIZAJE COLABORATIVO

El 87% de los alumnos opina que las tecnologías de *cloud computing* como el Google Drive son herramientas que apoyan el aprendizaje colaborativo.

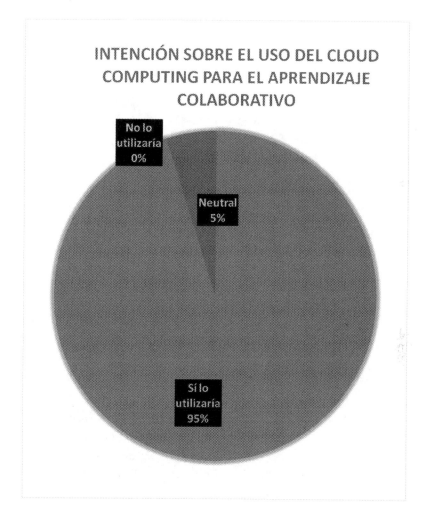

INTENCIÓN SOBRE EL USO DEL CLOUD COMPUTING PARA EL APRENDIZAJE COLABORATIVO

No lo utilizaría 0%

Neutral 5%

Sí lo utilizaría 95%

El 95% de los alumnos tiene la intención de utilizar la tecnología de *cloud computing* como apoyo al aprendizaje colaborativo. Inclusive ellos externan su deseo de que los docentes utilicen este tipo de tecnologías como apoyo en sus clases.

Profesores

En cuanto a los resultados de los docentes se tienen lo siguiente:

La gran mayoría mencionó que para la realización de un trabajo colaborativo ellos utilizan para la comunicación a distancia solo el correo electrónico.

Los problemas identificados por los profesores cuando implementan el trabajo colaborativo es la imposibilidad de revisar los avances del equipo durante el desarrollo del proyecto, ya que solo lo pueden hacer hasta que lo entregan. Esto les imposibilita ayudarlos durante el desarrollo de la actividad.

El 75% no utiliza la tecnología *cloud computing* como herramienta clase aunque la gran mayoría tiene en uso una cuenta en google y por lo tanto tienen disponible para su uso el Google Drive como herramienta de cómputo en la nube.

Hay un 37% de docentes que tienen una cuenta en Dropbox para el almacenamiento de sus apuntes, lo cual les permite compartirlos con los alumnos y otros docentes.

Mencionaron que es un problema el hecho de no tener experiencia con el uso de la tecnología, pero la mayoría externó que resulta una muy buena herramienta cuando adquieres dominio de ella.

Más del 60% de los docentes considera satisfactorio el empleo de herramientas como Google Drive y el 90% pretende seguir empleándola, ya que destacan muchas ventajas como docentes de esta herramienta, pero enfatizan en la descripción de la actividad que les consumió tiempo diseñar la actividad.

Las ventajas que destacan con mayor porcentaje son las siguientes:

Permite que los estudiantes reciban retroalimentación del docente desde el momento en que está trabajando, sin tener que esperar hasta el final para su revisión.

Es posible identificar las aportaciones específicas de cada alumno durante el desarrollo de la actividad. Esto ayuda a valorar las aportaciones individuales en relación al resultado final y además permite solucionar situaciones conflictivas generadas durante la actividad.

Conclusiones

Para desarrollar el aprendizaje colaborativo apoyándose en las TIC de tipo cloud computing, implica no solo las cuestiones tecnológicas, sino también, las pedagógicas, tales como el diseño instruccional de la actividad. Es decir, es necesario identificar el objetivo de la actividad, el conocimiento de las características de los alumnos, las competencias a desarrollar, la secuencia a seguir durante la actividad, la integración de la TIC de cómputo en la nube, el resultado esperado, la evaluación y la retroalimentación. Por lo que, no solo es necesario tener disponible la TIC de cloud computing, sino que debe realizarse una planeación de la actividad y se debe capacitar y orientar a los profesores y estudiantes.

Una de las TIC de tipo cloud computing que sirve para para implementar el aprendizaje colaborativo es el Google Drive, ya que permite crear documentos compartidos para generar el resultado final del equipo y a la vez permite identificar las aportaciones individuales. Asimismo, permite mostrar comentarios que generan un diálogo entre los integrantes del equipo, lo que a su vez permite resolver situaciones de conflicto. Además permite dar un seguimiento en todo momento y lugar a través del acceso al documento compartido. Por lo que la tecnología de *cloud computing* permite implementar actividades de aprendizaje colaborativo en forma eficiente, facilitando la comunicación efectiva e impulsando el desarrollo de un liderazgo compartido entre los integrantes del equipo.

Tanto alumnos como docentes consideraron satisfactorio el hecho de trabajar con una herramienta como Google Drive del tipo *cloud computing* como apoyo al aprendizaje colaborativo. Los profesores tiene la actitud para capacitarse y los alumnos mostraron si intención de utilizar esta herramientas y desean que los maestros las utilicen.

Es necesario fomentar el uso del cómputo en la nube, ya que existen herramientas gratuitas que están disponibles para todos y son desconocidas por la comunidad académica. Asimismo es necesaria una orientación general para los estudiantes y profesores sobre el uso de las tecnologías de cómputo en la nube.

Las ventajas identificadas para los alumnos en este ejercicio respecto al *cloud computing* en el trabajo colaborativo son las siguientes:

- Mejora la comunicación con los compañeros, ya que permite trabajar con un chat además del manejo de comentarios dentro de los documentos.
- Permite que todos aporten por igual en el trabajo, ya que cada uno puede enfocarse en una parte del documento y contribuir de manera directa en el trabajo o proyecto a realizar, dejando como evidencia sus aportaciones.
- Permite compartir archivos durante el trabajo, pueden además subir los archivos que todos emplearán, evitando el uso de papel y contribuyendo a lo económico.
- Permite el aprendizaje a distancia, no se requiere que estén en el mismo lugar, ni en el mismo momento para colaborar y contribuir por igual.
- Permite la coevaluación de los implicados en el grupo, al utilizar formularios se pueden crear rúbricas donde el alumno opine sobre el trabajo de sus compañeros.

Las ventajas identificadas para los docentes son las siguientes:

- Google Drive es una herramienta útil también para el docente ya que le permite llevar un seguimiento de cada alumno de acuerdo a su participación.
- El docente puede guiar la construcción del trabajo sin tener que esperar la entrega del documento, puede ser a través

de comentarios en el mismo documento ya que tendrá acceso a los archivos de todos los equipos.

- Les permite compartir archivos a todos sus alumnos de una forma sencilla.

Las desventajas identificadas para los docentes son las siguientes:

- Requirieron tiempo para el diseño de la actividad, porque aunque la mayoría conocía el Google Drive, pocos la habían aplicado en el trabajo colaborativo del aula.
- Los docentes que superan los 40 años presentan mayor conflicto en el uso de estas herramientas, sin embargo, ellos mostraron la actitud para aprender a utilizarla.

Para finalizar, se puede afirmar que el trabajo colaborativo por sí mismo es una efectiva metodología de aprendizaje que puede realizarse de manera presencial o como se propone aquí con herramientas de cómputo en la nube, esta última opción presenta diversas ventajas como se mencionó, sin embargo no se debe plantear como requisito del trabajo colaborativo, ya que dependerá en gran medida de la propuesta formativa la decisión que cuáles herramientas emplear según la forma de trabajo del grupo y los objetivos que se persigan.

Referencias

aulaplaneta.com. (Noviembre de 2014). *Diez consejos para aplicar el aprendizaje colaborativo en el aula [Infografía].* Obtenido de http://www.aulaplaneta.com/2014/11/03/recursos-tic/diez-consejos-para-aplicar-el-aprendizaje-colaborativo-en-el-aula/

Barros, B., & Vélez, J. y. (2004). *Aplicaciones de la teoría de la actividad en el desarrollo de sistemas colaborativos de enseñanza y aprendizaje.* Experiencias y resultados.

Boumadan, M., & Segura, A. (2011). *Del aprendizaje tradicional al colaborativo: GoogleDocs.* Melilla: Facultad de Educación y Humanidades.

BoxByte. (06 de Enero de 2012). *fayerwayer.com.* Obtenido de https://www.fayerwayer.com/2012/01/el-origen-de-el-computo-en-la-nube/

Calzadilla, M. E. (2001). *Aprendizaje colaborativo y tecnologías de la información y comunicación.* Revista Iberoamericana de Educación.

Carrió Pastor, M. L. (2007). *Ventajas del uso de la tecnología en el aprendizaje colaborativo.* España: Universidad Politécnica de Valencia.

Martí, E., & Solé, I. (1996). *Conseguir un trabajo en grupo eficaz.* Cuadernos de Pedagogía.

Mraz, J. (2012). *Cloud Computing: ventajas de trabajar en la nube.* WORKANA, 3-6.

NIST. (2011). *National Institute of Standards and Technology.* *Obtenido* de http://nvlpubs.nist.gov/nistpubs/Legacy/SP/nistspecialpublication800-145.pdf

Rebato, C. (8 de Febrero de 2011*). 5 herramientas colaborativas para trabajar en la nube.* Obtenido de https://hipertextual.com/2011/02/5-herramientas-colaborativas-para-trabajar-en-la-nube

Sinisterra, C. C. (2012). *La nube: oportunidades y retos para los integrantes de la cadena de valor.* España: Management Solutions. Obtenido de https://www.managementsolutions.com/site/esp/default.htm

Valdés, J. T. (2013). *LEX Clound Computing. Estudio Jurídico del Computo en la Nube.* México: Universidad Autónoma de México.

Zamarripa, R. A., & Martínez, I. (2015). *M-Learning: El aprendizaje a través de la tecnología móvil en la universidad.* Instituto de Estudios Superiores de Tamaulipas: Pearson.

Intervención para Favorecer las Habilidades Lectoras con TIC Móviles

Daniel Cantú Cervantes
Carmen Lilia de Alejandro García

Introducción

Es evidente que la comprensión de escritos es imprescindible para el desarrollo del educando en cualquier nivel educativo y significativamente ineludible para la vida en la *Sociedad del Conocimiento* debido que comprender adecuadamente los textos es una habilidad presente en todas las áreas de conocimiento. El alumno que posea dificultades en comprensión lectora verá afectado su estudio autónomo, investigación y rendimiento académico.

Realizando un acercamiento hacia la idea de comprensión lectora, Kintsch (1998); Partido (2003); Hager, Garner, Smith, Bingman, Balliro, Mullins, Guidry y McShane (2005) y Solé (2012), indican que la comprensión de textos es un proceso consciente y voluntario que implica descifrar el código del escrito para que éste posea un sentido y pueda dar pie a una comprensión del texto a través de un proceso de interacción entre el escrito y el lector, mediante el cual el individuo construye una interpretación de lo leído. Comprender un texto es un proceso interactivo entre el lector y el texto donde el que lee motivado y apoyado en su experiencia previa, descifra, analiza lógica y coherentemente, generando un diálogo interno con el escrito, comparando, reflexionando, infiriendo, generando cuestiones susceptibles de confirmación o corrección y creando representaciones mentales que le acercan al significado del texto, sentimientos e intencionalidad del autor. Todo esto, incrementa el conocimiento del sujeto que comprende el escrito, reconstruyendo su saber, transformando su ideología y comportamiento.

Como se ha observado, la comprensión de escritos incide en todas las áreas del conocimiento: *Matemáticas, Lógica, Historia, Biología, Español, entre otras,* de tal forma que si los estudiantes que no tienen desarrollada esta habilidad se les dificultará estudiar de manera autónoma y sus calificaciones serán deficientes, puesto que no son capaces de entender en forma óptima los escritos. Al respecto, la OCDE (2006) señala que la competencia lectora es una capacidad imprescindible para el desarrollo del individuo debido que implica comprender, utilizar y reflexionar sobre los escritos con el propósito de alcanzar sus objetivos personales, desarrollar sus conocimientos, capacidades y participar en la sociedad.

Por otra parte, Carneiro, Toscano y Díaz (2008) y Pineda, Arango y Bueno (2013) indican que en los últimos años ha crecido el interés por estudiar la manera en que las TIC –*Tecnologías de la Información y Comunicación*– pueden transformar y mejorar las prácticas educativas al considerarse como alternativas de apoyo y complementariedad del quehacer educativo, ofreciendo nuevas posibilidades y recursos para enriquecer los procesos de enseñanza-aprendizaje. En este sentido, Ferro, Martínez y Otero (2009); Sandoval (2014) plantean que si bien la sociedad se halla inmersa en el desarrollo tecnológico, esto no significa que la Escuela también lo esté, sino que se deben revirar los esfuerzos, estudios e investigaciones que acoplen las TIC al proceso de mejores aprendizajes. Las TIC han impactado la forma de vida de las personas y vastas áreas del conocimiento de tal manera que ya no es posible prescindir del todo ellas. Cabría cuestionarse si la tecnología con su aportación de recursos diversos posibilitarían la mejora del aprendizaje de los estudiantes especialmente en materia de comprensión lectora, de manera que los alumnos podrían ir desarrollando gradualmente esta habilidad, al tiempo que el docente los monitorea y evalúa el grado de logro y avance.

Investigaciones realizadas por Hea-Su (2014), Al-Momani, Hussin y Hamat (2015), Gheytasi, Asizifar y Gowhary, (2015) han sugerido que los dispositivos móviles generan un motivación en el estudiante debido al alto grado de multimedia que poseen, vastos espacios de compartición de archivos, múltiples canales de comunicación, vinculo y *Apps*, posibilitando la interacción social al instante. Cabe señalar, como se observará más adelante, que la motivación es una primera estrategia para la comprensión de escritos debido que se trata de un proceso consciente y voluntario que requiere disposición por el peso de la reflexión.

Con las implicaciones precedentes, Hea-Su (2014) implementó un programa educativo con el uso de dispositivos móviles en uno de sus grupos de estudiantes –44 *sujetos*–, con el propósito examinar los efectos del uso de los dispositivos móviles en el aprendizaje de la comprensión lectora. Se solicitó a los participantes que después de las lecturas discutieran sobre ellas a través de su teléfono o tableta electrónica móvil. Es necesario indicar, que en este proyecto solo se utilizó la técnica de la discusión mediante los recursos comunicativos de los dispositivos móviles, para debatir sobre las lecturas. Los resultados indicaron que los estudiantes objeto del estudio mejoraron significativamente su comprensión lectora después de proceso de tratamiento.

Tiempo después, Al-Momani, Hussin y Hamat (2015) estudiaron el uso de dispositivos móviles y las estrategias de comprensión lectora en estudiantes de educación superior mediante entrevistas para conocer cuáles estrategias utilizaban para la lectura en dispositivos móviles, sin embargo, solo se limitaron a tres estrategias: *la planeación de la lectura, atención al texto y evaluación del texto.* Los resultados encontrados revelaron que los estudiantes encuentran más motivante la lectura en un dispositivo que en una copia impresa, además sugirieron que esto conforma una base para la enseñanza de habilidades lectoras por el alto grado de interés que genera el uso de dispositivos móviles. En ese mismo año Gheytasi, Asizifar y Gowhary (2015), estudiaron el impacto del uso de dispositivos móviles en la comprensión de textos en una muestra de 40 estudiantes de nivel secundaria en una escuela de Teherán. Mediante un grupo experimental y de control, encontraron que el interés que los dispositivos móviles despertaba en los alumnos una fuente de motivación para lectura, debido que ésta consiste en un proceso voluntario y consciente. Con esta premisa utilizaron los dispositivos para implementar un programa para favorecer la comprensión de textos mediante lecturas; dicho programa se aplicó después de pruebas diagnostico a ambos grupos y una prueba similar postest para conocer los resultados. Es necesario resaltar que en este estudio no se utilizaron estrategias de comprensión lectora, solo la lectura diaria en ambos grupos para conocer los resultados que, concluyentemente demostraron que se logró mejorar significativamente en la comprensión de lectura en el grupo experimental respecto que el grupo control después de tres semanas del tratamiento.

El uso de dispositivos móviles en el escenario educativo también se ha estudiado e implementado en México. Al respecto, Dávalos (2016) la Universidad Autónoma de Aguascalientes desarrolló una aplicación interactiva para alumnos de educación primaria con problemas de lectoescritura. Evaluaron los parámetros en materia de lectoescritura de la Secretaría de Educación Pública, y crearon actividades interactivas lúdicas con retroalimentación similares a los ejercicios contenidos en los libros de texto de los estudiantes de educación primaria. También se realizaron pruebas a fin de observar cómo reaccionaban los alumnos y posteriormente, con base en las observaciones, se rediseñó el programa enfatizando en situaciones reales, la representación gráfica y el juego.

Por otra parte, Báez (2016), señala que un grupo de investigadores de la Universidad Nacional Autónoma de México, el Instituto Politécnico Nacional, la Universidad del Rosario, en Bogotá, Colombia, y la Oxford Brookes University trabajan en el desarrollo de una herramienta móvil para favorecer el procesamiento fonológico en niños con síndrome de Down. El programa se diseñó para ser ejecutado en tabletas electrónicas y presentarse como un juego compuesto por 60 palabras familiares de alta frecuencia y 60 pseudopalabras acordes a reglas fonotácticas del español. Durante el juego los usuarios están expuestos a dos palabras consecutivas con el fin de deducir en una milésima de segundo, si suenan idénticas o no. Las variaciones en las palabras fueron realizadas por lingüistas de la UNAM. Cada vocablo puede sufrir seis tipos de cambios fonológicos ya sea en modo, articulación, sonorización, y se clasifican por nivel de dificultad en difícil, intermedio o fácil. Hasta el momento, la herramienta no se ha distribuido debido que se trata de una intervención en el proceso fonológico sin la cual, el usuario podría desviar su atención del objetivo.

Continuando con lo anterior, Valis (2016) y Dávalos, 2016a) señalan que el Instituto Tecnológico de Aguascalientes en México desarrolló una aplicación para *Smartphones* diseñada para auxiliar en el aprendizaje de inglés en menores de nivel preescolar con actividades interactivas, audio e ilustraciones relacionadas con la vida cotidiana. Un elemento eje del programa es un juego de tipo *memorama* el cual estimula la parte de retención del niño, aprendiendo conceptos al relacionarlos con imágenes. Respecto al idioma Zapoteco, en ese mismo año el Instituto de Estudios Superiores del Istmo de Tehuantepec en México diseñó una aplicación móvil para enseñar a los niños de forma fácil e interactiva el idioma zapoteco. La aplicación consta de una interfaz ilustrada apta para niños con tres niveles de complejidad para el usuario: *básico, intermedio* y *avanzado*. Además, se integró un diccionario bilingüe -*Español-Zapoteco*- por medio de un buscador posibilitando la búsqueda de palabras para su traducción al Zapoteco. La versión de la *App* incluyó entre sus atributos una reseña de la lengua zapoteca y la posibilidad de aprender la pronunciación y escritura correcta. Aunque la aplicación se encuentra en fase de desarrollo, es posible utilizarla en dispositivos con Sistema Operativo *Android*.

Continuando con los estudios e implementaciones anteriores, Blanco (2016), expone que el Centro Cultural de España en México y la Fundación Telefónica México, en colaboración con Grupo Nuu a través del Laboratorio de Ciudadanía Digital y la empresa Manuvo desarrollaron una aplicación móvil para favorecer el aprendizaje del idioma Purépecha. En la interfaz de la aplicación se muestra un pequeño pueblo en el que se dirige a la escuela y ahí aprende los primeros dígitos, en el *mercado* conoce los nombres de las frutas y las verduras y en la granja los de los animales; mientras que en la *iglesia* hay una fiesta. También aprende cómo saludar, cómo nombrar a los miembros de una familia y cuáles son las prendas de vestir de su vestuario tradicional. Se espera que el usuario conozca cómo se escriben las palabras en Purépecha, además de cómo se pronuncian, y relaciona los conceptos mediante explicaciones. Este programa surge de otro parecido, que la empresa Manuvo desarrolló y denominó *"Vamos a aprender Mixteco"*.

Existen otros proyectos en México que han implementado el uso de dispositivos móviles, sin embargo, no necesariamente relacionados con el desarrollo de las habilidades lingüísticas, entre ellos se destaca *EDUMOVIL* desarrollado por la Universidad Tecnológica de la Mixteca, diseñado para el desarrollo motriz mediante juegos y aplicaciones interactivas en alumnos de educación básica (Gerónimo y Sturm, 2006). El proyecto *M-ILAB* desarrollado por el Instituto Tecnológico y de Estudios Superiores de Monterrey, en México, para trabajo experimental en la asignatura de Física, aprovechando los sensores de movimiento y giro de los dispositivos (Meza, 2011; UNESCO, 2012). El proyecto *MATI-TEC* desarrollado por el Instituto Tecnológico y de Estudios superiores de Monterrey y las empresas Nokia, Apple y Ympyra, diseñado para favorecer las habilidades matemáticas (Gómez, 2011) y el Proyecto de la Unidad Profesional Interdisciplinaria de Ingeniería del Instituto Politécnico Nacional Campus Zacatecas para educación ambiental (Rodríguez, 2016).

Con lo anterior, Almenara, Barroso, Romero, Llorente y Román (2007); Fernández (2005) afirman las TIC móviles promueven la interacción, cooperación, compartición de recursos y el uso de la multimedia. Ya no se trata de solo observar una pantalla sino interactuar con ella, permitiéndole al estudiante trabajar con actividades en los dispositivos electrónicos que cada vez poseen mayor portabilidad. En virtud de un programa de intervención de estrategias de comprensión lectora, se elaboró una serie de *estrategias* de comprensión textual que fueron recopiladas a través de una revisión teórica y consenso de aquellos autores y organismos más representativos del área de estudio. Al respecto, Paris, Wasik y Tuner (1991) y Chávez (2010) indican que tales estrategias coinciden con el desarrollo cognitivo destinado hacia la mejora y control de la atención, memoria, comunicación y aprendizaje, permitiendo a los lectores elaborar, organizar, y evaluar la formación textual, a la vez que desarrollan el pensamiento y aprendizaje, favoreciendo la lectura y el mayor aprovechamiento escolar. A continuación se presenta de manera breve una descripción de cada una de las 15 estrategias recopiladas.

Motivación por la lectura: *–por parte del alumno–*, es muy necesaria ya que si no existe tal no es posible un esfuerzo eficaz y tampoco empeño en comprender los textos. Pueden desarrollarse programas educativos especializados y bien organizados, pero si no son interesantes o no propician la motivación del alumno los productos de su aplicación pueden no ser muy satisfactorios por lo que, al aplicar estrategias que favorezcan la comprensión de textos, es inevitable motivar al alumno para el proceso y el uso de los dispositivos móviles en el aula puede ser estimulante para los estudiantes (Solé, 1993; Méndez y Delabra, 2007; Contreras, Herrera y Ramírez, 2009; SEP, 2011; Oñate, 2013).

Objetivos del alumno sobre la lectura: no se trata de leer por leer, sino que el educando sienta la tarea interesante y posea un propósito para la lectura. Se puede leer por diferentes razones, es decir, por diversión, para solucionar una duda, para aprender sobre un tema, para estudiar para un examen o trabajo, inclusive para refutar o criticar un escrito. El alumno debe saber por qué lee y en este sentido el maestro debe orientar a sus estudiantes hacia una comprensión de textos dirigida hacia el aprendizaje y desarrollo de las habilidades lectoras (Schmitt y Baumann, 1990, Solé, 1996; Cárdenas, Del Risco, Díaz, Acosta, Davis, Arrocha, Gómez, Pozo y Morales, 2009).

Muestreo y anticipación: mediante la observación de títulos y subtítulos del texto, es decir, antes de iniciar la lectura el estudiante debe detenerse a leer el título, índice y subtítulos, de manera que le permita generar indicios y predicciones acerca de lo que va a tratar el texto; aunado a esto, ésta técnica auxilia al hecho de que el alumno se centre en el tema, de manera que sea posibilite la recuperación de más contenido almacenado en la memoria permanente (Neira, 2005; Solé, 2006; Achaerandio, 2009; Vásquez, 2013).

Conocimientos previos pertinentes para el tema: es fundamental el conocimiento que alumno aporta para la comprensión lectora ya que le permitirá corroborar sus predicciones, si el texto es coherente, secuencial y si responde a sus expectativas. Además, antes de la lectura el docente puede conocer qué saben sus alumnos sobre el texto permitiendo el equilibrio en cierta medida del conocimiento a nivel grupal, es decir, aquellos educandos que poseían poca información al respecto ahora tienen la oportunidad de incrementar sus conocimientos para enfrentar la lectura de tal forma que los acerque al significado (Marr y Gormely, 1982; Leahey y Harris, 1998; Barboza y Sanz, 2000).

Modelado: el maestro expone en voz alta una muestra el cómo un lector piensa al inferir, generar hipótesis –*confirmarlas o corregirlas*– y construir representaciones de lo leído para que alumnos puedan comprender el proceso mental de una comprensión de escritos eficaz. El modelado involucra la realización del proceso de comprensión por medio de la voz de un experto, a fin que los alumnos observen y puedan construir un modelo conceptual de significado a partir de los procesos que se requieren para comprender un escrito. La técnica del modelado es muy significativa para el alumno, ya que puede despejar dudas que llegaran a surgir a la hora de plantearse cómo enfrentar la lectura adecuadamente (Latorre y Montañés, 1992; Ramírez, Vargas, López, García, Flores y López, 2004).

Reconocimiento de palabras: es importante que el educando no se obstaculice con palabras que no conoce para la interpretación de frases y párrafos; se recomienda el uso de diccionario, ayuda experta, uso de pistas contextuales y el análisis morfológico de la palabra para acceder a su significado. (Bruning, Schraw y Ronning, 2002; Block y Pressley, 2002 y Qian y Schedl, 2004).

Predicción: acción que el conocimiento previo posibilita la formulación de hipótesis susceptibles de confirmarse y corregirse durante la lectura. Estas predicciones se generan inclusive antes de comenzar la lectura, pero se mantienen durante ella a fin de construir una estructura objetiva, ordenada y coherente del escrito, identificada como significado. La predicción, a través del conocimiento del lector le permitirá predecir tanto, sucesos consecutivos, como el final de un escrito (Pascual y Goikoetxea, 2005; Duarte, 2012).

Generación de preguntas: el estudiante puede y debe interrogarse, ¿el texto comenzó de acuerdo a las expectativas generadas?, ¿quién es X?, ¿por qué, dónde y cómo surgió el problema o determinado asunto?, entre otras. Un alumno acostumbrado al hecho de que le planteen las preguntas sobre la lectura, al momento de elaborar las suyas con relación al texto generará cuestiones similares a las que está acostumbrado a escuchar. Es por esta parte, que el modelado cobra también relevancia (Pearson y Fielding, 1991; Kim, Vaughn, Wanzek y Wei, 2004; Solé, 2006).

Inferencias: permiten al lector comprender algún aspecto determinado del texto a partir del significado del resto. La inferencia, posibilita descubrir información que no se encuentra de forma explícita en el escrito. Las inferencias son construcciones de significado a partir de conocimientos previos, de formular predicciones o hipótesis acerca de un tema y permiten deducir y resumir a la vez la información (Collins, Brown y Larkin, 1980; Singer, 1994; Sánchez, 1998).

Analogías: técnicas que destacan la importancia del contexto sociocultural; es decir, aquel entorno donde vive el estudiante y que influye en el conocimiento previo de éste (Betancourt, 2007; Viveros, 2010; Olmos, León, Jorge-Botana y Escudero, 2013).

Monitoreo: constituido por recapitulaciones periódicas e interrogaciones vinculadas con el texto y con objetivos bien establecidos. La capacidad de reflexión sobre la lectura generará que el alumno no se engañe a sí mismo, dando por sentado de que va comprendiendo aunque no sea así. Por lo tanto el maestro debe inculcar a sus estudiantes a monitorear su lectura de manera que les permita darse cuenta de algo que no entendieron (Markman, 1997; Silva, Strasser y Caín, 2014).

Lectura silenciosa: posibilita rapidez para la comprensión ya que prescinde de la pronunciación en voz alta permitiendo la velocidad de procesamiento y selección de información del texto, además, disminuye la competencia entre alumnos por leer más aprisa. La comprensión de la lectura en voz alta generalmente queda en manos de los oyentes que la juzgan, por esto, los estudiantes que están acostumbrados a oralizar la lectura suelen dejar el peso de la reflexión en aquellos que los escuchan. Los alumnos a los que se les controla su lectura desde afuera poseen muchas dificultades a la hora de construir el significado ellos mismos, por ello, es menester, que reconozcan que la lectura le exige reflexión que luego deben plasmar en una interpretación propia (Taylor y Connor, 1982; Condemarín, 1987; Solé, 1987).

Organización mental de lo leído: esquematización ordenada y coherente de construcción de significado que permite seleccionar, subrayar, generalizar y colocar de manera jerárquica la información, de manera que propicie representaciones explicitas e implícitas argumentativas y contraargumentativas encontradas en el escrito. La organización de ideas es la base de la comprensión holística de un texto, ya que representa el mapa conceptual que da orden a la jerarquía de las características, conceptos, ideas y procesos esenciales del contenido (Morles, 1999; Ospina, 2001; Vallés, 2005, Ruiz, 2007; Velásquez, 2010; Díaz, Martínez y Rodríguez, 2011).

Resumen: proceso eferente donde el lector conforme comprende lo que lee, estructura ideas clave y secundarias de los párrafos que contienen argumentos secuenciales y que se vinculan con otras representaciones con significado, formadas a través de la lectura. El resumen es el vaciado de significado construido por el lector y es una estrategia que destaca la síntesis y abstracción de la información relevante de un texto y enfatiza a su vez en los conceptos clave, principios, términos y argumento central, es decir, el resumen es una estrategia que facilita el recuerdo y comprensión de la información más significativa del contenido (Vásquez, Escurra, Atalaya, Pequeña, Santibáñez, Álvarez, Rodríguez, Rodríguez, M., y Llerena, 2009; Clavijo, Maldonado y Sanjuanelo, 2011; Meléndez, Flores, Castañeda y García, 2013).

Finalidad comunicativa: permite debatir y explicar ideas, conceptualizaciones generales y específicas del texto en pro de entender hasta qué punto se ha comprendido la lectura y aclarar si es necesario, las dudas que hayan permanecido. En este momento es preciso que el docente enseñe a sus alumnos a elaborar una revisión de las preguntas, predicciones y anticipaciones que se realizaron antes, durante y después del acto lector a fin de constatar el grado de satisfacción –*a través del número de confirmaciones realizadas de las hipótesis, y el agrado de la lectura*–, el cumplimiento de los objeticos de lectura y el nivel de reflexión sobre el escrito (Caballero, 2008; Altamira, Aragón y Díaz, 2008; Monroy y Gómez, 2009; Navarro y Mora, 2009; Franco, 2009; Guevara, Bilbao, Cárdenas y Delgado, 2011).

Cada una de las estrategias señaladas no cumple por sí misma todos los requisitos para lograr una lectura eficaz, ni se abordan de forma imbricada, sino a destiempo como herramientas que facilitan la comprensión. Las estrategias implican procesos de colaboración y de carácter individual con el fin de construir el significado del texto de forma independiente. A partir de las consideraciones y reflexiones mencionadas, surge la siguiente cuestión: *¿Pueden estrategias de comprensión lectora apoyadas por el uso de dispositivos móviles favorecer la comprensión de textos de alumnos de educación primaria?*

Acorde con lo anterior, se diseñó un programa de intervención de estrategias de comprensión de textos apoyadas por el uso de dispositivos móviles. Se trabajó mediante el enfoque cuantitativo debido que se pretendió cuantificar los resultados de acuerdo a los niveles de comprensión establecidos en la Tabla I, el grado de comprensión de textos que presentan los alumnos de Quinto Grado de la Escuela Primaria *"José María Morelos y Pavón"* ubicada en el Municipio de Abasolo, Tamaulipas con una población total de 24 alumnos con edades entre 11 y 12 años en el Ciclo Escolar 2014-2015. Bajo el corte Experimental, se separó al grupo en dos partes de igual número de estudiantes al azar para conformar un Grupo Experimental y otro de Control, para que al primero se le tratara durante 25 sesiones con un programa de intervención de estrategias de comprensión lectora apoyadas con el uso de dispositivos móviles. La muestra fue dirigida –*no probabilística*– ya que no pretendió que los casos sean representativos de la población sino demostrar que se trabajó con un Grupo Experimental con el fin de conocer las diferencias en materia de mejora de la comprensión lectora con respecto al Grupo de Control. En virtud de lo señalado se elaboró la siguiente hipótesis: *un programa de intervención de estrategias de comprensión de textos apoyado por el uso de dispositivos móviles, favorecerá la comprensión lectora en alumnos de Quinto Grado de la Escuela Primaria "José María Morelos y Pavón" en el Ciclo Escolar 2014-2015.* Antes y al final del tratamiento se evaluaron los grupos primeramente a través de una prueba diagnóstico para después del tratamiento aplicar una prueba similar de tipo Sumativa para conocer el avance que muestra el Grupo Experimental respecto al Grupo de Control con el fin de comprobar la hipótesis. Como se señaló, la evaluación de la comprensión textual se basó de acuerdo a los niveles de comprensión lectora señalados en el Manual de Procedimientos para el Fomento y la Valoración de la Competencia Lectora en el Aula, los aprendizajes esperados del Programa de Estudios 2011 para Quinto Grado en materia de comprensión lectora y los aspectos valorativos del área de comprensión de textos del Reporte de Evaluación 2014-2015 para Quinto Grado. A continuación en la Tabla I, se presentan los niveles de comprensión lectora.

Tabla I. Niveles de comprensión textual para Quinto Grado de Primaria.

Requiere Apoyo Adicional
Es capaz de mencionar solo fragmentos del relato, no necesariamente los más importantes. El relato se constituye mediante enunciados sueltos, no hilados en un todo coherente. En este nivel, el alumno recupera algunas de las ideas expresadas en el texto, sin modificar el significado de ellas. Suele presentar problemas con la identificación y uso de información del escrito para resolver problemas concretos. Presenta dificultades para utilizar la información contenida en un texto para desarrollar argumentos. Muestra dificultad para inferir información en el escrito y recuperar aquella que no es explícita. Suele poseer problemas para identificar e hilar la idea principal de un texto para resumirlo, y presenta dificultades para relacionar la información de dos textos sobre un mismo tema.

En Ocasiones
Al recuperar la narración, se omiten algunos de los siguientes elementos: introducir a los personajes principales y secundarios –u objetos, fenómenos o procesos significativos–; mencionar el problema o hecho –s– sorprendentes en el texto; comentar sobre qué hacen los personajes ante el problema o hecho. Al narrar, aunque enuncia los eventos de manera desorganizada, recrea la trama global del escrito. En ocasiones suele presentar problemas con la identificación y uso de información del texto para resolver problemas concretos. Presenta en ocasiones dificultades para utilizar la información contenida en un texto para desarrollar argumentos. Muestra en ocasiones dificultad para inferir información en un escrito y recuperar aquella que no es explícita. En ocasiones presenta problemas para identificar y redactar la idea principal de un texto para resumirlo, y suele mostrar ocasionalmente dificultades para relacionar la información de dos textos sobre un mismo tema.

Casi Siempre
Logra destacar la información relevante del texto introduciendo a los personajes, objetos, fenómenos o procesos relevantes en el escrito, mencionando el problema o hecho sorprendente en el texto, comentando sobre lo que hacen los personajes ante el problema o hecho sorprendente o que es pertinente hacer respecto al escrito, y anotando cómo finaliza el texto. Al narrar los eventos, puede enunciarlos tal y como suceden, sin embargo, se omiten algunos marcadores temporales o causales –por ejemplo: después de un tiempo, mientras tanto– que impiden percibir la coherencia exacta del texto. Casi nunca presenta problemas con la identificación y uso de información del texto para resolver problemas concretos. Casi nunca muestra dificultad para utilizar la información contenida en un texto para desarrollar argumentos. Casi nunca presenta dificultades para inferir información en un escrito y recuperar aquella que no es explícita. Casi nunca presenta problemas para identificar y redactar la idea principal de un texto para resumirlo y rara vez muestra dificultad para relacionar la información de dos textos sobre un mismo tema.

Siempre
Al recuperar la narración, destaca la información relevante, como el lugar, y el tiempo; introduce a los personajes principales y secundarios, menciona el problema o hecho sorprendente del texto, comenta sobre las acciones de los personajes sobre el problema o fenómeno significativo, relata –si es necesario– sobre qué hacer respecto al texto; narra cómo finaliza el escrito. Escribe los eventos de manera organizada utilizando marcadores temporales o causales que permiten entender claramente la coherencia del escrito; además, hace alusión a pensamientos, sentimientos y emociones de los personajes, e identifica y usa información del texto para resolver problemas concretos. Utiliza la información contenida en un texto para desarrollar argumentos. Infiere sobre información en un texto para recuperar aquella que no es explícita. Identifica y redacta la idea principal de un texto para resumirlo. Utiliza la información contenida en un texto para desarrollar argumentos y relaciona la información de dos textos sobre un mismo tema.

Fuente: Elaboración propia a partir de la normatividad señalada.

Cabe señalar que en los niveles *Requiere Apoyo Adicional* y *En Ocasiones* la tendencia a la baja en los resultados representa mejoría, debido que son etapas que demuestran dificultades con la comprensión de textos, en cambio, en los niveles *Casi Siempre* y *Siempre,* la tendencia a la alta representa mejoría ya que son niveles deseados de comprensión.

Por otra parte se elaboró una *App* didáctica elaborada para dispositivos móviles funcionales con el Sistema Operativo Android –*software de código abierto basado en el núcleo Linux, diseñado para dispositivos móviles con pantalla táctil*– nombrado "*Ejercicios de Comprensión Lectora*" que contiene 60 lecturas de mediana dificultad (SEP, 2011) y actividades que predominantemente solicitaban la elaboración del resúmenes, con el objetivo de que el estudiante vaciara el significado construido a partir del texto.

Respecto al procesamiento de los datos, se planteó una reunión con el directivo de la escuela y con el docente a cargo del grupo de Quinto Grado y padres de familia para brindarles conocimiento del objetivo de la investigación. Se aplicó una prueba diagnóstico a los alumnos de Quinto Grado –*24 estudiantes*– con 10 reactivos de acuerdo con la normatividad señalada en Tabla I.

Se seleccionó de forma aleatoria –*uso de tómbola*– a 12 alumnos para conformar el Grupo Experimental, y 12 para el Grupo de Control. Se instaló manualmente la *App* en los dispositivos móviles de los alumnos del Grupo Experimental. Se capacitó al Grupo Experimental por separado en el uso de las estrategias de comprensión lectora durante una semana –*20 minutos por día*–. Se trabajó con Grupo Experimental durante 20 sesiones de 20 minutos en un aula aparte utilizando las estrategias de comprensión lectora apoyadas por el uso de los dispositivos móviles. Se aplicó una prueba de tipo sumativa –*similar a la diagnóstica y de acuerdo con la normatividad señalada en Tabla I*– aplicada a ambos grupos para observar resultados.

Para conocer la frecuencia de reactivos situados en cada nivel de los alumnos durante las pruebas se colocó el número de ítems respondidos en cada nivel, esto fue así debido que se pretende poseer una visión holística de cuántas preguntas respondidas se sitúan en cada nivel para comprender en porcentajes los resultados del grupo, es decir, se aplicó la prueba a 24 alumnos que conformaban a toda la población, entonces, como son diez reactivos por examen son 240 preguntas respondidas. En el caso de las pruebas aplicadas a los grupos Experimental y de Control, fueron 12 estudiantes por grupo, lo que da 120 preguntas para su análisis. Seguidamente, se calculó la proporción porcentual de la frecuencia en cada nivel para elaborar las tablas representativas.

Tabla II. Prueba diagnóstico, aplicada a toda la población.

Nivel	Frecuencia	Porcentaje	% Válido	% Acumulado
RAA	29	12.0	12.0	12.0
EO	98	40.8	40.8	52.8
CS	95	39.6	39.6	92.4
S	18	7.6	7.6	100.0
Total de Reactivos	240	100.0	100.0	

Fuente: Elaboración propia.

Como puede observarse en la Tabla II, el 12 por ciento de los reactivos de la prueba se situaron en el nivel *Requiere Apoyo Adicional*. El 40.8 por ciento se colocó en el nivel *En Ocasiones*; un 39.6 por ciento en *Casi Siempre* y solo el 7.6 por ciento se ubicó en el nivel *Siempre*, es decir, el 52.8 por ciento se localizaron en niveles que muestran dificultades para la comprensión de textos.

Tabla III. Prueba de tipo sumativa aplicada al Grupo de Control.

Nivel	Frecuencia	Porcentaje	% Válido	% Acumulado
RAA	19	15.9	15.9	15.9
EO	41	34.2	34.2	50.1
CS	49	40.8	40.8	90.9
S	11	9.1	9.1	100.0
Total de Reactivos	120	100.0	100.0	

Fuente: Elaboración propia.

En la tabla anterior se puede apreciar que el 15.9 por ciento de los reactivos de la prueba sumativa aplicada al Grupo de Control durante se ubica en el nivel *Requiere Apoyo Adicional*. Un 34.2 por ciento se situó en el nivel *En Ocasiones*; el 40.8 por ciento en el nivel *Casi Siempre*, y un 9.1 por ciento en *Siempre*. El 50.1 por ciento se encuentra en los niveles *Requiere Apoyo Adicional* y *En Ocasiones*, lo que denota que mostraron dificultades con la comprensión de textos.

Tabla IV. Prueba de tipo Sumativa aplicada al Grupo Experimental.

Nivel	Frecuencia	Porcentaje	% Válido	% Acumulado
RAA	0	0	0	0
EO	11	9.2	9.2	9.2
CS	71	59.2	59.2	68.4
S	38	31.6	31.6	100.0
Total de Reactivos	120	100.0	100.0	

Fuente: Elaboración propia.

En la tabla precedente se observa que el número de reactivos situados en el nivel *Requiere Apoyo Adicional* después del tratamiento es nulo en el Grupo Experimental. Un 9.2 por ciento aún se sitúa en el nivel *En Ocasiones*, el 59.2 por ciento en *Casi Siempre*, y un 31.6 por ciento en el nivel *Siempre*. Es decir, el 9.2 por ciento mostró dificultades para la comprensión de escritos, empero *el 90.8 por ciento se colocó en los niveles Casi Siempre y Siempre*.

Se puede identificar que *se logró erradicar el nivel Requiere Apoyo Adicional en el Grupo Experimental* después del tratamiento con la ayuda de las estrategias de comprensión lectora apoyadas por el uso de los dispositivos móviles; no obstante, el Grupo de Control mostró un 15.9 por ciento. Respecto al nivel *En Ocasiones* se aprecia una diferencia notable entre ambos grupos, es decir, el Grupo de Control se ubicó en un 34.2 por ciento, mientras que el Experimental en un 9.2 por ciento, con una diferencia de 25 por ciento de avance del Grupo Experimental respecto al de Control. En el nivel *Casi Siempre* el Grupo de Control se situó en 40.8 por ciento y el Grupo Experimental en 59.2 por ciento, con un avance de este último grupo de un 18.4 por ciento. Por otra parte el Grupo Experimental tuvo un notable avance respecto al Grupo de Control en el nivel *Siempre*, de un 22.5 por ciento.

Al sumar los avances de los niveles *Casi Siempre* y *Siempre* del Grupo Experimental respecto al de Control, el resultado es 40.9 por ciento, sin contar el nivel *Requiere Apoyo Adicional* ya que es un nivel que tuvo 0 frecuencia en el Grupo Experimental, empero, el porcentaje de avance del nivel *En Ocasiones* presentado en el Grupo Experimental respecto al de Control puede sumarse al 40.9 por ciento, debido que la regresión, es decir la tendencia a la baja en este nivel, representa mejoría y fue de un 25 por ciento, por lo que en total, *el avance presentado en todos los niveles del Grupo Experimental respecto al de Control es de 65.9 por ciento.*

Se ratificó la hipótesis del trabajo y se manifestó que si se logró mejorar el nivel de comprensión lectora de los alumnos de educación primaria. Esta investigación motiva un escenario para el estudio de nuevas alternativas didácticas y metodológicas dirigidas hacia comprensión lectora y el empleo de dispositivos móviles en todos los niveles educativos.

Referencias

Achaerandio, L. (2009). *Lectura comprensiva.* Guatemala: Universidad Rafael Landivar.

Almenara, C., Barroso, J., Romero, R., Llorente, M., y Román, P. (2007). *Definición de nuevas tecnologías OCW de la Universidad de Sevilla.* Sevilla: Universidad de Sevilla.

Al-Momani, A., Hussin, S., y Hamat, A. (2015). *An Investigation of Smartphone Reading Strategies Behaviours from the Views of Jordanian Students. Arab World English Journal, No. 1. Saudi Arabia: AWEJ.*

Altamira, E., Aragón, G., y Díaz, A. (2008). *Estrategias en la enseñanza de la comprensión lectora y el desarrollo de habilidades y destreza en los niños y niñas de 2do Grado de la escuela chorotega. San Rafael del Sur, Managua. II semestre de 2008.* Managua: Universidad Nacional autónoma de Nicaragua.

Báez, B. (2016). *Aplicación móvil para el proceso fonológico de niños con Síndrome de Down.* México: Consejo Nacional de Ciencia y Tecnología.

Barboza, L., y Sanz, C. (2000). *Estrategias de lectura.* México: Instituto Politécnico Nacional.

Betancourt, M. (2007). *Proyecto "Estrategias didácticas para mejorar la comprensión lectora" en la Escuela Rosalina Pescio Vargas Comuna Peñaflor.* Santiago: Academia.

Blanco, M. (2016). *Aplicación móvil para el aprendizaje de las habilidades lingüísticas del idioma Purépecha.* México: Consejo Nacional de Ciencia y Tecnología.

Block, C., y Pressley, M. (2002). *Comprehension instruction: Research-based best practices.* New York: Guilford Press.

Bruning, R., Schraw, G., y Ronning, R. (2002). *Psicología cognitiva e instrucción.* Madrid: Alianza.

Caballero, E. (2008). *Comprensión lectora de los textos argumentativos en los niños de poblaciones vulnerables escolarizados en quinto grado de primaria de Educación Básica.* Medellín: Universidad de Antioquia.

Cárdenas, C., Del Risco, R., Díaz, M., Acosta, I., Davis, D., Arrocha, O., Gómez, K., Pozo, E., y Morales, E. (2009). Las estrategias de aprendizaje y el desarrollo de la habilidad de escritura durante el proceso de enseñanza aprendizaje del idioma Español como segunda lengua. *Revista Iberoamericana de Educación, No. 48.* Madrid: OEI.

Carneiro, R., Toscano, J., y Díaz, T. (2008). *Los desafíos de las TIC para el cambio educativo. Metas Educativas 2021. La educación que queremos para la generación de los Bicentenarios.* Madrid: Organización de Estados Iberoamericanos.

Chávez, B. (2010). *Estrategias para el desarrollo de la inteligencia emocional en los niños preescolares.* Actopan: Universidad Autónoma del Estado de Hidalgo.

Clavijo, J., Maldonado, A., y Sanjuanelo, M. (2011). Potenciar la comprensión lectora desde la tecnología de la información. *Escenarios, No. 2.* Buenos Aires: Universidad Nacional de la Plata.

Collins, A., Brown, J., y Larkin, K. (1980). *Inference in text undestanding.* Hillsdale: Erlbaum.

Condemarín, M. (1987). *El programa de lectura silenciosa sostenida.* Santiago: Pontificia Universidad Católica de Chile.

Contreras, J., Herrera, A., y Ramírez, M. (2009). Elementos instruccionales para el diseño y la producción de materiales educativos móviles. *Revista Apertura de Innovación Educativa, No. 5.* Guadalajara: Universidad de Guadalajara.

Dávalos, T. (2016). *Aplicación móvil para mejorar las habilidades de lectoescritura.* México: Consejo Nacional de Ciencia y Tecnología.

Dávalos, T. (2016a). *Aplicación móvil para la mejora de las habilidades lingüísticas del idioma inglés en preescolar*. México: Consejo Nacional de Ciencia y Tecnología.

Díaz, N., Martínez, E., y Rodríguez, D. (2011). El andamiaje asistido en procesos de comprensión lectora en universitarios. *Revista Educación y Educadores, No. 3*. Bogotá: Universidad de la Sabana.

Duarte, R. (2012). *La enseñanza de la lectura y su repercusión en el desarrollo del comportamiento lector*. (Tesis Doctoral). Alcalá: Universidad de Alcalá.

Fernández, R. (2005). *Marco conceptual de las nuevas tecnologías aplicadas a la educación*. Ciudad Real: Universidad de Castilla La Mancha.

Ferro, C., Martínez, A., y Otero, M. (2009). Ventajas del uso de las TIC en el proceso de enseñanza aprendizaje desde la óptica de los docentes universitarios españoles. *Edutec, No. 29*. Isla Baleares: Universidad de las Islas Baleares.

Franco, M. (2009). Factores de la metodología de enseñanza que inciden en el proceso de desarrollo de la comprensión lectora en niños. *Zona Próxima, No. 11*. Barranquilla: Universidad del Norte.

Gerónimo, G., y Sturm, C. (2006). *Edumovil: el futuro de la educación primaria en México*. Huajuapan de León: Universidad Tecnológica de la Mixteca.

Gheytasi, M., Asizifar, A., y Gowhary, H. (2015). *The effect of smartphone on the reading comprehension proficiency of Iranian EFL learners*. Antalya: Science Direct.

Gómez, A. (2011). Impulsa proyecto Harppi-Tec del Tecnológico de Monterrey, aprendizaje móvil en niños de primaria. *TalentoTec N°. 155*. Monterrey: ITESM.

Guevara, G., Bilbao, B., Cárdenas, C., y Delgado, M. (2011). *Hacia una lectura superior: la habilidad de la lectura*. Málaga: Universidad de Málaga.

Hager, A., Garner, B., Smith, C., Bingman, M., Balliro, L., Mullins, L., Guidry, L., y McShane, S. (2005). *Understanding What Reading Is All About*. Cambridge: NCSALL.

Hea-su, K. (2014). *Effects of using mobile devices in blended learnind for english reading comprehension. Miltimedia-Assited Language Learning*. Seoul: Seoul Women's University.

Kim, A., Vaughn, S., Wanzek, J., y Wei, S. (2004). Graphic organizers and their effects on the Reading comprehension of students with LD. *Journal of Learning Disabilities, No. 37.* New York: Wiley.

Kintsch, W. (1998). The role of knowledge in discourse comprehension: a construction-integration model. *Psychological Review, No. 95.* Princeton: Princeton University.

Latorre, J., y Montañés, J. (1992). *Modelos teóricos sobre la comprensión lectora: algunas implicaciones en el proceso de aprendizaje.* Ciudad Real: Universidad de Castilla La Mancha.

Leahey, T. y Harris, R. (1998). *Aprendizaje y cognición.* Madrid: Printice Hall.

Markman, A. (1997). Constraints on analogical inferences. *Cognitive Science, No. 21.* London: Cognitive Science.

Marr, M., y Gormley, K. (1982). Children's recall of familiar and unfamiliar text. *Reading Research Quarterly, No. 18.* New York: Wiley.

Meléndez, LL., Flores, M., Castañeda, A., y García, M. (2013). *La Importancia de la Aplicación de las Estrategias para mejorar la Comprensión Lectora en alumnos de Secundaria.* Monterrey: Instituto Tecnológico de Estudios Superiores de Monterrey.

Méndez, J., y Delabra, M. (2007). *Fomento y desarrollo de la comprensión lectora a través de Ambientes de Aprendizaje Virtual.* Monterrey: Escuela de Ciencias de la Educación.

Meza, D. (2011). *Sacuden su iPhone para aprender física.* Monterrey: Instituto Tecnológico y de Estudios Superiores de Monterrey.

Monroy, J., y Gómez, B. (2009). Comprensión lectora. *Revista Mexicana de Orientación Educativa, No. 16.* México: Universidad Nacional Autónoma de México.

Morles, A. (1999). El proceso de la comprensión en lectura. *Revista Latina de Pensamiento y Lenguaje, No. 4.* México: Sociedad Iberoamericana de Pensamiento y Lenguaje.

Navarro, J., y Mora, J. (2009). *Metaconocimientos y comprensión de textos.* Sevilla: Universidad de Sevilla.

Neira, M. (2005). *La comprensión de los textos expositivos: influencia de su estructura, del desarrollo cognitivo y de la instrucción.* (Tesis Doctoral). Coruña: Universidad de la Coruña.

OCDE. (2006). *El programa para la evaluación internacional de alumnos PISA. Qué es, y para qué sirve.* París: OCDE.

Olmos, R., León, J., Jorge-Botana, G., y Escudero, I. (2013). Using Latent Semantic Analysis to grade brief summaries: a study exploring texts at different academic levels. *Literacy & Linguistic Computing, No. 28*. London: Universidad de Oxford.

Oñate, E. (2013). *Comprensión lectora: marco teórico y propuesta de intervención didáctica*. Valladolid: Universidad de Valladolid.

Ospina, M. (2001). *Macroestructura y mapa conceptual: estrategias de revisión en la comprensión lectora*. Chía: Universidad de la Sabana.

Paris, S., Wasik, B., y Turner, J. (1991). *The development of strategic readers*. New York: Longman.

Partido, M. (2003). *Concepciones y estrategias didácticas sobre lectura*. Xalapa Enríquez: Universidad Veracruzana.

Pascual, G. y Goikoetxea, E. (2005). *Prueba de comprensión lectora e intervención para primaria*. Deusto: Universidad de Deusto.

Pearson, P., y Fielding, L. (1991). *Comprehension instruction*. New York: Longman.

Pineda, L., Arango, M. y Bueno, C. (2013). *La incorporación de las TIC para mejorar la comprensión lectora de los estudiantes*. Pereira: Universidad Tecnológica de Pereira.

Qian, D., y Schedl, M. (2004). Evaluation of an in-depth vocabulary knowledge measure for assessing reading performance. *Language Test, No. 21*. New York: Sage Journals.

Ramírez, J., Vargas, M., López, M., García, M., Flores, N., y López, N. (2004). *Siete estrategias para trabajar con el resumen en la escuela primaria*. México: Secretaria de Educación Pública.

Rodríguez, E. (2016). *Educación ambiental en Zacatecas con Apps*. México: Consejo Nacional de Ciencia y Tecnología.

Ruiz, A. (2007). *Estrategias de comprensión lectora: actividades y métodos*. Andalucía: Redes.

Sánchez, M. (1998). *Comprensión y Redacción de textos*. Barcelona: EDEBÉ.

Sandoval, K. (2014). *TIC y comprensión lectora*. Santiago: EducarChile.

Schmitt, M., y Baumann, J. (1990). Metacomprehension during basal reading instruction: Do teachers promote it? *Reading Research and Instruction, No. 29*. Chicago: National Reading Conference.

SEP. (2011). *Programa de Estudios 2011. Educación Básica Primaria*. México: Secretara de Educación Pública.

Silva, M., Strasser, K., y Cain, K. (2014). *Early narrative skills in Chilean preschool: Questions scaffol the production of coherent narratives.* Michigan: Reports & Papers.

Singer, M. (1994). Minimal o normal inference during reading. *Journal of Memory and Language, No. 33.* London: Journal of Memory and Language.

Solé, I. (1987). *L´ensenyament de la comprensió lectora.* Barcelona: CEAC.

Solé, I. (1993). Estrategias de lectura y aprendizaje. *Cuadernos de Pedagogía, No. 216.* Barcelona: Ciss Praxis.

Solé, I. (1996). *Aprendre i ensenyar a l'Educació Infantil.* Barcelona: Graó.

Solé, I. (2006). *Estrategias de lectura.* Barcelona: Grao.

Solé, I. (2012). Competencia lectora y aprendizaje. *Revista Iberoamericana de Educación, N° 59.* Madrid: Organización de Estados Iberoamericanos.

Taylor, E., y Connor., U. (1982). Silent versus oral reading: The rational instructional use of both processes. *The Reading Teacher, No. 4.* New York: Wiley.

UNESCO. (2012). *Aprendizaje móvil para docentes en América Latina. Análisis del potencial de las tecnologías móviles para apoyar a los docentes y mejorar sus prácticas.* París: Publicaciones UNESCO.

Valis, D. (2016). *Aplicaciones móviles para el aprendizaje de Zapoteco.* México: Consejo Nacional de Ciencia y Tecnología.

Vallés, A. (2005). Comprensión lectora y procesos psicológicos. *Liberabit. No. 10.* Lima: Universidad de San Martín de Porres.

Vásquez, A., Escurra, L., Atalaya, M., Pequeña, J., Santibáñez, R., Álvarez, C., Rodríguez, R., Rodríguez, M., y Llerena, L. (2009). Comparación de la comprensión lectora en alumnos de tercer año de secundaria de centros educativos estatales y no estatales de Lima metropolitana. *Persona, No. 12.* Lima: Universidad de Lima.

Vásquez, B. (2013). *Comprensión lectora, según género, en alumnos del sexto grado de una institución educativa del distrito del callao.* Lima: Universidad San Ignacio de Loyola.

Velásquez, M. (2010). *Las inferencias en la comprensión lectora.* Valparaíso: Pontificia Universidad Católica de Valparaíso.

Viveros, J. (2010). La analogía como estrategia cognitiva que favorece la comprensión lectora en textos. *Educare, No. 2.* Heredia: Universidad Nacional.

Smartphones y Educación

Daniel Cantú Cervantes
Daniel Desiderio Borrego Gómez
Noel Ruíz Olivares

Introducción

Los teléfonos inteligentes al igual que los ordenadores, permiten la instalación de programas y aplicaciones para incrementar el procesamiento de los datos, la comunicación y la conectividad. Tales aplicaciones o *Apps* pueden ser elaboradas por el fabricante del dispositivo, por el operador de red o por personas particulares. La diferencia entre un *Smartphone* y una *Tableta Digital* es simplemente que esta última, se encuentra generalmente limitada de funciones para establecer una llamada como lo hace un teléfono, sin embargo, suelen poseer una pantalla táctil más grande y utilizar los mismos medios de comunicación, aplicaciones y funcionalidades de un *Smartphone.*

A partir de lo anterior, Prieto, Ramírez, Morillo y Domingo (2011); Luengo (2012); Robles, Feito, Jiménez y Segura (2012) y Burgos y Echeverry (2012) exponen que los dispositivos móviles inteligentes –*concretamente los teléfonos y tabletas digitales inteligentes*– son herramientas electrónicas táctiles que prescinden de la necesidad de un teclado y ratón físico. Funcionan con características y funcionalidades similares a las de un ordenador computacional personal. Al respecto, Pérez, Fernández y Ramos (2009) y Román y García (2013) identifican que existen ocho tipos de dispositivos móviles comunes: *teléfono móvil básico, las agendas personales electrónicas, los reproductores de audio o video, videoconsolas portátiles, relojes inteligentes, ordenadores portátiles, los teléfonos inteligentes y tabletas electrónicas.* Generalmente un *teléfono móvil básico* permite realizar llamadas y envió de mensajes de texto bajo un cobro establecido por el operador de red. Estos teléfonos de distinguen por ser de bajo costo, pero poseen pocas aplicaciones –*principalmente solo las preestablecidas de fábrica*– y pantalla táctil. Suelen poseer un bajo procesamiento por lo que se ve favorecido en el rendimiento de la batería de alimentación. Dentro de las herramientas para el escenario educativo de este tipo de dispositivo, se destaca la comunicación vía llamada de voz y mensaje de texto, sin embargo, no es posible generar aplicaciones dinámicas e interactivas en este tipo de dispositivo como sucedería en un *Smartphone*. Por otra parte las *agendas personales* electrónicas son organizadores personales de bolsillo que se encuentran diseñadas con aplicaciones a fin de una agenda personal. Poseen calendarios, lista de contactos, bloc de notas, recordatorios, calculadora, diccionarios, herramientas de dibujo y de reconocimiento de escritura; además pueden reproducir música, video, creación de documentos, juegos, correo electrónico y navegación por internet. Como se ha visto, las aplicaciones en este dispositivo juegan un papel importante en las posibilidades que pueden ofrecer al aprendizaje.

Los *reproductores de audio o video* son dispositivos que contienen programas informáticos capaces de mostrar un abanico de contenidos audiovisuales, entre los que se destaca la reproducción de sonido, vídeo e imágenes. Las posibilidades que este tipo de dispositivo para el aprendizaje es la multimedia. Las *videoconsolas* portátiles son dispositivos electrónicos ligeros que permiten la ejecución de videojuegos donde los controles, pantalla, altavoces y batería de alimentación se encuentran todos incluidos en la misma unidad de pequeño tamaño, a fin de poder llevarla a cualquier parte. Dentro de las posibilidades para el aprendizaje se distingue la herramienta lúdica de interacción, animación y simulación como los videojuegos.

Son *relojes inteligentes* de pulsera que poseen funciones similares a las de una agenda personal electrónica, sin embargo a pesar de que las pantallas de estos dispositivos son muy pequeñas, pueden ejecutar diversas aplicaciones digitales móviles dentro de las cuales y para su función como reloj, se destaca: el acelerómetro, termómetro, altímetro, barómetro, sistema de posicionamiento global –GPS–, brújula, cronógrafo, e inclusive funciones de telefonía, conexión inalámbrica, navegación por internet, pantalla gráfica, altavoz, micrófono y sensores de movimiento. El rango de posibilidades para el aprendizaje que este dispositivo brinda depende de la diversidad de aplicaciones que posea. Los *ordenadores portátiles* con computadoras personales transportables capaces de realizar la mayor parte de las tareas que realizan los ordenadores de escritorio; tiene similar capacidad de procesamiento y memoria con la ventaja de su peso y tamaño reducidos. Por otra parte posee la capacidad de operar por un período determinado sin estar en conexión con la red eléctrica. Las posibilidades que los ordenadores portátiles ofrecen al aprendizaje son similares a las de un ordenador fijo *–en materia de capacidades, programación y aplicaciones informáticas–*, sin embargo su costo de adquisición puede ser un poco más elevado.

Los *Smartphones* como se ha visto, son teléfonos móviles construidos sobre una plataforma informática con una mayor capacidad de almacenamiento y procesamiento de datos y realización de actividades semejantes a un ordenador y con una mayor conectividad que un teléfono móvil básico. Este computador de bolsillo multitarea y con pantalla táctil permite la instalación y ejecución de aplicaciones informáticas, además de poseer las funcionalidades de un teléfono móvil básico, de una agenda personal electrónica, de un ordenador portátil, de un reloj inteligente y de un reproductor de audio y video. Su adquisición puede ser menos onerosa que un computador portátil y las posibilidades que brinda al aprendizaje dependen de las funcionalidades mencionadas. Las *tabletas electrónicas* son dispositivos portátiles de mayor tamaño que un teléfono inteligente con pantalla táctil y suele poseer las mismas funcionalidades que aquél.

El auge de los dispositivos móviles proviene de la multiplicidad de recursos y herramientas que poseen, al respecto, Prieto, Ramírez, Morillo y Domingo (2011); Luengo (2012); Robles, Feito, Jiménez y Segura (2012) y Burgos y Echeverry (2012), identifican algunos instrumentos y servicios que brindan: *cámaras de video y fotografía, altavoces, servicios de correo electrónico, gestores de archivos, servicios de redes sociales, reproductores de video y audio, grabadoras de sonido, mensajería instantánea, procesadores de texto, video, audio e imagen, lectores de diversos tipos de archivos, exploradores de internet, multiplicidad de juegos, calculadoras, llamadas de voz y envío de mensajes de texto, alarmas, calendarios, configuración de aplicaciones, mapas, GPS, servicios de respaldo en internet –nube digital–, Podcasts, tiendas de aplicaciones, traductores de idiomas, diccionarios, servicios de foros y grupos en internet, conexión inalámbrica, teclados, pantalla táctil, sensores de movimiento, micrófonos, vibración, reloj, servicios de radas y climatología, antivirus, servicios de noticias, afinadores para instrumentos musicales, servicios de cursos en diversas temáticas, servicios de finanzas –portales bancarios y bolsa de valores–, compras en internet, pago de servicios vía internet, uso del dispositivo como control remoto, brújula, cronógrafo, agendas, instalación de múltiples aplicaciones, servicio de manos libres –al realizar llamadas–, portabilidad y flexibilidad, entre otras.*

Con las implicaciones anteriores, Chuang y Su (2012); Yang y Hung (2012); Sapargaliyev (2013); Hwang y Wu (2014); Taylor (2014); Anohan y Suhonen (2015); Faizal y Shahrin (2015); Jeong-So, Choi y Yoon (2015); Yin y Fitzgerald (2015); Ray y Saeed (2015); Srisawasdi, Feungchan, Meuansechai, Kongpet y Panjaburee (2016); Zheng, Chen, Li y Huang (2016); Lin, Kao y Lan (2016); Chen, Tao y He (2016); Liu, Liu, T., Lin, Kuo y Hwang (2016); Ziming y Xiaobin (2016); Al-Hunauyyan, Al-Sharhan y Alhajri (2017); Ziden, Rosli, Gunasegaran y Azizan (2017); Hathout, Ghoniemy e Ibrahim (2017); Wongwatkit, Panjaburee y Srisawasdi (2017) y Mohd, Noor, Mohd, S., Mahani y Norazrena (2017) indican algunos aspectos sobresalientes del uso de las TIC móviles, especialmente de la implementación de *Smartphones* y *tabletas electrónicas* la educación, así como algunas dificultades sobresalientes en el tema:

Los dispositivos móviles pueden ser utilizados con fines didácticos específicos y son susceptibles a adaptarse en cualquier nivel educativo. Favorecen los aprendizajes dentro y fuera del aula, debido que los estudiantes utilizan los dispositivos a diario y en cualquier lugar. Fomentan la interacción y ubicuidad de los dispositivos móviles propiciando la motivación del alumno por utilizarlos. Los estudiantes son optimistas ante la idea de la inserción de las TIC móviles en la educación. Las TIC móviles se pueden adaptar con facilidad a procesos educativos integradores con otros tipos de tecnologías. Facilitan el tratamiento e interacción con la multimedia. Las TIC móviles se distinguen por ser prácticas y dinámicas. La sencillez de uso de las aplicaciones móviles favorece la liberación de la memoria de trabajo para estimular y favorecer procesos creativos. Por su practicidad ubicua, comunicación e interacción instantánea con profesores y otros estudiantes, favorecen el aprendizaje de idiomas. Facilitan la interacción en actividades lúdicas. Favorecen la realidad aumentada y la generación de simuladores móviles de realidad virtual. Promueven el constructivismo social y cultura colectiva mediante la interacción entre usuarios conectados. La inteligencia colectiva es mayor que la inteligencia aislada. Pueden ofrecer herramientas interactivas multimedia de apoyo para alumnos situados en educación especial. Posibilitan la adquisición de habilidades y conocimientos especificados sobre determinado lenguaje, incluyendo la alfabetización y el aprendizaje de idiomas en hablantes con lenguajes maternos estables. Favorecen el aprendizaje del área matemática mediante actividades dinámicas e interactivas. Permiten acceso a herramientas que posibiliten la compartición de recursos así como el almacenamiento de materiales y contenido entre los usuarios para construcción de conocimientos. Se adaptan con facilidad hacia escenarios de capacitación de contenidos y habilidades específicas ajenas a planes institucionales formales. Promueven la personalización de la educación y el aprendizaje autónomo mediante actividades que propician independencia y aplicaciones que personalizan la gestión del usuario. Fomentan el impulso hacia la cooperación y la colectividad entre los participantes para el compartimiento de ideas y carga cognitiva con fines heurísticos o de desarrollo de determinadas habilidades. Otorgan acceso ubicuo al uso de redes sociales, así sea esta solo una o varias, promoviendo el uso de las redes para comunicación y compartimiento de contenido y materiales. Fomentan el dialogo mediante llamadas de voz, video y a través de mensajes de texto –*SMS*– como herramienta comunicacional entre los usuarios. Facilitan la utilización del correo electrónico como herramienta comunicacional clave u opcional y para compartición de recursos. Favorecen el manejo o gestión de aplicaciones o sitios web situados en internet y la comunicación entre las partes mediante foros de debate virtuales y herramientas móviles de comunicación instantánea como salas de chat. Si bien se pueden crear y generan aplicaciones didácticas situadas en contextos específicos, existe un amplio abanico de aplicaciones móviles útiles en internet que pueden utilizarse como herramientas de apoyo. No es necesario invertir en la adquisición de TIC móviles, debido que los estudiantes en su mayoría ya poseen sus propios dispositivos. Se posee portabilidad debido que los dispositivos pueden transportarse con sencillez e incluso con discreción. Existen sistemas operativos móviles populares de código abierto disponibles para la generación de aplicaciones, impulsando la creatividad, colaboración y el dinamismo en los diseñadores de materiales educativos móviles. Poseen independencia tecnológica, es decir, los contenidos u objetos digitales de aprendizaje generados pueden ser factibles para muchos tipos de dispositivos móviles. Cualquier aplicación didáctica generada puede situarse en internet y estar disponible para casi cualquier dispositivo móvil. Los dispositivos móviles pueden personalizarse rápidamente, inclusive con mayor facilidad que un ordenador. Además de la capacidad de comunicación por medio de llamadas de voz, texto y mensajería instantánea, los dispositivos móviles inteligentes permiten la conectividad a casi cualquier punto de acceso a internet. Debido a la gran cantidad de dispositivos móviles en el mercado y la sociedad, cada vez más las organizaciones públicas y privadas se enfocan en brindar soporte y estabilidad a los procesos y dispositivos móviles. Cada vez un mayor número de sitios públicos y privados ofrecen conexión a internet de manera gratuita. La adquisición de dispositivos móviles está al alcance de más individuos dado el bajo costo entre aquellos y los ordenadores fijos. Los ambientes de aprendizaje a través de dispositivos móviles posibilitan la disminución de la resistencia hacia el uso de las TIC en la educación. Refuerzan los contenidos curriculares de instituciones formales y no formales. La multiplicidad de canales de contacto y comunicación de *alumno-profesor* puede acortar la brecha entre la confianza de los alumnos con el maestro. El costo de los textos y libros impresos es superior a las versiones digitales, además los textos virtuales se distribuyen con mayor facilidad y se adquieren se manera más sencilla y es más simple almacenarlos. Los usuarios dejan de cargar libros o documentos físicos. Existe un control sobre el tamaño del texto para personas con problemas visuales. Los materiales digitales no solo poseen texto, sino inclusive contenido multimedia y es posible guardar gran cantidad de información en poco espacio. Las TIC móviles fomentan el respaldo y almacenamiento de información en la *nube digital* para evitar la saturación de datos de los dispositivos y así poder acceder a la información almacenada desde cualquier parte.

Una vez observadas las ventajas anteriores del uso de las TIC móviles en educación, se presentan a también algunos *inconvenientes* a considerar: *Pantallas pequeñas*, que pueden limitar la visión adecuada de la pantalla del móvil. Sin embargo la mayoría de las pantallas puede presentar la información de manera horizontal al girar el dispositivo. *Preferencia por lo gratuito:* generalmente los usuarios tienden a elegir aplicaciones del dominio público, es decir prefieren apps gratuitas. Esto puede afectar a desarrolladores que pretendan vender aplicaciones educativas, no obstante muchas aplicaciones pueden recaudar fondos mediante otro tipo de medios, por ejemplo, la publicidad. *Riesgo en movimiento:* es evidente que interactuar con el dispositivo estando en movimiento puede afectar la atención del usuario, sin embargo las personas prefieren utilizar las tecnologías móviles al moverse, de ahí el concepto. La movilidad es un factor a considerar y precisa de un marco de reflexión en cuanto al cuidado de los focos atencionales. Ciertamente la tecnología viaja con el usuario, empero se debe instruir a los estudiantes el hecho el poseer cuidado acerca de los riesgos de distraerse en movimiento. Si bien la movilidad es un factor de riesgo, los diseñadores educativos móviles deben considerarla como aspecto relevante del concepto móvil. Tarifas de datos y acceso a internet: si bien pudiera señalarse que los costos por el acceso a internet han disminuido, es preciso indicar que no dejan de ser un inconveniente para muchas aplicaciones móviles educativas que precisan del acceso a la red de internet. Por otra parte parece ser que los paquetes de internet se han vuelto parte de los servicios vitales de las personas ante el paradigma móvil, aunque se puede señalar que con mayor frecuencia brota un mayor número de puntos de conexión a internet gratis en lugares públicos y privados. *La ciencia de la facilidad*: si bien los usuarios buscan y prefieren aplicaciones que faciliten las cosas y no necesariamente que les obliguen a reflexionar o trabajar, es evidente que el aprendizaje es un proceso que requiere esfuerzo y todo desarrollador educativo debe sopesar estos aspectos a la hora de diseñar materiales móviles, equilibrando la facilidad con desarrollo de habilidades cognitivas, actitudes y adquisición de conocimientos. *Sitios de internet*: como en todo dispositivo con acceso a internet, depende de la actitud de usuario y de su bagaje axiológico para comprender los riesgos de navegar por sitios web peligrosos y nocivos para los usuarios, algunos otros prohibidos para personas de menor edad. Si bien las instituciones y organización se esfuerzan para bloquear sitios de internet de este tipo y acceso a páginas web con contenidos considerados como dañinos, es necesario que los usuarios conozcan los riesgos y aprendan a tomar consciencia al navegar cuidado la integridad de sus dispositivos y la suya, incluyendo su salud mental. Después de todo, es mejor que el usuario tome por sí mismo lo considerado como una buena decisión. *La novedad que pasa*: los contenidos multimedia novedosos en aplicaciones móviles pueden favorecer significativamente el aprendizaje al inicio, empero suele desvanecerse a través del tiempo, como se ha observado, esto no significa que las aplicaciones posean fecha de vencimiento sino que la multimedia debe ser cambiante, novedosa constante, desafiante y sencilla a la vez para posibilitar el aumento de la motivación del estudiante. El desarrollo de aplicaciones cooperativas y multijugadoras promueve la motivación y colectividad, no obstante es necesario que el desarrollador de materiales móviles deba prepararse para la actualización constante de las aplicaciones, debido que la novedad transita con rapidez y la popularidad se puede perder con el tiempo. Por otra parte, es necesario considerar que la colectividad orienta los ánimos entre los alumnos, es decir, si una *App* empieza a generar aburrimiento o desinterés esta idea se propaga rápidamente desanimando a otros usuarios a utilizarla. *Cuidado con los niños muy pequeños:* el uso de pantallas en niños muy pequeños puede perjudicar su agudeza visual dada su temprana edad, es preciso evitar que los niños muy pequeños se expongan de manera constante pantallas que les provoque cansancio visual temprano. *Se necesita de todos los actores educativos:* no solo se trata de alentarse entre docentes a utilizar e investigar las TIC móviles, sino involucrar actores que posean acceso a la toma de decisiones en áreas relacionadas con la gobernabilidad educativa. Se precisa ampliamente de la participación de las instituciones y autoridades educativas para asentar un escenario formal de investigación, desarrollo y aplicación de las tecnologías móviles en las escuelas.

Como se ha observado, existen diversos desafíos y ventajas en el uso y aplicación de las TIC móviles en la escuela. Sin embargo el *paradigma móvil* ha obligado a revirar y reforzar acciones en pro de la investigación y desarrollo de materiales móviles. Ramos (2014) indica que los dispositivos continúan siendo objeto de investigación educativa ya que son recursos inmersos en la sociedad conformando un *paradigma móvil* del cual actualmente no se puede prescindir totalmente. Además de esto, es evidente que surge la necesidad de reflexión e innovación didáctica ante estas tecnologías emergentes, innovadoras y en constante transformación. Una de las propuestas gubernamentales de inserción de TIC móviles en México fue el *Programa U077 para la Inclusión y Alfabetización Digital*, implementado por la Secretaria de Educación Pública a partir de la Estrategia 3.1.4 del Plan Nacional de Desarrollo 2013-2018 que establece promover la incorporación de las nuevas tecnologías de la información y comunicación en el proceso de enseñanza aprendizaje, ampliando *–dentro de sus líneas de acción–*, la dotación de equipos de cómputo y garantizar la conectividad en los planteles educativos, a la vez de otorgar a todos los alumnos de escuelas públicas de una *computadora o dispositivo portátil* en Quinto y Sexto grado de Primaria. Sin embargo, tiempo después el programa se canceló por materia presupuestal y solo fue implementado en algunos estados de la república. La tecnología móvil puede producir experiencias educativas en cualquier situación, lugar y momento, trasladando los procesos educativos a una nueva dimensión al poder cubrir necesidades de aprendizaje urgentes, mediante escenarios de movilidad, interactividad y cooperación. Al respecto, Sharples, Taylor y Vavoula, (2005), afirman que las TIC móviles promueven procesos de enseñanza y aprendizaje ubicuo gracias a la conexión inalámbrica de los dispositivos que posibilitan la comunicación, el acceso a la información y la interactividad a través de múltiples aplicaciones. El *paradigma móvil* se fortalece debido al acelerado de desarrollo de los dispositivos que cada vez más se encuentran a la disponibilidad de cualquier persona. Actualmente no es necesario que el alumno esté donde se encuentre la tecnología, sino que ésta se encuentra en donde está el estudiante. Si bien el aprendizaje en los dispositivos móviles se encuentra en un escenario de constante estudio y reflexión, las facilidades, recursos y herramientas compensan la valla de desafíos que se puedan presentar. La inmersión de los dispositivos se expande rápidamente y se innova con veloz prontitud, por lo que exige de mayor investigación educativa para revirar el barco móvil hacia horizontes de mejores aprendizajes.

Referencias

Al-Hunauyyan, Al-Sharhan y Alhajri (2017). Un modelo de aprendizaje móvil Nuevo en el contexto del entorno inteligentes aulas: un enfoque holístico. *International Journal of Interactive Mobile Technologies, Vol, 11.* Kirchengasse: IAOE.

Anohan, E., y Suhonen, J. (2015). Modelización de la política de aprendizaje móvil en la educación para los países en desarrollo de África computación: un enfoque de diseño retrospectivo. *International Journal of Mobile Learning y Organization, Vol. 9.* Taiwán: Inderscience.

Burgos, D., y Echeverry, J. (2012). *Estado del arte del uso de aplicaciones en dispositivos móviles en el área de la telemedicina.* Pereira: Universidad Tecnológica de Pereira.

Chen, Y., Tao, R., y He, W. (2016). Investigating mobile cloud learning through blog mining. *International Journal of Mobile Learning y Organization, Vol. 10.* Taiwan: Inderscience.

Chuang, T., y Su, S. (2012). El uso de la consola de juegos móviles para las inteligencias múltiples y la educación. *International Journal of Mobile Learning y Organization, Vol. 6.* Taiwán: Inderscience.

Faizal, S., y Shahrin, S. (2015). Dimensión de modelo de seguridad móvil: amenazas a la seguridad del usuario móvil y la conciencia. *International Journal of Mobile Learning y Organization, Vol. 9.* Taiwán: Inderscience.

Hathout, B., Ghoniemy, S., e Ibrahim, O. (2017). Un agente de cifrado basado en la nube de modificación de la nube de integridad de datos. *International Journal of Interactive Mobile Technologies, Vol. 17.* Kirchengasse: IAOE.

Hwang, G., y Wu, P. (2014). Aplicaciones, impactos y tendencias de móviles de aprendizaje potenciado por la tecnología: una revisión de 2008-2012 publicaciones en revistas SSCI seleccionado. *International Journal of Mobile Learning y Organization, Vol. 8.* Taiwán: Inderscience.

Jeong-So, H., Choi, H., y Yoon, H. (2015). La comprensión de las necesidades percibidas de los usuarios y las preocupaciones hacia la integración de aplicaciones móviles en la educación científica primaria en Corea. *International Journal of Mobile Learning y Organization, Vol. 9.* Taiwán: Inderscience.

Lin, Y., Kao, Ch., y Lan, Y. (2016). Los efectos del aprendizaje móvil en el desempeño oral de los estudiantes en chino mandarín y sus actitudes. *International Journal of Mobile Learning y Organization, Vol. 10.* Taiwan: Inderscience.

Liu, G., Liu, T., Lin, Ch., Kuo, Y., y Hwang, G. (2016). Identificación de funciones de aprendizaje y modelos de aprendizaje ubicuo. *International Journal of Mobile Learning y Organization, Vol. 10.* Taiwan: Inderscience.

Luengo, M. (2012). Una aproximación al concepto de Sociedad Móvil. El Smartphone: su expansión, funciones, usos, límites y riesgos. *Derecom, No. 11.* Madrid: Derecom.

Mohd, Y., Noor, A., Mohd, S., Mahani, M., y Norazrena, S. (2017). Aprendizaje colaborativo en Aplicaciones ambiente auténtico para promover las habilidades de proceso Preescolar Básica Científicas. *International Journal of Interactive Mobile Technologies, Vol. 17.* Kirchengasse: IAOE.

Pérez, J., Fernández M., y Ramos J. (2009). *Análisis de características técnicas en dispositivos móviles aplicado a la instrumentación. IV Congreso Iberoamericano de Estudiantes de Ingeniería Eléctrica.* Bogotá: Universidad de los Andes.

Prieto, J., Ramírez, R., Morillo, J., y Domingo, M. (2011). *Tecnología y desarrollo en dispositivos móviles.* Barcelona: Universidad Abierta de Catalunya.

Ramos, M. (2014). *Influencia de las TIC en la educación media superior.* México: Universidad Pedagógica Nacional.

Ray, S., y Saeed, M. (2015). El aprendizaje móvil usando plataformas de medios sociales: un análisis empírico de los comportamientos de los usuarios. *International Journal of Mobile Learning y Organization, Vol. 9.* Taiwán: Inderscience.

Robles, M., Feito, F., Jiménez, J., y Segura, R. (2012). *Tecnologías para museos virtuales en dispositivos móviles.* Jaén: Universidad de Jaén.

Román, D., y García, I. (2013). *Los factores clave del éxito de las promociones realizadas con dispositivos móviles de última generación: un análisis teórico.* Madrid: Universidad Complutense de Madrid.

Sapargaliyev, D. (2013). ¿Cómo las tecnologías móviles influir en el estado psicoemocional de los estudiantes? *International Journal of Mobile Learning and Organization, Vol. 7.* Taiwan: Inderscience.

Sharples, M., Taylor, J., y Vavoula, G. (2005). *Towards a theory of mobile learning.* Birmingham: Universidad de Birmingham.

Srisawasdi, N., Feungchan, W., Meuansechai, K., Kongpet, K., y Panjaburee, P. (2016). Estudio sobre la integración visualizó la simulación en las actividades de aprendizaje en todas partes sensibles al contexto para la educación científica primaria. *International Journal of Mobile Learning y Organization, Vol. 10.* Taiwan: Inderscience.

Taylor, M. (2014). Aprendizaje basado en web para el aprendizaje eText: la enseñanza de sánscrito con un libro de texto electrónico. *International Journal of Mobile Learning y Organization, Vol. 8.* Taiwán: Inderscience.

Wongwatkit, Ch., Panjaburee, P., y Srisawasdi, N. (2017). Una propuesta para desarrollar un aprendizaje móvil en la investigación guiada con un mecanismo de aprendizaje para el dominio para mejorar la capacidad de aprendizaje de los estudiantes y las actitudes de

Física. *International Journal of Mobile Learning y Organization, Vol. 9*. Taiwan: Inderscience.

Yang, J., y Hung, Ch. (2012). Un entorno de aprendizaje móvil para apoyar las actividades experimentales basadas en la investigación en la escuela primaria. *International Journal of Mobile Learning y Organization, Vol. 6*. Taiwán: Inderscience.

Yin, K., y Fitzgerald, R. (2015). El aprendizaje de bolsillo: un nuevo enfoque de aprendizaje móvil para los estudiantes a distancia. *International Journal of Mobile Learning y Organization, Vol. 9*. Taiwán: Inderscience.

Zheng, L., Chen, N., Li, X., y Huang, R. (2016). El impacto de una a dos vueltas, la evaluación por pares móvil en los logros de aprendizaje, habilidades de pensamiento crítico y la conciencia metacognitiva. *International Journal of Mobile Learning y Organization, Vol. 10*. Taiwan: Inderscience.

Ziden, A., Rosli, M., Gunasegaran, T., y Azizan, S. (2017). Percepciones y experiencia en aprendizaje móvil a través de SMS: Estudio de caso de los estudiantes de educación a distancia en una universidad pública de Malasia. *International Journal of Interactive Mobile Technologies, Vol. 17*. Kirchengasse: IAOE.

Ziming, L., y Xiaobin, H. (2016). Reading on the move: A study of reading behavior of undergraduate smartphone users in China. *Library & Information Science Research, Vo. 39*. Massachusetts: Elsevier.

Autores

Abigail Hernández Rodríguez

Es maestra en Educación Superior y licenciada en Ciencias de la Educación. Realizó estudios de Doctorado en Educación Internacional en la Universidad Autónoma de Tamaulipas. Su experiencia profesional se desarrolló en el campo de la educación, donde ha laborado como profesora de educación básica y de educación superior. Está adscrita a la Facultad de Comercio y Administración Victoria. Correo electrónico: ahernandezr@docentes.uat.edu.mx.

Anabell Echavarría Sánchez

Doctora en Educación Internacional por la Universidad Autónoma de Tamaulipas (UAT). Economista de profesión, con Maestría en Economía, ha trabajado como asesor a nivel nacional e internacional, ha desempeñado diversos cargos dentro de la administración pública mexicana. Actualmente labora como profesor e investigador en la (UAT). Está adscrita a la Facultad de Comercio y Administración Victoria (FCAV). Correo electrónico: aechavarria@docentes.uat.edu.mx.

Carmen Lilia de Alejandro García

Licenciada en Psicología, con Maestría en Comunicación Académica por la Universidad Autónoma de Tamaulipas, ha fungido como Psicólogo Clínico en el Centro de Desarrollo Integral de la Familia en el municipio de Nuevo Morelos en Tamaulipas, es evaluador del Instituto Nacional para la Evaluación de la Educación, terapeuta individual, familiar y escolar; desarrolla talleres enfocados a la mejora del bienestar de la comunidad, ha impartido pláticas sobre valores, como "Alejar a tus hijos de las adicciones" y "La familia como modelo a seguir", se desempeña como docente en el Centro de Educación Media Superior a Distancia #12 y catedrática de la UAT en la Unidad Académica de Trabajo Social y Ciencias para el Desarrollo Humano en Tamaulipas México. Su correo es lydalejandro@gmail.com.

Claudia Leticia Ríos Cárdenas

Egresada de la Licenciatura en Derecho de la Facultad de Derecho y Ciencias de la Universidad Autónoma de Tamaulipas. Maestría en Derecho penal y Maestría en Docencia por la Universidad Autónoma. Jefa del Departamento de Adopciones del Sistema Estatal para el Desarrollo Integral de la Familia (DIF Tamaulipas).

Daniel Desiderio Borrego Gómez

Ingeniero en Telemática con Maestría en Comunicación Académica, ha trabajado en diferentes empresas en áreas de Informática y Telecomunicaciones, ha impartido diplomados como: Diseño de Páginas Web, Software de Aplicación Organizacional, Competencias y Habilidades Digitales para el Docente entre otros, se ha desempeñado como Administrador de Moodle, Desarrollador Multimedia y Administrador de Web, actualmente labora en la Dirección de Educación a Distancia de la UAT, es profesor investigador de esa misma casa de estudios y Facilitador de la Universidad Abierta y a Distancia de México, forma parte de la Academia de Tecnología Educativa de la UAMCEH, miembro de la Red de Docentes de América y del Caribe (RedDOLAC) también es miembro de la Red Internacional Evaluadores (RIEV) además ha finalizado sus estudios de Doctorado en Educación Internacional con la Especialidad en

Tecnología Educativa por la UAT, su líneas de investigación es la Educación a Distancia, las TAC y TIC, ha participado como autor y coautor de diversos artículos su más reciente publicación es la del 2016 como coautor y coordinador del libro TIC y HERRAMIENTAS DIGITALES: Una revisión para el apoyo de la práctica docente, también está certificado en competencias Digitales por la International Computer Driving License (ICDL) sus correos son: ddborrego@docentes.uat.edu.mx y linuxppp@hotmail.com.

Daniel Cantú Cervantes

Doctor en Educación Ph. D "Cum Laude", por la Universidad de Baja California, Maestro en Comunicación Académica por el Centro de Excelencia de la Universidad Autónoma de Tamaulipas y Licenciado en Ciencias de la Educación en Tecnología Educativa egresado de la UAMCEH de la Universidad Autónoma de Tamaulipas. Actualmente es Profesor Investigador de Tiempo Completo en la UAMCEH perteneciente a la Universidad Autónoma de Tamaulipas. Miembro de la Red Iberoamericana de Docentes. Ha realizado estudios y trabajos de investigación sobre Objetos de Aprendizaje (OA), Mobile Learning, Uso de las TIC en Educación, desarrollo de aplicaciones móviles, Gobernabilidad Educativa, Economía de la Educación, Sociología de la Educación, Calidad y Equidad Educativa. Sus líneas de investigación actuales son: Mobile Learning, Comprensión Lectora, Neurociencia del Aprendizaje y TIC aplicadas a la educación. Correo electrónico: dcantu@docentes.uat.edu.mx.

Dora Yolanda Ramos Estrada

Doctora en Educación por la Nova Southeastern University, Maestría en Docencia e Investigación Educativa por el ITSON y Licenciada en Psicología por la UNAM. Adscrita al departamento de

Psicología desde 1993. Ha desempeñado actividades de Coordinadora de la Carrera de Psicología de 2000 a 2005 y como Jefa de Departamento del 2005 al 2009. Es profesora de la licenciatura en psicología y de la maestría en Investigación Psicológica (PNPC). Integrante del CA de Actores y Procesos Psicoeducativos (Consolidado). La LGAC que cultiva es Desarrollo de los estudiantes. Ha sido responsable del Proyecto "Factores Individuales e Institucionales asociados al rendimiento académico en estudiantes universitarios" y Estrategias Inclusivas en el aula y ha colaborado en diversos proyectos del departamento. Ha participado como responsable del Proyecto de Atención a la Diversidad en el contexto universitario" y Fomento a la Inclusión Educativa. Ha participado como autor y coautor en la publicación de artículos, capítulos de libro y memorias en congreso en psicología y educación. Ha sido evaluadora nacional del CA-CNEIP desde 2011. Es Miembro del Colegio de Psicólogos de Sonora. Tiene reconocimiento del perfil PRODEP y excelencia a la Disertación doctoral su correo electrónico es: dramos@itson.edu.mx.

Erik Márquez de León

Profesor de Tiempo Completo en la Universidad Autónoma de Tamaulipas (UAT). Maestro en Gestión y Políticas de la Educación Superior por la Universidad de Guadalajara, programa adscrito al Padrón Nacional de Posgrados de Calidad del Consejo Nacional de Ciencia y Tecnología (PNPC-CONACyT). Licenciado en Ciencias de la Educación con opción en Ciencias Sociales por la UAT. Sus líneas de investigación y especialización son: Políticas y Gestión Educativa, Diseño y Desarrollo Curricular, Evaluación y Acreditación Educativa. Correo electrónico: ermarquez@ docentes.uat.edu.mx.

Guadalupe Agustín González García

Doctor en Economía y Ciencias Sociales por la Universidad Autónoma de Tamaulipas. Ocupó el cargo de Jefe de la División de Posgrado en la Facultad de Comercio y Administración Victoria (FCAV). Sus líneas de investigación y especialización son: emprendimiento, análisis financiero, planes de negocio y proyectos. Ha desempeñado diversos cargos en la administración pública del Gobierno del Estado de Tamaulipas, así como también ha laborado para el sector privado. Correo electrónico: ggonzález@uat.edu.mx.

Irma Yolanda Arredondo Pedraza

Es Licenciada en Ciencias de la Educación con Opción en Tecnología Educativa y Maestra en Comunicación Académica por la Universidad Autónoma de Tamaulipas. Actualmente es Auxiliar del Programa Institucional de Tutorías en la UAT; su línea de trabajo comprende el uso del Sistema Institucional de Tutorías así como también el seguimiento de los tutores y tutorados del Nivel Medio Superior y Superior de la UAT, entre los puestos que ha desempeñado: ha sido maestra de TIC de la Preparatoria Bicentenario y maestra del área de matemáticas en la Escuela de Alejandría con línea de investigación de las Tecnologías de la Información y Comunicación basado en el estudio de las matemáticas en educación básica. Su correo de contacto es: iarredondo@uat.edu.mx

Isaías Martínez Trejo

Es Contador Público Auditor y Maestro en Comercio Exterior, egresado de la Facultad de Comercio y Administración de Tampico, de la Universidad Autónoma de Tamaulipas (UAT).

Es Dr. en Ciencias de la Educación por la Universidad Santander Campus Tampico. Actualmente está cursando un segundo Doctorado en Gestión Estratégica de Negocios en la UAT. Es Maestro de Tiempo Completo e integrante del Cuerpo Académico en Formación: "Investigaciones Jurídicas y Sociales" de la UAT. Tiene Perfil PRODEP línea de investigación "Educación Superior" y "Tecnologías". Está participando en los proyectos: "Impacto de la comunicación mediática y de la interpretación y su regulación" y "Rumores y creencias colectivas sobre la salud y la enfermedad en habitantes con distinto perfil". Su correo electrónico es: imartint@uat.edu.mx.

Irving Santamaría Domínguez

 Estudiante del Doctorado en Tecnología e Innovación en la Educación en la Universidad Centroamericana de Puebla (UNICA), obtuvo el grado de Maestro en Ciencias de la Educación en la Universidad ETAC en el Estado de México, estudió a través de la modalidad en línea la Especialización en Educación Media Superior – Línea I. Competencias Docentes impartida por la Universidad Pedagógica Nacional (UPN), es Licenciado en Informática por el Instituto Tecnológico de Iguala (ITI) y Técnico Programador por el Centro de Bachillerato Tecnológico industrial y de servicios No. 56 (CBTis). Actualmente es docente en la carrera de Ingeniería en Sistemas Computacionales del Tecnológico de Estudios Superiores de Villa Guerrero en el Estado de México (TESVG), profesor horas clase en el campo profesional de Técnico en Informática, en el Centro de Bachillerato Tecnológico Ing. Esteban Calderón Alcaraz, Villa Guerrero (CBT) y desarrollador web del sitio http://cbtvillagro.edu.mx/ y su correo electrónico es: isantamad@gmail.com.

José Guillermo Marreros Vázquez

Estudiante del Doctorado en Desarrollo de Competencias Educativas, cuenta con una Maestría en Comunicación Académica y la Licenciatura en Ciencias de la Educación con opción en Tecnología Educativa por la Universidad Autónoma de Tamaulipas, ha impartido asignaturas de: Planeación de los Procesos de Enseñanza y Aprendizaje, TIC en la Educación, Multimedia, Internet y Animación en 2D y 3D. Cuenta con un Diplomado en Saberes Digitales para Profesores de Educación Superior (SINED), Diplomado en Estrategias de Enseñanza y Aprendizaje en la Modalidad a Distancia (UNAM), Diplomado Internacional sobre Evaluación de la Calidad de los Programas de Educación Superior a Distancia (CREAD), Diplomado por medios virtuales sobre Diseño de Contenidos por Competencias para Ambientes B-Learning (CIMTED) y Certificado en ICDL, Testing Program, Microsoft Office Specialist, IC3 y Adobe Associate Educator. Actualmente se desempeña como Profesor Investigador y Diseñador Instruccional en Ambientes Virtuales de Aprendizaje en la Dirección de Educación a Distancia de la UAT. Sus correos electrónicos son: jgmarreros@docentes.uat.edu.mx y jose.marreros@set.edu.mx.

José Guadalupe de la Cruz Borrego

Estudiante del Doctorado en Gestión y Transferencia del Conocimiento en la Universidad Autónoma de Tamaulipas (UAT). Es Maestro en Sistemas de Información y Licenciado en Computación Administrativa por la UAT. Se desempeña como auxiliar administrativo del área de posgrado en la Facultad de Comercio y Administración Victoria (FCAV). Ha sido invitado a participar en cursos a nivel internacional por la Organización para la Cooperación y el Desarrollo Económicos (OCDE) en Trento, Italia en el año de 2014 y en Medellín, Colombia en el año de 2015. Correo electrónico: jborrego@docentes.uat.edu.mx.

Juan Enrique Martínez Cantú

 Maestro en Docencia, por la Universidad Autónoma de Tamaulipas. Licenciado en Ciencias de la Educación con Especialidad en Ciencias Sociales por la Unidad Académica Multidisciplinaria de Ciencias, Educación y Humanidades perteneciente de la Universidad Autónoma de Tamaulipas. Profesor de Educación Física por, la Escuela Educación Física Victoria, Tamaulipas. Cuenta con el Diplomado "Interculturalidad y Valores" de la Universidad Autónoma de Tamaulipas. Ha realizado estudios y trabajos de investigación sobre Interculturalidad, Valores Profesionales, Docencia y TIC. Sus líneas de investigación actuales son: interculturalidad, valores, docencia y neurociencia para el aprendizaje. Correo electrónico: jemartine@uat.edu.mx.

Juan Oswaldo Martinez Sulvarán

 Ha realizado sus estudios de Licenciatura en Psicología y Maestría en Sexualidad Humana en el Instituto de Ciencias y Estudios Superiores de Tamaulipas. Ha realizado la Maestría en Terapia Familiar (2012-2014) en la UAT y la especialidad en Acreditación Internacional de Programas Educativos Nivel Superior. Ha Realizado estudios de Doctorado en la Facultad de Psicología de la UANL en Filosofía con especialidad en Psicología. Actualmente en proceso de obtención de grado. Ha cursado diversos diplomados dentro de los que se mencionan el Diplomado en Análisis Transaccional, el Diplomado en Bioenergética y el Diplomado en Prevención de Riesgos Psicosociales Es Profesor de la UAT en el programa de licenciatura y maestría UAT. Ha sido Coordinador de planeación y acreditación internacional en la UAT (UATSCDH y Consultor Orientador y Terapeuta Particular desde 1995 a la fecha. Ha impartido conferencias y talleres de 1995 a la fecha y participado como autor y coautor de diversos artículos y publicaciones. Ha sido evaluador nacional e internacional del CA-CNEIP y responsable de

la acreditación internacional de FaPsi de la UANL es actualmente el colabora en el seguimiento de recomendaciones de la gestión en la acreditación internacional y seguimiento de egresados en la Dirección de Desarrollo curricular de la Secretaria Académica de la UAT, línea de investigación pareja, familia y educación en la sexualidad e inclusión. Consulta privada, conferencista y tallerista su correo electrónico es: jmartinezs@docentes.uat.edu.mx.

Luis Alberto Portales Zúñiga

Es licenciado en Ciencias de la Educación con Especialidad en Químico- Biológicas y Maestro en Docencia por la Universidad Autónoma de Tamaulipas, instructor y facilitador en cursos en línea en las plataformas: Blackboard y Moodle; Actualmente es Coordinador de Servicios Escolares de la UAMCEH-UAT, así como Coordinador del Sistema de Gestión de Calidad, Consejero Representante de la Carrera de LCEQB ante Consejo Técnico, miembro activo de la Academia de Químico – Biológicas, integrante del cuerpo académico de la L.C.E. (en su reforma educativa), ha participado en el desarrollo e impartición del Diplomado en Competencias y Habilidades Digitales para el Docente. Se ha desempeñado como Coordinador de Servicio Social, Prácticas Pre profesionales y responsable de los Laboratorios Experimentales de Química y Biología en la misma institución educativa, su correo electrónico es lportales@docentes.uat.edu.mx.

Ma. Del Rosario Contreras Villarreal

Egresada de la Licenciatura en Ciencias de la Educación con especialidad en Ciencias Sociales por la Universidad Autónoma de Tamaulipas, Maestría en Investigación Educativa por la Universidad Autónoma de Tamaulipas, Doctorado en Aprendizaje y Cognición por la Universidad de Sevilla. Docente de Investigación Educativa en la Unidad Académica Multidisciplinaria de Ciencias, Educación

Y Humanidades de la Universidad Autónoma de Tamaulipas. Intereses de estudio y/o investigación: Investigación educativa y estudios de frontera. Líder del Cuerpo Académico Procesos Socio Culturales y Metodológicos. Experiencia en Investigación: Estructura cognoscitiva de los estudiantes en secundarias generales, Estudio sobre prácticas culturas y cognición, La influencia de variables culturales en el concepto de "frontera". Correo electrónico mcontrer@docentes.uat.edu.mx.

Marcia Leticia Ruíz Cansino

Egresada de la Licenciatura en Psicología por la Universidad de Valle de Bravo, Doctorado en Aprendizaje y Cognición por la Universidad de Sevilla. Docente de Psicología del Aprendizaje y Psicología Evolutiva en la Unidad Académica Multidisciplinaria de Ciencias, Educación Y Humanidades de la Universidad Autónoma de Tamaulipas. Intereses de estudio y/o investigación Procesos cognitivos en línea narrativa y estudios de Frontera. Integrante de Cuerpo Académico Procesos Socio Culturales y Metodológicos, Experiencia en Investigación: Perfil de ingreso y factores de riesgo y protección de estudiantes de una dependencia de educación superior, Género y nivel educativo en las narrativas autobiográficas de la infancia. Correo electrónico mruizc@docentes.uat.edu.mx.

Nali Borrego Ramírez

Egresada de la Licenciatura en Ciencias de la Educación con especialidad en Ciencias Sociales, Maestría en Tecnología Educativa por la Universidad Autónoma de Tamaulipas, Doctorado por la Universidad de Málaga. Docente en Tecnología Educativa en la Unidad Académica Multidisciplinaria de Ciencias, Educación Y Humanidades de la Universidad Autónoma de Tamaulipas. Intereses de estudio y/o investigación Innovación metodológica. Línea de investigación

Innovación Metodológica en la Educación Superior, Integrante de Cuerpo Académico Procesos Socio Culturales y metodológico, Experiencia en Investigación: Innovación en Técnicas de Freinet, Educación Superior Virtual en América Latina y el Caribe, Proyecto Interuniversitario sobre Ética Profesional, Axiología de la Evaluación Institucional, Avances Metodológicos en la Evaluación de la Autoevaluación. Correo electrónico: nborrego@docentes.uat. edu.mx.

Noel Ruíz Olivares

Es Licenciado en Ciencias de la Educación con Opción en Tecnología Educativa y Maestro en Tecnología Educativa por la Universidad Autónoma de Tamaulipas; Especialista en Entornos Virtuales de Aprendizaje por Virtual Educa y la OEI. Es candidato a Doctor en Educación Internacional en la línea de investigación de Tecnología Educativa. Profesor investigador de la Universidad Autónoma de Tamaulipas, Coordinador de Programas Educativos en la Dirección de Desarrollo Curricular de la Secretaría Académica de la UAT. Fue coordinador de la Licenciatura en Ciencias de la Educación con Opción en Tecnología Educativa, forma parte de la Academia de Tecnología Educativa de la UAMCEH UAT, se ha desempeñado también como docente en línea de la Universidad Abierta y a Distancia de México, su correo electrónico es nolivares@docentes.uat.edu.mx.

Néstor Olaff Meléndez Meléndez

Es Licenciado en Psicología, actualmente cursa la Maestría en Psicología Clínica y de la Salud (PNPC-CONACYT) en la Universidad Autónoma de Tamaulipas, ha impartido talleres de Aplicación de Pruebas Psicométricas y Creación Literaria. Se desempeña como Encargado del Laboratorio Multifuncional de Desarrollo Humano en la Unidad Académica de Trabajo Social y Ciencias para el

Desarrollo Humano de la Universidad Autónoma de Tamaulipas. Ha sido ponente en el Congreso Mexicano de Psicología Social y en el Congreso Mexicano de Psicología. Fue becario del XXVI Verano de la Investigación Científica de la Academia Mexicana de Ciencias para realizar una estancia de investigación en la Facultad de Psicología de la Universidad Nacional Autónoma de México.

Omar Alejandro Hinojosa Falcón

Magíster en Comunicación y Diseño Digital por la Universidad Autónoma de Tamaulipas (UAT). Cuenta con una amplia trayectoria en lenguas extranjeras y ha ocupado diversos cargos como maestro y coordinador de idiomas tanto en la UAT como en otras universidades e instituciones públicas y privadas tanto en México como en Francia, siendo su cargo más reciente como coordinador del programa de inglés a distancia "My Oxford English" entre la Universidad Autónoma de Tamaulipas y Oxford University Press. Debido a sus estudios en calidad educativa por el Instituto Tecnológico de Estudios Superiores de Monterrey y de enseñanza bilingüe por San Diego State University, su investigación se ha enfocado a la enseñanza de idiomas como segunda lengua, el uso de tecnologías digitales en la educación y el estudio de la brecha digital entre generaciones. Correo electrónico: omar.hinojosa@gmail.com.

José Rafael Baca Pumarejo

Doctor en Educación Internacional por la Universidad Autónoma de Tamaulipas (UAT). Es profesor e investigador adscrito a la Facultad de Comercio y Administración Victoria (FCAV). Sus proyectos e investigaciones se han orientado al estudio de las tecnologías de la información y las comunicaciones, específicamente al de las brechas digitales en el ámbito educativo. Correo electrónico: rbaca@docentes.uat.edu.mx.

Román Alberto Zamarripa Franco

Es ingeniero en Sistemas Computacionales por el Instituto Tecnológico de Ciudad Madero; Maestro en Educación y Maestro en Calidad por el IEST Anáhuac Tampico; Especialista en Entornos Virtuales de Aprendizaje por Virtual Educa y la OEI y Doctor en Educación Internacional en la línea de investigación de Tecnología Educativa por la Universidad Autónoma de Tamaulipas. Es profesor e investigador, así como coordinador de Tecnologías para la Educación en el IEST Anáhuac Tampico. Dirigió los proyectos de diseño e impartición de clases en línea en licenciatura, posgrado, educación continua y capacitación docente en su universidad. Dirigió el proyecto de diseño e implementación de un estudio de grabación de videos educativos. Ha participado en proyectos de diseño de plataformas de cursos en línea. Ha diseñado e implementado cursos de capacitación en el diseño e impartición de clases en línea. Su correo electrónico es roman.zamarripa@iest. edu.mx.

Xochitl Haide Bautista Segura

Es ingeniero Industrial en Producción cuenta con una Maestría en Tecnología Educativa, ha trabajo en las áreas de Planeación Estratégica y Normatividad de la Dirección de Tecnologías de la Información e imparte cátedra en la Unidad Académica Multidisciplinaria de Ciencias de la Educación y Humanidades en la Especialidad de Tecnología Educativa de la UAT además, en la Secretaría de Educación de Tamaulipas en las áreas de Implementación de Proyectos y en la Coordinación de Innovación Educativa y Proyectos Estratégicos, Coordinadora de Cursos en Línea del Centro Estatal de Tecnología Educativa en la Plataforma "Fórmate en Línea de la misma Secretaría, ha impartido cursos y diplomados en Tecnologías de la Información y Habilidades Digitales para docentes, tutor en línea en Estrategias

Didácticas para la Enseñanza de las Matemáticas del Instituto Latinoamericano de Comunicación Educativa (ILCE) y en la Universidad Pedagógica Nacional en la Certificación Docente de Educación Media Superior y Superior para el Modelo de Educación por Competencias y Reforma Educativa, Facilitador de la Universidad Abierta y a Distancia de México, forma parte de la Academia de Tecnología Educativa de la UAMCEH UAT, sus correos electrónico son xbautista@docentes.uat.edu.mx y xochitl.bautista@set.edu.mx.

Zulma Raquel Zeballos Pinto

Facilitadora en la Universidad Da Vinci. Estudiante del Doctorado en Educación por la Universidad de Guadalajara (UdeG), programa adscrito al Padrón Nacional de Posgrados de Calidad del Consejo Nacional de Ciencia y Tecnología (PNPC-CONACyT). Maestra en Gestión y Políticas de la Educación Superior por la UdeG, programa adscrito al PNPC-CONACyT. Licenciada en Ciencias de la Educación con opción en Administración y Planeación Educativa por la Universidad Autónoma de Tamaulipas. Sus líneas de investigación y especialización son: Políticas y Gestión Educativa, Diseño y Desarrollo Curricular, Identidad Profesional y Mercados de Trabajo. Correo electrónico: azul_zeballos@hotmail.com.